21世纪大学俄语系列教材

"十二五"普通高等教育本科国家级规划教材

本套教材荣获第二届中国大学出版社图书奖优秀教材一等奖

黑龙江大学俄语学院 编

总主编 邓军 赵为

Русский язык

俄语2

（第2版）

本册主编　何文丽

北京大学出版社

PEKING UNIVERSITY PRESS

图书在版编目(CIP)数据

俄语.2/何文丽主编.—2版.—北京：北京大学出版社，2015.2
（21世纪大学俄语系列教材）
ISBN 978-7-301-25327-4

Ⅰ.① 俄…　Ⅱ.① 何…　Ⅲ.①俄语—高等学校—教材　Ⅳ.①H35

中国版本图书馆CIP数据核字(2015)第001983号

书　　　名	俄语2（第2版）
著作责任者	何文丽　主编
责 任 编 辑	李　哲
标 准 书 号	ISBN 978-7-301-25327-4
出 版 发 行	北京大学出版社
地　　　址	北京市海淀区成府路205号　100871
网　　　址	http://www.pup.cn　　新浪微博:@北京大学出版社
编辑部邮箱	pupwaiwen@pup.cn
总编室邮箱	zpup@pup.cn
电　　　话	邮购部 62752015　发行部 62750672　编辑部 62759634
印 刷 者	北京宏伟双华印刷有限公司
经 销 者	新华书店

787毫米×1092毫米　16开本　12.5印张　290千字
2008年5月第1版
2015年2月第2版　2024年5月第7次印刷

定　　　价　　65.00元

总 序

黑龙江大学俄语学院在长达七十余年的俄语教学传承中,形成了一套以语法为纲、突出交际、兼顾俄罗斯国情的经典教学方法。几代教师秉承这一教学理念,先后编写出版了数套俄语教材,供国内众多高校俄语专业的师生使用,为国家培养俄语高级人才奉献了自己的经验与才智。

2007年,黑龙江大学俄语学院集全院经验丰富的一线教师之力,开始编写普通高等教育"十一五"国家级规划教材《俄语》(全新版),自2008年起各册先后出版。2012年,根据教学实际的需要,编者对本套教材开展了第一次全面的修订工作。

《俄语》(第2版)(共8册)延续了《俄语》(全新版)的编写原则和理念,在总结数年的教学经验基础上,依旧遵循面向低起点的学生,秉承语法为纲这一教学理念,从语音导论开始,至篇章研习结束,根据教学需要引入不同题材、体裁的篇章,突出俄罗斯当代国情。每课结合语法选配内容,培养学习者的言语与交际技能。基础阶段以教学语法为基础,提高阶段以功能语法为纲。本套教材力求符合《高等学校俄语专业教学大纲》规定的各项要求,兼顾俄语教师和学生对理想教材的需要。教材选材的难度进阶标准既考虑现行全国俄语专业四、八级考试所要求的词汇量和语法内容的难度范围因素,又在总体上顾及当代大学生对知识、主题内容的认知水准,以及未来四、八级考试改革的方向和具体要求的变化。

为此,本次修订,教材的编者在保障常用词汇、句型、结构的基础上,精简了教学和部分词汇,压缩了课后练习的总量。

本套教材分为8册,配有光盘、电子课件等相关出版物。其中1~4册供基础阶段教学使用,5~8册供提高阶段使用。

本套教材为教育部批准的普通高等教育"十二五"国家级规划教材,其编写和修订过程中得到了众多专家的大力支持,教材使用者为我们提供了宝贵的反馈意见和建议,在此,一并深表感谢!

邓 军 赵 为

2014年8月

前言

《俄语》(第2版)第2册的学习对象是俄语专业零起点的大学生,供第一学年第二学期使用。本教材也适用于自考生和其他俄语爱好者。

全册书共14课,分为3个单元,每个单元后面有个总复习。每课包括语法、范句、问答、对话、课文、生词表、课外练习与作业等内容。

语法部分力求简明扼要地介绍该课的语法项目的意义、用法和变化规则。

范句旨在加强对语法内容的训练,括号中所给的替换词和词组用来巩固语法规则。

问答部分既可用于语法训练,也可用于词汇、对话能力的训练。

对话和课文围绕同一个交际情景展开,旨在训练对话、独白能力。根据交际需要的先后顺序,每课配有几组对话,为学习者提供日常交际中常见的、典型的会话语句,便于需要时灵活地套用现成的对话模式。

课文可以进一步扩大交际情景、句型和词语的范围,培养学生的连贯独白能力。

课外练习与作业部分是针对语法、词汇、句型等的系统训练,便于学习者对学习内容进行全面的自检自测。

除此之外,在每课课外练习与作业部分的最后,均给出两个常用的熟语,以便进一步开阔学习者的视野,丰富词汇和国情知识。

本册主编何文丽,编者赵洁、Севастьянова Т. А.。参加本书部分工作的有赵为、荣洁。邓军、Севастьянова Т. А.对本书进行了审阅。

编　者

2015年1月

目 录

2

УРОК 1

ГРАММАТИКА

☞ Ⅰ．名词、形容词、代词复数第二格
☞ Ⅱ．第二格的用法（2）
☞ Ⅲ．数词1—20
☞ Ⅳ．不定人称句

ТЕКСТ *Москва*

ГРАММАТИКА

听录音请扫二维码

Ⅰ. 名词、形容词、代词复数第二格

1. 名词复数第二格

1) 动物名词的复数第二格词尾和第四格词尾相同（第四格变化详见第一册第八课）。

2) 非动物名词复数第二格词尾与动物名词复数第四格词尾也基本相同。

单数第一格	复数第二格	词　尾
парк го́род	па́рков городо́в	以硬辅音（除ж，ш）结尾的，加-ов
музе́й	музе́ев	-й 变-ев
врач эта́ж	враче́й этаже́й	以ж，щ，ч，ш结尾的，加-ей
слова́рь вещь	словаре́й веще́й	-ь变 -ей
по́ле	поле́й	-е 变-ей
газе́та ме́сто	газе́т мест	以а，о结尾的，秃尾
фами́лия зда́ние	фами́лий зда́ний	-ия，-ие变-ий

3) 阴性和中性名词复数第二格去掉词尾后,如有两个辅音相连时,常在两个辅音之间加 -o- 或 -e- (-ë-)。加 -o- 的情况有两种:

A. 前一个辅音是后舌音(г, к, х)时,一律加о,例如:окно́ — о́кон;

Б. 前一个辅音是硬辅音(ж, ш除外),后一个辅音是后舌音(г, к, х)时,加о,如: оши́бка — оши́бок, су́мка — су́мок

除上述情况外,一般加-e- (-ë-),例如:де́вушка — де́вушек, де́вочка — де́вочек, письмо́ — пи́сем.

少数名词的复数第二格形式特殊,例如:

стул	—	сту́льев	день	—	дней
семья́	—	семе́й	дере́вня	—	дереве́нь
лю́ди	—	люде́й	неде́ля	—	неде́ль
мать	—	матере́й	глаз	—	глаз

2. 形容词和代词复数第二格

形容词和代词复数第二格词尾与说明动物名词的形容词和代词复数第四格词尾相同(第四格变化详见第一册第八课)。

II. 第二格的用法(2)

与ско́лько, мно́го, немно́го, ма́ло, нема́ло, не́сколько等词连用时,名词一般用复数第二格,例如:

① Ско́лько жи́телей в э́том го́роде?
这个城市有多少居民?

② В Пеки́не мно́го достопримеча́тельностей.
北京有许多名胜古迹。

③ У меня́ оста́лось ма́ло де́нег.
我剩的钱很少。

④ Они́ здесь бу́дут не́сколько дней.
他们在这里要待几天。

 注:

1) челове́к和раз与пять以上的数量数词及ско́лько, мно́го等词连用时,其复数第二格形式与单数第一格相同,例如:
① — Ско́лько челове́к в ва́шей семье́?
你们家有几口人?
— 5 челове́к.
五口人。
② — Ско́лько раз в ме́сяц вы хо́дите в бассе́йн?
你一个月去游泳馆几次?
— Шесть раз.
六次.

2) год与пять以上的数量数词及ско́лько, мно́го等词连用时,其复数第二格为лет,例如:

① Пять лет наза́д я был в Шанха́е.

五年前我来过上海。

② Па́па рабо́тал в шко́ле мно́го лет.

爸爸在学校工作了多年。

3) 有些只用单数或常用单数的名词与 ско́лько, мно́го 等词连用时,用单数第二格,例如:

мно́го рабо́ты (许多工作)

ма́ло вре́мени (时间少)

мно́го наро́да (наро́ду) (很多人)

мно́го воды́ (水多)

Ⅲ. 数词 1—20

1. 俄语数词可分为数量数词和顺序数词。

数量数词	顺序数词
1 оди́н (одна́, одно́, одни́)	пе́рвый
2 два (две)	второ́й
3 три	тре́тий
4 четы́ре	четвёртый
5 пять	пя́тый
6 шесть	шесто́й
7 семь	седьмо́й
8 во́семь	восьмо́й
9 де́вять	девя́тый
10 де́сять	деся́тый
11 оди́ннадцать	оди́ннадцатый
12 двена́дцать	двена́дцатый
13 трина́дцать	трина́дцатый
14 четы́рнадцать	четы́рнадцатый
15 пятна́дцать	пятна́дцатый
16 шестна́дцать	шестна́дцатый
17 семна́дцать	семна́дцатый
18 восемна́дцать	восемна́дцатый
19 девятна́дцать	девятна́дцатый
20 два́дцать	двадца́тый

 注:

数量数词回答用 ско́лько 提出的问题,顺序数词回答用 кото́рый 提出的问题。

2. 数量数词 1—20 的用法

1) 数词 оди́н (одна́, одно́) 要与后面的名词在性上保持一致,例如:

оди́н рестора́н

однá больни́ца

однó зда́ние

2) 数词два(与阳性、中性名词连用)、две(与阴性名词连用)、три、четы́ре要求后面的名词用单数第二格,例如:

два (три, четы́ре) рестора́на

два (три, четы́ре) зда́ния

две (три, четы́ре) больни́цы

3) 数词пять以上要求后面的名词用复数第二格,例如:

пять рестора́нов

де́вять больни́ц

два́дцать зда́ний

3. 顺序数词的变格及用法

顺序数词同形容词一样,有性、数、格的变化。顺序数词的变格与形容词硬变化相同,只有тре́тий的变化特殊。

性 格	阳 性	中 性	阴 性	复 数
第一格	тре́тий	тре́тье	тре́тья	тре́тьи
第二格	тре́тьего		тре́тьей	тре́тьих
第三格	тре́тьему		тре́тьей	тре́тьим
第四格	тре́тий тре́тьего	тре́тье	тре́тью	тре́тьи тре́тьих
第五格	тре́тьим		тре́тьей	тре́тьими
第六格	о тре́тьем		о тре́тьей	о тре́тьих

顺序数词表示事物的顺序,通常回答用кото́рый(第几)提出的问题,例如:пе́рвый эта́ж (一层), втора́я ка́сса (第二个售票口)。

顺序数词在使用时要和被说明的名词性、数、格一致,例如:

① На́ша семья́ живёт на пе́рвом этаже́.

我家住在一层。

② У второ́й ка́ссы мно́го люде́й.

第二个售票口旁有许多人。

IV. 不定人称句

不定人称句中主语不出现,谓语用动词复数第三人称形式表示。使用这种句子,通常是为了把注意力集中于动作本身,行为主体是谁,或者是不确知,或者是没有必要指出,例如:

① Вас ждут на обе́д. / 等您吃饭呢。

② Что сказа́ли о пого́де? / 天气预报怎么报的?

③ По ра́дио передава́ли об э́том. / 广播电台曾播报过这件事。

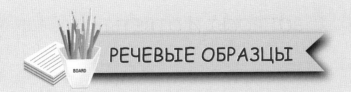

РЕЧЕВЫЕ ОБРАЗЦЫ

1. В нашем городе много

| интересных музеев |
| красивых парков |
| новых гостиниц |

.

(современные предприятия, высокие дома, известные вузы)

2. В последние годы в этом районе построили несколько

| красивых кинотеатров |
| больших заводов |
| средних школ |

.

(большие библиотеки, новые супермаркеты)

3. В нашей стране есть немало

| высоких гор |
| древних храмов |
| интересных мест |

.

(известные достопримечательности, широкие реки, красивые озёра)

4. Сколько стоит яблоко?

Оно стоит

| 3 юаня |
| 10 рублей |
| 2 доллара |

.

(12, юань; 15, рубль; 5, доллар)

5. Сколько времени вы будете дома? (Как долго вы будете дома?)

Я буду дома

| два дня |
| пять дней |
| один час |

.

(3, день; 15, минута; 3, час)

6. Сколько иностранцев работает в вашем университете?

Работает

один	иностранец
два	
три	иностранца
четыре	
пять	иностранцев
двадцать	

.

(девушка — в школе; инженер — на заводе; врач — в больнице; преподаватель — в институте)

7. На берегу реки

| отдыхают |
| ловят рыбу |

.

(загорать, строить новую гостиницу, играть в бадминтон)

ВОПРОСЫ И ОТВЕТЫ

1. — Чьи это портре́ты?

 — Это портре́ты долгожи́телей го́рода.

2. — Где институ́т иностра́нных языко́в?

 — Че́рез две у́лицы, там нахо́дится институ́т.

3. — Каки́е интере́сные места́ в ва́шем го́роде?

 — У нас о́чень мно́го интера́сных мест. Наприме́р, Со́лнечный о́стров, Софи́й-ский собо́р, пешехо́дная у́лица. Там мно́го зда́ний в ру́сском сти́ле.

4. — В Пеки́не мно́го иностра́нных тури́стов?

 — Да. Ка́ждый год сюда́ приезжа́ет мно́го зарубе́жных госте́й.

5. — В Харби́не мно́го ру́сских тури́стов?

 — Коне́чно, осо́бенно зимо́й. Их привлека́ют ледяны́е фонари́ и скульпту́ры.

6. — Мно́го магази́нов на э́той у́лице?

 — Да, мно́го.

7. — Ваш родно́й го́род большо́й?

 — Не о́чень. Но это зелёный го́род. В нём мно́го дере́вьев и цвето́в.

8. — Что вы посеща́ли вчера́?

 — Не́сколько музе́ев и собо́ров.

9. — Ско́лько пятизвёздных гости́ниц в ва́шем го́роде?

 — Наско́лько мне изве́стно, всего́ 6 пятизвёздных гости́ниц.

10. — Ско́лько номеро́в на тре́тьем этаже́ гости́ницы?

 — 20 номеро́в.

11. — Ско́лько ру́сских преподава́телей в ва́шем университе́те?

 — Всего́ 7 челове́к.

12. — Ско́лько сто́ит биле́т в зоопа́рк?

 — 8 до́лларов.

13. — Ско́лько сто́ит биле́т на конце́рт?

 — 20 юа́ней.

14. — Ско́лько вре́мени стро́ят э́тот мост?

 — Пять ме́сяцев.

ДИАЛОГИ

1. — Вы пе́рвый раз в Шанха́е?

— Нет, я уже́ мно́го раз быва́л здесь. А вы?

— Я пе́рвый раз. Давно́ собира́лся прие́хать сюда́, но всё не́ было вре́мени.

— Здесь мно́го интере́сных мест.

— Как называ́ется э́та телеба́шня?

— "Жемчу́жина Восто́ка".

— Кака́я она́ высо́кая!

— Да, све́рху весь го́род как на ладо́ни.

— Замеча́тельно. Очень жаль, что сего́дня у меня́ ма́ло вре́мени, не могу́ побыва́ть наверху́.

— Ничего́. В сле́дующий раз.

2. — Скажи́те, пожа́луйста, когда́ бу́дет за́втрак?

— За́втрак у нас в 7 часо́в утра́, в рестора́не на пе́рвом этаже́.

— Каки́е блю́да на за́втрак?

— У нас на за́втрак большо́й вы́бор блюд и напи́тков: ка́ша, я́йца, колбаса́, соле́нья, пирожки́, хлеб, молоко́, ко́фе, и т. д.

— Дорого́й за́втрак?

— Нет, за́втрак у нас беспла́тный, на́до показа́ть ка́рточку го́стя и всё.

3. — Как хорошо́, что че́рез пять часо́в мы бу́дем в Москве́!

— Да. Ско́ро мы уви́дим э́тот краси́вый го́род свои́ми глаза́ми.

— А где вы хоти́те побыва́ть в пе́рвую о́чередь?

— Я хочу́ пое́хать на Кра́сную пло́щадь, в Мавзоле́й Ле́нина, в Третьяко́вскую галере́ю.

— Что э́то за галере́я?

— Это оди́н из лу́чших музе́ев иску́сств в ми́ре. Ка́ждый день со всех концо́в Росси́и сюда́ приезжа́ет мно́го посети́телей. Здесь мно́го замеча́тельных карти́н изве́стных ру́сских худо́жников.

ТЕКСТ

Москва

Москва́ — столи́ца РФ. Это полити́ческий, промы́шленный, нау́чный и культу́рный центр Росси́и. Здесь рабо́тает прави́тельство страны́, нахо́дятся посо́льства ра́зных стран.

Москва́ — краси́вый го́род. Мно́гие тури́сты начина́ют знако́мство с ней со смотрово́й площа́дки Большо́го Ка́менного мо́ста че́рез Москву́-ре́ку.[①] С э́того ме́ста открыва́ется прекра́сный вид на Кремль и ре́ку.

Музе́й изобрази́тельных иску́сств и́мени А.С.Пу́шкина постро́или в конце́ 19 — нача́ле 20 ве́ка для колле́кции произведе́ний класси́ческого иску́сства Моско́вского университе́та. О Моско́вском госуда́рственном университе́те и́мени М.В.Ломоно́сова зна́ет весь мир. На его́ террито́рии нахо́дится мно́го уче́бных корпусо́в, ботани́ческий сад, лесопа́рк, спорти́вные сооруже́ния.

В Москве́ о́чень мно́го па́мятников, их постро́или в честь выдаю́щихся люде́й и истори́ческих собы́тий в жи́зни Росси́и. В це́нтре го́рода стои́т па́мятник вели́кому поэ́ту А.С.Пу́шкину и па́мятник основа́телю го́рода Москвы́ Юрию Долгору́кому.[2]

Гла́вная пло́щадь го́рода и страны́ — э́то Кра́сная пло́щадь. Это ме́сто наро́дных гуля́ний, демонстра́ций и пара́дов. Её архитекту́рный о́блик скла́дывался в тече́ние мно́гих веко́в. Кра́сная пло́щадь — э́то одна́ из са́мых краси́вых площаде́й ми́ра.

КОММЕНТАРИИ

① Мно́гие тури́сты начина́ют знако́мство с ней со смотрово́й площа́дки Большо́го Ка́менного мо́ста че́рез Москву́-ре́ку. 游客了解它是从莫斯科河白石桥瞭望台开始的。

② па́мятник вели́кому поэ́ту А.С.Пу́шкину и па́мятник основа́телю го́рода Москвы́ Юрию Долгору́кому. 诗人普希金纪念碑和莫斯科奠基者尤里·多尔戈鲁基大公纪念碑

НОВЫЕ СЛОВА И СЛОВОСОЧЕТАНИЯ

оши́бка, -и; -и 错误
  де́лать ~у
глаз, -а; -а́, глаз 眼睛
де́вочка, -и; -и 小女孩
немно́го 不多, 少许
ма́ло 少
нема́ло 不少, 相当多
не́сколько 几个
жи́тель, -я; -и 居民
оста́ться(完)-нусь, -нешься
  留下; 剩下
  До нача́ла фи́льма оста́-

лось пять мину́т.
наза́д 在……以前
  час ~, неде́лю ~
  Это бы́ло мно́го лет наза́д.
тре́тий, -ья, -ье, -ьи 第三
шесто́й, -а́я, -о́е, -ы́е 第六
седьмо́й, -а́я, -о́е, -ы́е 第七
восьмо́й, -а́я, -о́е, -ы́е 第八
девя́тый, -ая, -ое, -ые 第九
деся́тый, -ая, -ое, -ые 第十
оди́ннадцатый, -ая, -ое, -ые
  第十一

двена́дцатый, -ая, -ое, -ые
  第十二
трина́дцатый, -ая, -ое, -ые
  第十三
четы́рнадцатый, -ая, -ое, -ые
  第十四
пятна́дцатый, -ая, -ое, -ые
  第十五
шестна́дцатый, -ая, -ое, -ые
  第十六
семна́дцатый, -ая, -ое, -ые
  第十七

восемна́дцатый, -ая, -ое, -ые 第十八

девятна́дцатый, -ая, -ое, -ые 第十九

двадца́тый, -ая, -ое, -ые 第二十

ка́сса, -ы; -ы 售票处

ра́дио 广播

передава́ть (未) -да́ю, -даёшь 播送，广播

По ра́дио сейча́с передаю́т но́вости.

предприя́тие, -ия; -ия 企业

вуз, -а; -ы 高等学校

после́дний, -яя; -ее, -ие 最后的；最近的

~ие дни

постро́ить (完) -о́ю, -о́ишь; что 建造

кинотеа́тр, -а; -ы 电影院

сре́дний, -яя; -ее, -ие 中间的；中等的

библиоте́ка, -и; -и 图书馆

рубль, -я́; -и́, -е́й (阳)卢布

до́ллар, -а; -ы 美元

лови́ть (未) ловлю́, ло́вишь кого́-что 捉，捕；

~ ры́бу

бадминто́н, -а 羽毛球

игра́ть в ~

портре́т, -а; -ы 肖像

долгожи́тель, -я; -и (阳)长寿的人

стиль, -я; -и (阳)风格

зарубе́жный, -ая, -ое, -ые 国外的

осо́бенно 特别是

привлека́ть (未) -а́ю, -а́ешь; кого́-что 吸引

ледяны́е фонари́ и скульпту́ры 冰灯和冰雕

родно́й, -а́я, -о́е, -ы́е 故乡的

Наско́лько мне изве́стно. 据我所知

пятизвёздный, -ая, -ое, -ые 五星的

жемчу́жина, -ы; -ы 珍珠

восто́к, -а 东方

све́рху 从上面

как на ладо́ни 一目了然，清清楚楚

наверху́ 在上面

за́втрак, -а; -и 早饭

напи́ток, -тка; -тки 饮料

ка́ша, -и 粥

колбаса́, -ы́ 香肠

соле́нье, -я 咸菜

пирожо́к, -жка́; -жки́ 馅饼

беспла́тный, -ая, -ое, -ые 免费的

показа́ть (完) -ажу́, -а́жешь; кого́-что кому́ 把……给……看

Он показа́л мне свои́ фотогра́фии.

ка́рточка, -и; -и 卡片

в пе́рвую о́чередь 首先

Мавзоле́й В.И.Ле́нина 列宁墓

коне́ц, -нца́; -нцы́ 端，头；尽头

в конце́ у́лицы

посети́тель, -я; -и (阳)参观者

карти́на, -ы; -ы 画

худо́жник, -а; -и 画家

полити́ческий, -ая; -ое, -ие 政治的

промы́шленный, -ая, -ое, -ые 工业的

культу́рный, -ая, -ое, -ые 文化的

прави́тельство, -а; -а 政府

начина́ть (未) -а́ю, -а́ешь; что 开始

смотрова́я площа́дка 瞭望台

Большо́й Ка́менный мост 白石桥

Москва́-река́ 莫斯科河

открыва́ться (未) -а́юсь, -а́ешься 打开；展现

вид, -а; -ы 风景

~ с горы́, ~ на мо́ре

Кремль 克里姆林宫

Музе́й изобрази́тельных иску́сств и́мени А.С. Пу́шкина 普希金造型艺术博物馆

нача́ло, -а 开始

век, -а; -и 世纪

в двадца́том ~е

колле́кция, -ии; -ии 搜集品，收藏品

произведе́ние, -ия; -ия 作品

весь, вся, всё, все 全部

террито́рия, -ии; -ии 领土

уче́бный, -ая, -ое, -ые 教学的

ко́рпус, -а; -а́ (高大建筑群中的一栋)楼

ботани́ческий сад 植物园

лесопа́рк, -а; -и 森林公园

сооруже́ние, -ия; -ия 建筑物

в честь кого́-чего́ 为了纪念……，为了庆祝……

Мы организова́ли ве́чер ~ Первома́я.

выдаю́щийся, -аяся, -ееся, -иеся 杰出的

собы́тие, -ия; -ия 事件

поэ́т, -а; -ы 诗人

па́мятник А.С. Пу́шкину 普希金纪念碑

основа́тель, -я; -и (阳)建立者，创始人

Юрий Долгору́кий 长臂尤里大公

гуля́нье, -ья; -ья, -ий 游园会，节日游园

демонстра́ция, -ии; -ии 游行示威

пара́д, -а; -ы 盛大的检阅

архитекту́рный, -ая, -ое, -ые 建筑的

о́блик, -а; -и 外貌，面貌

скла́дываться (未) -аюсь, -аешься 形成

в тече́ние чего́ 在……期间

~ мно́гих лет

ВНЕАУДИТОРНЫЕ УПРАЖНЕНИЯ И ЗАДАНИЯ
(课外练习与作业)

 1. 将下列词组译成俄语。

1) 大学生的食堂
2) 很多现代化企业
3) 外语学院
4) 许多外国游客
5) 很多错误
6) 许多文化古迹
7) 许多城市和村庄
8) 许多历史事件
9) 不少有意思的地方
10) 几座五星级酒店
11) 许多兄弟和姐妹
12) 年轻画家们的画

 2. 读下列句子，并用括号内的词替换句中的黑体词。

1) Тепе́рь у нас в го́роде мно́го **школ**.
   (ву́зы, магази́ны, фа́брики, больни́цы, кинотеа́тры, спорти́вные сооруже́ния, ботани́ческие сады́)
2) На берегу́ реки́ мно́го **люде́й**.
   (япо́нцы, англича́не, ю́ноши, де́вушки, старики́, де́ти, посети́тели)
3) Там вися́т портре́ты **изве́стных певцо́в**.
   (знамени́тые арти́сты, о́пытные учителя́, изве́стные учёные, ру́сские писа́тели и поэ́ты)
4) В э́том го́роде мно́го **хоро́ших рестора́нов**.
   (широ́кие у́лицы, высо́кие зда́ния, больши́е па́рки, посо́льства ра́зных стран, цветы́ и дере́вья)
5) У нас в библиоте́ке нема́ло **словаре́й**.
   (интере́сные кни́ги, иностра́нные газе́ты, ра́зные журна́лы, рома́ны ру́сских писа́телей, чита́льные за́лы)

 3. 将下列句中括号内的词变成相应的形式，并回答问题。

1) Мно́го (кни́ги на ру́сском языке́) в на́шей библиоте́ке?
2) Ско́лько (иностра́нные языки́) зна́ет э́тот перево́дчик?
3) Ско́лько (иностра́нные преподава́тели) рабо́тает в ва́шем институ́те?
4) Ско́лько (изве́стные университе́ты) в ва́шем го́роде?
5) Мно́го (но́вые дома́) на э́той у́лице?
6) Ско́лько (ру́сские пе́сни) вы поёте?

7) Ско́лько (све́тлые ко́мнаты) в э́том зда́нии?

8) Мно́го (краси́вые карти́ны) на вы́ставке?

9) Мно́го (ру́сские тури́сты) в ва́шем го́роде?

10) Мно́го ли (ме́стные ла́комства) здесь?

 4. 读下列句子。

1) Там 2 ма́льчика и 2 де́вочки.

2) Сестра́ показа́ла 2 карти́ны и 2 журна́ла.

3) На столе́ лежи́т не́сколько биле́тов и 1 па́спорт.

4) В на́шей ко́мнате то́лько 1 большо́е окно́.

5) На обе́д я взял 2 пирожка́.

6) На на́шем факульте́те рабо́тает не́сколько молоды́х преподава́телей и 1 пожила́я преподава́тельница.

7) Это интере́сное ме́сто посети́ли 18 челове́к: 11 кита́йцев, 7 россия́н.

8) В э́том университе́те у́чится 20 иностра́нных студе́нтов.

9) Во второ́й гру́ппе 14 ю́ношей и 10 де́вушек.

10) В тот день на Кра́сной пло́щади бы́ло 17 кита́йских друзе́й и 10 госте́й из други́х стран.

 5. 将括号中的词译成俄语并朗读句子。

1) Эту гости́ницу постро́или (2 年) наза́д.

2) В университе́те студе́нты у́чатся (4 年).

3) В го́роде Пеки́не я рабо́тал (5 年).

4) У нас в семье́ (5 人): па́па, ма́ма, де́душка, ба́бушка и я.

5) Днём на э́тих у́лицах всегда́ (许多人).

6) Мы изуча́ем ру́сский язы́к то́лько (3 个月零 2 个星期).

7) Оте́ц моего́ дру́га рабо́тал в Росси́и (5 年零 6 个月).

8) В на́шем ву́зе постро́или (2 座教学楼和 2 个食堂).

9) У меня́ оста́лось то́лько (5 美元和 20 卢布).

10) Вчера́ мы успе́ли осмотре́ть (两个博物馆和一个企业).

 6. 读下列句子并用ско́лько对各句提问。

1) В году́ 12 ме́сяцев.

2) В ме́сяце 4 неде́ли.

3) В неде́ле 7 дней.

4) 2 ра́за в неде́лю мы игра́ем в бадминто́н.

5) 18 зарубе́жных тури́стов осмотре́ли ледяны́е фонари́ и скульпту́ры.

6) У Ивано́ва 2 сы́на, а дочере́й нет.

7) По ра́дио передава́ли 2 ру́сские наро́дные пе́сни.

8) Я купи́л 7 биле́тов в кино́: 2 на де́сять часо́в утра́, а 5 на шесть ве́чера.

9) В про́шлом году́ в на́шем го́роде постро́или 2 совреме́нные гости́ницы.

10) Биле́т в музе́й сто́ит 3 до́ллара.

7. 将下列词联成句子。

1) Вчера́, мы, не, посеща́ть, музе́й, изобрази́тельный, иску́сство, потому́, что, нет, вре́мя.

2) В, Пеки́н, вы, мочь, уви́деть, мно́го, интере́сный, достопримеча́тельность.

3) Ско́лько, све́тлый, аудито́рия, в, э́тот, уче́бный, ко́рпус?

4) В, го́род, Гуанчжо́у, мо́жно, попро́бовать, мно́го, ме́стный, ла́комство.

5) В, э́тот, рестора́н, хорошо́, гото́вить, блю́да, из, све́жий, морско́й, проду́кты.

6) Нет, ли, у, вы, лека́рство, от, грипп?

7) В, наш, го́род, постро́ить, мно́го, пятизвёздный, гости́ница.

8) Кра́сный, пло́щадь — э́то, ме́сто, наро́дный, гуля́ние, демонстра́ция, и, пара́д.

9) Го́род, Гуанчжо́у, — оди́н, из, са́мый, ста́рый, и, краси́вый, го́род, Кита́й.

10) Ка́ждый, год, в, Пеки́н, приезжа́ть, мно́го, зарубе́жный, гость.

8. 回答问题。

1) Когда́ вы обы́чно встаёте?

2) Где вы обе́даете?

3) Кни́ги каки́х писа́телей вы лю́бите?

4) Где вы покупа́ете биле́т на по́езд?

5) Почему́ сего́дня вы не за́втракали?

6) У кого́ всегда́ есть мно́го вре́мени для заня́тий спо́ртом (进行体育运动)?

7) Почему́ вчера́ вы не смотре́ли кинофи́льм «Вокза́л для двои́х» ?

8) Почему́ ваш брат зараба́тывает мно́го де́нег?

9) Как вы повесели́лись вчера́?

10) Почему́ сего́дня в аэропорту́ мно́го дете́й?

9. 读下列对话并将句子译成汉语。

1) — Приве́т, Алёша! Что но́вого?

— Дя́дя прилете́л с ю́га и привёз мно́го пода́рков.

2) — Андре́й, когда́ мо́жешь показа́ть карти́ны ру́сских худо́жников?

— На сле́дующей неде́ле.

3) — Алёша, как ты ду́маешь, успе́ем мы на самолёт?

— Ду́маю, успе́ем, вре́мени ещё мно́го.

4) — Где вы лови́ли ры́бу на про́шлой неде́ле?

— В небольшо́м о́зере недалеко́ от на́шего до́ма.

5) — Когда́ мы бу́дем до́ма?

— Ду́маю, что в 6 часо́в мы уже́ бу́дем до́ма.

— Как хорошо́!

6) — Вы бы́ли на вы́ставке карти́н молоды́х худо́жников?

— Я давно́ хоте́л её посмотре́ть, но всё не́ было вре́мени.

7) — Что у нас на за́втрак?

— У нас большо́й вы́бор: ка́ша, колбаса́, хлеб, пирожки́, молоко́, ко́фе и други́е напи́тки.

8) — Где вы хоти́те провести́ Но́вый год?

— У свои́х роди́телей.

9) — Вы не ска́жете, когда́ появи́лись э́ти дре́вние хра́мы?

— То́чно не могу́ сказа́ть, где-то в конце́ 19 — нача́ле 20 ве́ка.

10) — Почему́ Кра́сная пло́щадь привлека́ет мно́го тури́стов из ра́зных стран?

— Это одна́ из са́мых краси́вых площаде́й ми́ра.

 10. 将下列句子译成俄语。

1) 我们回家吧，等着我们吃晚饭呢！

2) 这个医院有不少著名的医生。

3) 去年我们全家去了海南，每天我们在海里游泳，在岸上晒太阳。

4) 请你建议一下我可以买点儿什么。

5) 步行街上有很多俄罗斯风格的建筑，游客们从四面八方来到这里。

6) 在莫斯科我耳闻目睹了许多有趣的事，现在经常回想起这个美丽的城市。

7) 昨天我参观了特列季亚科夫画廊，亲眼看见了著名俄罗斯画家的作品。

8) 天安门广场是世界最大的广场，它吸引着众多的中外游客。

 11. 请讲一讲你所了解的莫斯科及你所居住的城市。

12. 记住下列词汇。

国家杜马：**Госуда́рственная Ду́ма (Госду́ма)**

炮王：**Царь-пу́шка**

钟王：**Царь-ко́локол**

乌斯宾斯基（圣母安息）大教堂：**Успе́нский собо́р**

布拉格维申斯基（报喜或圣母领报）大教堂：**Благове́щенский собо́р**

阿尔汉格尔斯基（天使长）大教堂：**Арха́нгельский собо́р**

斯帕斯克（救世主）钟楼：**Спа́сская ба́шня**

克里姆林宫自鸣钟：**Кремлёвские кура́нты**

俄罗斯联邦科学院：**Акаде́мия нау́к РФ (АН РФ)**

文化休息公园：**Парк культу́ры и о́тдыха (ПКО)**

 常用熟语

Москва́ не сра́зу (не вдруг) стро́илась.

莫斯科不是一朝一夕建起来的。(喻)伟业非一日之功。

Хоро́шее нача́ло — полови́на успе́ха.

好的开端是事业成功的一半。

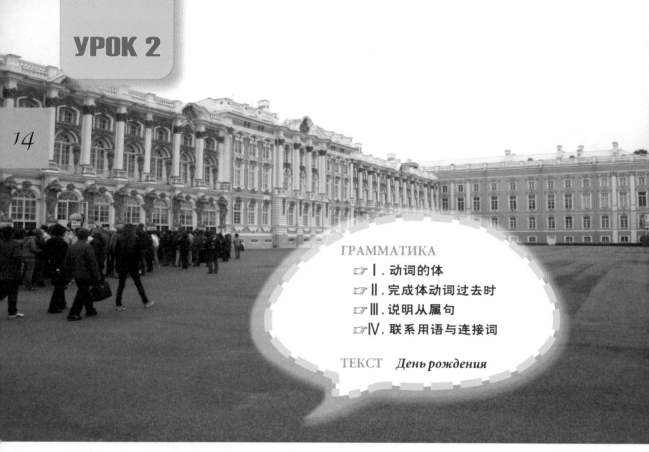

ГРАММАТИКА

☞ I. 动词的体
☞ II. 完成体动词过去时
☞ III. 说明从属句
☞ IV. 联系用语与连接词

ТЕКСТ   *День рождения*

听录音请扫二维码

I. 动词的体

俄语中大多数动词都有相对的未完成体和完成体两种形式。前面学过的 вúдеть, жить, приезжáть, рабóтать 等为未完成体动词;学过的完成体动词主要有:купúть, побывáть, посмотрéть等。

未完成体动词有三个时间范畴:过去时,现在时,将来时。完成体动词只有两个时间范畴:过去时,将来时。未完成体动词通常表示重复进行的动作,强调动作的反复或强调动作的过程。当句中有 чáсто, всегдá, обы́чно, кáждый день 等词或词组时,动词通常选用未完成体形式。

完成体动词通常表示一次完成的动作,而且达到了某种结果。

II. 完成体动词过去时

完成体动词过去时的构成方法与未完成体动词过去时的构成方法基本相同,例如:

① Я дóлго писáл э́ту статью́.

这篇文章我写了很久。

② Я, наконéц, написáл э́ту статью́.

这篇文章我终于写完了。

③ Письмо́ бы́ло о́чень дли́нное, и я до́лго его́ переводи́л.
   信很长，所以我翻译了很长时间。
④ Я о́чень бы́стро перевёл письмо́.
   我很快就把信翻译完了。

Ⅲ. 说明从属句

кто, что, чей, како́й, где, куда́, отку́да, когда́, как除可用作疑问代词和疑问副词外，还可以用作联系手段，把两个简单句连成一个复合句，例如：

Я хочу́ знать,
что вы купи́ли
где живёт его́ семья́
куда́ они́ пое́дут
.

我想知道，
您买了什么
他家住在哪里
他们要去哪里
。

这些复合句中，不带联系用语或连接词的分句是主句，带联系用语或连接词的分句是从句。这些从句都在补充、说明знать一词的内容，回答о чём的问题。有这种从属关系的句子，叫说明从属句。这类句子主句中常用的动词还有говори́ть, сказа́ть, расска́зывать, рассказа́ть等表示言语行为的动词。

Ⅳ. 联系用语与连接词

说明从属句除了可以用上述联系用语之外，还可以用连接词что连接主句和从句，例如：
Ивано́в сказа́л, что он купи́л но́вую кварти́ру.
伊万诺夫说，他买了一套新住宅。

联系用语与连接词的区别在于：联系用语что不但连接主句和从属句，而且本身还是从句的成分，что的变格取决于它在从句中的作用，读时带逻辑重音。

连接词что只起连接主句和从句的作用，что不作句子成分，不变格，读时不带逻辑重音。

联系用语 что	连接词 что
① Мой друг сказа́л, что он уви́дел на вы́ставке. 我的朋友说他在展览会上看到了什么。 ② Они́ не говори́ли, что бы́ло на за́втрак. 他们没说早饭吃了什么。	① Мой друг сказа́л, что на вы́ставке он уви́дел но́вую маши́ну. 我的朋友说，在展览会上他看到了新汽车。 ② Все зна́ют, что в Пеки́не мно́го достопримеча́тельностей. 大家都知道，北京有许多名胜古迹。

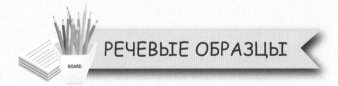

РЕЧЕВЫЕ ОБРАЗЦЫ

1. Олéг дóлго

    писáл сочинéние   написáл егó
    выбирáл подáрок   и, наконéц,   вы́брал егó   .
    переводи́л статью́   перевёл её

(готóвить — приготóвить ýжин, расскáзывать — рассказáть о своéй учёбе, читáть — прочитáть эту кни́гу)

2. Я обы́чно рáно (пóздно)

             встаю́   встал
             ложýсь   , но сегóдня лёг   пóздно (рáно).
             прихожý   пришёл

(кончáть рабóту — кóнчить; приходи́ть с рабóты — прийти́)

3. Вы знáете,

    когдá у негó бýдет день рождéния
    кто не поéхал на экскýрсию   ?
    кудá пошёл Иванóв

(узнáть, где — купи́ть рýсские сувени́ры; как — учи́ться)

4. Гид хóчет узнáть,

    когó вы ждёте
    о чём они́ разговáривают   .
    осмотрéли ли вы ледяны́е фонари́

5. Я читáл (слы́шал),

    что э́то óчень интерéсный фильм
    что там готóвят óчень вкýсные блю́да   , э́то прáвда?
    что рýсские гóсти посещáли э́то предприя́тие

(когдá — уви́деть; что — попрóбовать; где — послýшать)

6. Они́ говори́ли,

    что хотя́т попрóбовать ю́жные фрýкты
    что пойдýт на пляж купáться и загорáть .
    что там откры́лся нóвый ресторáн

7. В газéте пи́шут,

    что э́тот композитор бýдет давáть концéрт в Еврóпе
    что в нáшем гóроде бýдут стрóить метрó   .
    что на Хайнáне сáмые хорóшие пля́жи

(По телеви́зору передавáли, что ...; По рáдио сообщáют, что ...; На собрáнии сказáли, что ...)

1. — Вчера́ ве́чером вы бы́ли у Са́ши в гостя́х?

   — Нет, я о́чень уста́л и ра́но лёг спать.

2. — Вы уже́ вы́брали пода́рок для Андре́я?

   — Нет, ещё выбира́ю.

3. — Когда́ вы обы́чно встаёте?

   — Обы́чно встаю ра́но, но сего́дня встал по́здно.

4. — Дека́н спра́шивает, ско́лько вре́мени она́ изуча́ет ру́сский язы́к?

   — То́чно не зна́ю, наве́рное, шесть ме́сяцев.

5. — Говоря́т, что в э́том рестора́не о́чень вку́сно гото́вят.

   — Э́то то́чно, там о́чень вку́сно гото́вят, и постоя́нных госте́й мно́го.

6. — Ната́ша, каки́е фру́кты вы бо́льше лю́бите?

   — Я о́чень люблю́ ли́чжи и ма́нго.

7. — Вы не зна́ете, где мо́жно поменя́ть де́ньги?

   — В Ба́нке Кита́я, но на́до показа́ть па́спорт.

8. — Како́й кли́мат на ю́го-восто́ке Кита́я?

   —Там субтропи́ческий кли́мат, кру́глый год цвету́т цветы́, расту́т разнообра́зные фру́кты.

9. — Я хочу́ узна́ть, что символизи́рует лапша́ в Кита́е?

   — Э́то си́мвол долголе́тия.

10. — Все пошли́ в кино́, а ты оста́лся в общежи́тии. Почему́?

    — Я пло́хо себя́ чу́вствую, голова́ боли́т.

11. — Вы слы́шали, кака́я пого́да бу́дет в суббо́ту?

    — По ра́дио передава́ли, что бу́дет я́сная, тёплая пого́да.

12. — Ни́на ещё не пришла́?

    — Она́ позвони́ла, что у неё сро́чная рабо́та. Вот передала́ пода́рок.

ДИАЛОГИ

1. — До́брый день, Алёша!

   — Здра́вствуй, Ви́ктор!

   — Ты не забы́л, что сего́дня у Ната́ши день рожде́ния?

   — Коне́чно, нет. То́лько я не зна́ю, что на́до подари́ть.

   — По-мо́ему, кни́га — лу́чший пода́рок.

— Спаси́бо за сове́т. Как хорошо́, что кни́жный магази́н ря́дом. До ве́чера.

2. — Я слы́шал, что вы бы́ли в ба́ре на про́шлой неде́ле.

— Соверше́нно ве́рно. У Ната́ши был день рожде́ния.

— Как вы провели́ вре́мя?

— Отли́чно. Пи́ли мно́го пи́ва. Де́вушки пе́ли ру́сские пе́сни, танцева́ли, смея́лись.

— Когда́ верну́лись домо́й?

— Ой, не по́мню. Зна́ю, что о́чень по́здно: на у́лице почти́ не́ было люде́й.

3. — Здра́вствуйте.

— Здра́вствуйте. Я хочу́ купи́ть пода́рок для мое́й подру́ги.

— У нас большо́й вы́бор пода́рков: францу́зские духи́, музыка́льные шкату́лки, украше́ния из зо́лота и серебра́.

— Я хочу́ купи́ть музыка́льную шкату́лку.

— Хорошо́. Хоти́те послу́шать?

— Коне́чно. Кака́я чуде́сная му́зыка!

— Это му́зыка Чайко́вского.

— Ско́лько сто́ит музыка́льная шкату́лка?

— 20 до́лларов.

День рождения

Вчера́ у моего́ ру́сского дру́га Са́ши был день рожде́ния. Он пригласи́л свои́х друзе́й в го́сти. Снача́ла я на такси́ пое́хал в магази́н. Там я купи́л пода́рок — кни́гу.

Когда́ я прие́хал, друзья́ бы́ли уже́ здесь.

— Здра́вствуй, Ли Мин! Прия́тно тебя́ ви́деть.

— Здра́вствуй, Са́ша! Поздравля́ю тебя́ с днём рожде́ния![1] Жела́ю тебе́ сча́стья,[2] уда́чи во всём.

— Спаси́бо. А тепе́рь познако́мьтесь, пожа́луйста, э́то мои́ друзья́:[3] Аня, Ле́на, Ви́тя и Оле́г.

— Очень прия́тно, Ли Мин. Са́ша мно́го расска́зывал о вас.

Пото́м Са́ша пригласи́л всех за стол. Когда́ все се́ли, Ви́тя по́днял бока́л:

— Я хочу́ предложи́ть пе́рвый тост за на́шего дру́га Са́шу и пожела́ть ему́ кре́пкого здоро́вья, больши́х успе́хов в учёбе и интере́сной жи́зни.

Са́ша поблагодари́л Ви́тю и попроси́л друзе́й попро́бовать сала́т из све́жих овоще́й, марино́ванные грибы́, жа́ренную ры́бу в тома́те, ветчину́, солёную ры́бу, у́тку.

Все блю́да бы́ли о́чень вку́сные. Друзья́ похвали́ли Са́шу. Пото́м все до́лго разгова́ривали, смея́лись, танцева́ли, пе́ли пе́сни, шути́ли. Мы ве́село провели́ тот ве́чер и по́здно верну́лись домо́й.

КОММЕНТАРИИ

① Поздравля́ю тебя́ с днём рожде́ния! 祝你生日快乐！

② Жела́ю тебе́ сча́стья. 祝你幸福。

③ Познако́мьтесь, пожа́луйста, э́то мои́ друзья́. 请你们认识一下吧，这是我的朋友们。

НОВЫЕ СЛОВА И СЛОВОСОЧЕТАНИЯ

купи́ть (完), куплю́, ку́пишь;
   что 买

покупа́ть (未)

наконе́ц 终于,最后

сказа́ть (完) -ажу́, -а́жешь;
   что, о ком-чём 说,告诉

говори́ть (未)

посмотре́ть (完) -отрю́,
   -о́тришь; на кого́-что; кого́
   -что 看;观看

смотре́ть (未)

уви́деть (完) -жу, -дишь; что 看
   见

ви́деть (未)

выбира́ть (未) -а́ю, -а́ешь;
   кого́-что 选,挑选

вы́брать (完) -беру, -берешь
   ~ пода́рок, ~ ста́росту

пригото́вить (完) -влю, -вишь;
   что 准备好;做(饭、菜)

гото́вить (未)
   ~ уро́ки, ~ обе́д

прочита́ть (完) -а́ю, -а́ешь; что
   读

чита́ть (未)

встать (完) -а́ну, -а́нешь 站起
   来;起床

встава́ть (未)

ложи́ться (未) -жу́сь, -жи́шься
   躺下

лечь (完) ля́гу, ля́жешь; лёг,
   легла́, легло́, легли́

приходи́ть (未) -ожу́, -о́дишь
   走到,来到

прийти́ (完), приду́,
   придёшь; пришёл, -шла́,
   -шло́, -шли́

конча́ть (未) -а́ю, -а́ешь; что 结
   束

ко́нчить (完)
   ~ рабо́ту

рожде́ние, -ия 出生

спроси́ть (完) -ошу́, -о́сишь;
   кого́-что, у кого́-чего́ о
   ком-чём 问,询问

спра́шивать (未)

узна́ть (完) -а́ю, -а́ешь; кого́
   -что, о ком-чём 得知,了解到

узнава́ть (未)
   Я узна́л но́мер ва́шего
   телефо́на у Са́ши.

пра́вда (用作谓语或插入语) 真
   的,确实

попро́бовать (完) -бую, -буешь
   尝,尝试

про́бовать (未)

послу́шать (完) -аю, -аешь 听
   一听,听一会儿

ю́жный, -ая, -ое, -ые 南方的

откры́ться (完) -о́ется,

-о́ются 开,打开

открыва́ться (未)

компози́тор, -а; -ы 作曲家

Евро́па 欧洲

Хайна́нь 海南

сообща́ть (未) -а́ю, -а́ешь; что,
   о ком-чём 通知,告诉

сообщи́ть (完)

уста́ть (完) -а́ну, -а́нешь 累,疲倦

устава́ть (未)

постоя́нный, -ая, -ое, -ые 固定
   的,经常的

ли́чжи 荔枝

ма́нго 芒果

изуча́ть (未) -а́ю, -а́ешь; что 学
   习;研究

изучи́ть (完)

поменя́ть (完) -я́ю, -я́ешь; кого́
   -что на кого́-что 交换;兑换

меня́ть (未)

ю́го-восто́к 东南

субтропи́ческий, -ая, -ое, -ие
   亚热带的

кли́мат, -а 气候

кру́глый, -ая, -ое, -ые 圆的;整
   的,全部的

расти́ (未) -ту́, -тёшь 生长

вы́расти (完) -ту, -тешь; вы́-
   рос, вы́росла, вы́росло, вы́-
   росли

УРОК 2

долголе́тие, -ия 长寿

подари́ть (完) -арю́, -а́ришь; кого́-что 赠送

дари́ть (未)

сове́т, -а; -ы 劝告,建议

До ве́чера. 晚上见。

соверше́нно 完全,十分

ве́рно 正确

провести́ (完) -еду́, -едёшь; -ёл, -ела́,-ели; что 度过

~ ме́сяц в дере́вне

ве́село ~ пра́здник

проводи́ть (未) -ожу́, -о́дишь

верну́ться (完) -ну́сь, -нёшься 回来,返回

~ домо́й, ~ с рабо́ты

возвраща́ться (未) -а́юсь, -а́ешься

пе́сня, -и; -и 歌,歌曲

по́мнить (未) -ню, -нишь; кого́ -что 记得

францу́зский, -ая, -ое, -ие 法国的

духи́ (复) 香水

музыка́льная шкату́лка 音乐盒

украше́ние, -ия, -ия 装饰;装饰物

зо́лото, -а 金子

серебро́, -á 银子,白银

пригласи́ть (完) -шу́, -си́шь; кого́-что 邀请

~ дру́га в го́сти

откры́ть (完) -ро́ю, -ро́ешь; что 开,打开

открыва́ть (未)

поздравля́ть (未) -я́ю, -я́ешь; кого́ 祝贺

поздра́вить (完)

~ его́ с днём рожде́ния 祝他生日快乐

жела́ть (未) -а́ю, -а́ешь; чего́ 祝愿

пожела́ть (完)

Жела́ю тебе́ сча́стья. 祝你幸福。

уда́ча, -и; -и 顺利,成功

Познако́мьтесь. 请你们认识一下。

прия́тно 高兴

подня́ть (完) подниму́, -ни́мешь; по́днял, подняла́, по́дняло,

по́дняли; кого́-что 抬起,举起

поднима́ть (未)

бока́л, -а; -ы 大酒杯

предложи́ть (完) -ожу́, -о́жишь; кого́-что 提议,建议

~ тост

предлага́ть (未)

кре́пкий, -ая, -ое, -ие 结实的,健壮的

успе́хи (复) 成绩

поблагодари́ть (完) -рю́, -ри́шь; кого́-что 感谢

благодари́ть (未)

марино́ванный, -ая, -ое, -ые 醋渍的

гриб, -á; -ы́ 蘑菇

тома́т, -а 番茄汁,番茄酱

солёный, -ая, -ое, -ые 咸的;腌的

у́тка, -и; -и 鸭

похвали́ть (完) -алю́, -а́лишь; кого́-что

хвали́ть (未) 夸奖,赞扬

ве́село 愉快地

ВНЕАУДИТОРНЫЕ УПРАЖНЕНИЯ И ЗАДАНИЯ
(课外练习与作业)

 1. 说出下列完成体动词的过去时形式。

верну́ться, появи́ться, купи́ть, постро́ить, побыва́ть, послу́шать, дое́хать, вы́брать, перевести́, встать, лечь, прийти́, нача́ть, нача́ться, ко́нчить, ко́нчиться, узна́ть, поменя́ть, пое́хать, попро́бовать, поу́жинать, забы́ть, провести́, посети́ть, потеря́ть, откры́ться, зайти́, подня́ть

 2. 朗读下列句子,解释动词体的意义。

1) Вчера́ ве́чером мы до́лго разгова́ривали о достопримеча́тельностях Пеки́на.

2) На́ша экску́рсия ко́нчилась то́лько в 12 часо́в.

3) Вы уже́ поменя́ли де́ньги в ба́нке?

4) В наш го́род о́чень ча́сто приезжа́ют тури́сты из ра́зных стран.

5) Я не ка́ждый день смотрю́ телеви́зор.

6) — Вы перевели́ статью́?

    — Да, перевёл. Она́ не о́чень тру́дная.

7) На о́строве Хайна́нь лю́ди мо́гут загора́ть почти́ кру́глый год.

8) Тут тури́сты мо́гут попро́бовать ли́чжи, ма́нго и други́е субтропи́ческие фру́кты.

9) Там открыва́ется прскра́сный вид на Кремль и Москву́-ре́ку.

10) Вчера́ мы узна́ли мно́го но́вого и интере́сного.

 3. 选择适当的动词填空。

заказывать — заказа́ть

1) Мы ка́ждый раз _____ э́то блю́до в э́том рестора́не.

2) Я уже́ _____ биле́т на самолёт на за́втра.

начина́ть — нача́ть

1) Обы́чно мы _____ уро́к с повторе́ния.

2) Мы уже́ се́ли за стол и _____ у́жинать.

начина́ться — нача́ться

1) Вчера́ на́ша экску́рсия _____ о́чень ра́но.

2) Дороги́е друзья́, _____ ваш пе́рвый день в на́шем го́роде.

конча́ть — ко́нчить

1) Здесь ка́ждый день _____ убо́рку в 9 часо́в.

2) Одну́ мину́ту, сейча́с они́ _____ убо́рку в но́мере.

конча́ться — ко́нчиться

1) Я не знал, что де́ньги _____.

3) Как хорошо́, что всё хорошо́ _____.

гото́вить — пригото́вить

1) В рестора́не «Катю́ша» о́чень вку́сно _____ ру́сские блю́да.

2) Ма́ма _____ у́жин и начала́ смотре́ть телеви́зор.

устава́ть — уста́ть

1) Когда́ я _____, я слу́шал му́зыку.

2) Де́ти о́чень _____ и ра́но легли́ спать.

хвали́ть — похвали́ть

1) Учи́тель ча́сто _____ Алёшу за хоро́шие успе́хи в учёбе.

2) Не зна́ем, за что _____ Ната́шу и да́же подари́ли цветы́.

 4. 续完句子。

1) Я хочу́ спроси́ть,
{ кто ...
где ...
когда́ ...
куда́ ...
почему́ ...
{ что ...
о чём ...

2) Скажи́те, пожа́луйста,
{ где ...
как ...
отку́да ...

3) Ты зна́ешь,
{ когда́ ...
кто ...
что ...
куда́ ...
есть ли ...

 5. 将下列句子译成汉语。

1) Я хочу́ узна́ть, когда́ мо́жно поменя́ть де́ньги.

2) В газе́те пи́шут, что храм Наньпуто́ — са́мый дре́вний храм в Кита́е.

3) Все зна́ют, что на о́строве Хайна́нь хоро́шие пля́жи и све́жий во́здух.

4) Ра́ньше я не знал, что лапша́ символизи́рует долголе́тие.

5) Это му́зыка П.И.Чайко́вского. По ра́дио её передава́ли уже́ мно́го раз.

6) Ни́на пригласи́ла нас в го́сти, и у неё мы ве́село провели́ весь ве́чер.

7) Здесь субтропи́ческий кли́мат, кру́глый год цвету́т цветы́, расту́т разнообра́зные фру́кты.

8) Ледяны́е фонари́ и зда́ния в ру́сском сти́ле привлека́ют тури́стов.

9) Когда́ я проходи́л ми́мо магази́на "Весна́", я уви́дел сестру́ моего́ дру́га.

10) Это полити́ческий, экономи́ческий и культу́рный центр ю́жной ча́сти Кита́я.

11) В э́той ча́сти го́рода мо́жно уви́деть мно́го достопримеча́тельностей.

12) Я уже́ побыва́л на э́той вы́ставке. Смотре́ть второ́й раз неинтере́сно.

 6. 记住下列中俄传统节日。

Пра́здник Весны́ 春节　　　Пра́здник фонаре́й 元宵节　　　Пра́здник Дуаньу́ 端午节

Пра́здник Луны́ 中秋节　　　День Побе́ды 胜利节　　　Па́сха 复活节

Ма́сленица 谢肉节　　　Рождество́ 圣诞节

 **7. 回答问题，注意动词体的用法。**

1) Куда́ пошёл ваш друг, когда́ ко́нчилась рабо́та?

2) О чём расска́зывал дя́дя, когда́ он был у вас в гостя́х?

3) Каки́е фру́кты расту́т в ва́шей дере́вне?

4) Каки́е пода́рки вы вы́брали для свои́х роди́телей?

5) Что ма́ма пригото́вила на у́жин ?

6) Что в ва́шем го́роде привлека́ет тури́стов?

7) Каки́е достопримеча́тельности хотя́т посети́ть тури́сты?

8) Почему́ вчера́ вы легли́ спать так по́здно?

9) У кого́ вы узна́ли, что Андре́й верну́лся с ю́га?

10) Вы не ска́жете, когда́ на э́той у́лице откры́лся но́вый суперма́ркет?

11) Куда́ вы пое́хали, когда́ купи́ли марино́ванные грибы́, жа́реную ры́бу?

12) Когда́ вы верну́лись домо́й?

 8. 用括号内的词回答问题。

1) Како́й кли́мат на ю́го-восто́ке (се́веро-восто́ке) Кита́я?
   (Субтропи́ческий, холо́дный.)

2) Каки́е фру́кты мо́жно попро́бовать на ю́го-восто́ке?
   (Папа́йю (木瓜), ли́чжи, лунъя́нь, бана́ны, мандари́ны, ма́нго.)

3) Како́й го́род Москва́?
   (Полити́ческий, экономи́ческий и культу́рный центр страны́.)

4) Каки́е пода́рки вы обы́чно получа́ете в день своего́ рожде́ния?
   (Францу́зские духи́, музыка́льные шкату́лки, украше́ния из зо́лота и серебра́, кни́ги.)

5) За что предлага́ют тост?
   (За кре́пкое здоро́вье, больши́е успе́хи в учёбе, дру́жбу, сча́стье.)

6) Почему́ вы купи́ли так мно́го книг для дете́й?
   (Кни́ги — лу́чший пода́рок для дете́й.)

7) Как называ́ется са́мая гла́вная пло́щадь на́шей страны́?
   (Пло́щадь Тяньаньмы́нь.)

8) Вы зна́ете, из чего́ обы́чно де́лают сала́т?
   (Из све́жих овоще́й.)

9) Почему́ вы бы́стро прочита́ли э́ту кни́гу на ру́сском языке́?
   (Она́ о́чень интере́сная, кро́ме того́, в ней ма́ло но́вых слов.)

10) За что вы поблагодари́ли Са́шу?
   (За приглаше́ние в го́сти и за вку́сный у́жин.)

 9. 翻译下列句子。

1) 报纸上说，我们这里正在建造一个大的现代化图书馆。

2) 电视报道说，外国友人昨天参观了北京大学。

3) 我没听清，他们在那里谈论什么。

4) 我朋友前天打电话告诉我，他在一家现代化企业里工作。

5) 老师问，为什么尼娜和玛利亚没来上课。班长说，她们昨天睡得很晚，还没起床呢。

6) 妈妈打开窗户大声说道：多好的天气呀！

7) 我经过他窗前时，听见房间里有人在唱俄语歌。

8) 哥哥告诉我，他买到了两张音乐会的票。

9) 我们不知道，维克托在哪儿买到了俄汉词典。

10) 俄罗斯朋友在信中写道，他非常喜欢中国的文化和名胜古迹。

 10. 回答下列扩展性问题。

1) Когда́ у вас день рожде́ния?

2) Кого́ вы приглаша́ете на день рожде́ния?

3) Каки́е пода́рки вы получа́ете в день рожде́ния?

4) Как вы отмеча́ете день рожде́ния?

 11. 结合实际情况，讲讲你是如何给爸爸妈妈过生日的。

Как вы отмеча́ете день рожде́ния па́пы и́ли ма́мы?

 常用熟语

В тесноте́, да не в оби́де.

众人挤一起，相处倒和气。

На вкус и цвет това́рища нет.

一人一个口味，一人一个爱好；各有所爱。

УРОК 3

ГРАММАТИКА
☞ Ⅰ. 完成体动词将来时
☞ Ⅱ. 动词体的对应形式
☞ Ⅲ. 及物动词加 -ся
ТЕКСТ　*Как студенты отдыхают*

25

听录音请扫二维码

Ⅰ. 完成体动词将来时

　　完成体动词将来时通过动词本身的变位来表示。其变化规则与未完成体动词现在时变位相同(见第一册第2、3课)。

　　完成体动词将来时表示将来要完成、一定会达到某种结果的动作,强调的是结果,例如:

① Ве́чером я прочита́ю э́ту кни́гу.

　　晚上我要把这本书读完。

② Когда́ мы ко́нчим рабо́ту, мы пойдём гуля́ть.

　　工作结束后,我们将去散步。

Ⅱ. 动词体的对应形式

　　不是所有的动词都有相对应的完成体或未完成体形式。不少动词只有一种体,或者只有完成体形式,或者只有未完成体形式,例如:знать, жить, лежа́ть, прису́тствовать等动词只有未完成体形式,没有与其相对应的完成体形式。

　　俄语大多数动词都有相对应的完成体和未完成体两种形式。

　　完成体动词与未完成体动词的对应情况主要有以下三种:

1. 未完成体动词加前缀构成完成体动词,例如:

未完成体　完成体	未完成体　完成体
де́лать — с́делать	пить — вы́пить
есть — съесть	ви́деть — уви́деть
смотре́ть—посмотре́ть	писа́ть — написа́ть

2. 未完成体动词与完成体动词词根相同,后缀不同,例如:

未完成体	完成体
встава́ть —	вста́ть
расска́зывать —	рассказа́ть

部分这类动词的词根中有音变现象,例如:

未完成体	完成体
составля́ть —	соста́вить (вл / в)
отвеча́ть —	отве́тить (ч / т)
посеща́ть —	посети́ть (щ / т)

3. 少数动词体的对应形式是不同词根的词,例如:

未完成体	完成体
говори́ть —	сказа́ть
брать —	взять
ложи́ться —	лечь
сади́ться —	сесть

Ⅲ. 及物动词加 – ся

及物动词加 -ся后,成为不及物动词,例如:

及物动词	不及物动词
начина́ть	начина́ться
нача́ть	нача́ться
конча́ть	конча́ться
ко́нчить	ко́нчиться

上述及物动词加 -ся后表示行为局限于主体本身,不及于其他事物,例如:

① Мы уже́ на́чали уро́к.
我们已经开始上课了。

Уро́к уже́ начался́.
已经上课了。

② Ско́ро мы зако́нчим э́ту рабо́ту.
我们很快就结束这项工作。

Пое́здка ско́ро зако́нчится.
旅行很快就要结束。

РЕЧЕВЫЕ ОБРАЗЦЫ

1. Ма́ша уже́   купи́ла сувени́ры и пода́рки
                  послу́шала пеки́нскую о́перу ,

   а я   куплю́
           послу́шаю   в пя́тницу.

(попро́бовать ме́стные ла́комства Пеки́на, подня́ться на Вели́кую Кита́йскую сте́ну, осмотре́ть музе́й Гугу́н)

2. Мы   переведём статью́   пойдём на банке́т   че́рез час.
           отпра́вимся на вы́ставку

(собра́ться в за́ле, верну́ться домо́й, пое́хать на дискоте́ку)

3. Когда́ мы   сфотографи́руемся   уста́нем , мы немно́го отдохнём.
              зако́нчим э́ту экску́рсию

(осмотре́ть ледяны́е фонари́, пригото́вить обе́д, вы́брать сувени́ры)

4. Че́рез час зако́нчу э́ту рабо́ту и тогда́   отдохну́
                                     погуля́ю

(поспа́ть, посиде́ть, поигра́ть в ша́хматы, верну́ться домо́й)

5. Обы́чно мы   встаём   ра́но, а за́втра   вста́нем   по́здно.
              ложи́мся   ля́жем

(начина́ть рабо́ту — нача́ть, у́жинать — поу́жинать, конча́ть рабо́ту — ко́нчить, возвраща́ться в общежи́тие — верну́ться)

ВОПРОСЫ И ОТВЕТЫ

1. — Не зна́ю, когда́ Мари́я и Оле́г подни́мутся на́ гору?

   — Ду́маю, что ско́ро. Вот они́.

2. — Когда́ мы посети́м Со́лнечный о́стров?

   — На сле́дующей неде́ле.

3. — Когда́ мы пое́дем на вы́ставку карти́н?

   — Мо́жет быть, пое́дем по́сле обе́да.

4. — Вы не зна́ете, когда́ за́втра мы отпра́вимся в путь?

    — Наш гид сказа́л, что в 10 часо́в.

5. — Когда́ начнётся ве́чер на ру́сском языке́?

    — Когда́ придёт веду́щий.

6. — Вы прие́дете из о́тпуска на э́той неде́ле?

    — Да, в пя́тницу мы уже́ бу́дем до́ма.

7. — Что вы бу́дете де́лать, когда́ бу́дет хоро́шая пого́да?

    — Позагора́ю.

8. — Вы бу́дете сего́дня купа́ться в терма́льном исто́чнике?

    — Нет, не бу́дем, потому́ что вчера́ мы уже́ искупа́лись.

9. — Вчера́ вы когда́ легли́ спать?

    — Вчера́ я лёг спать в 10 часо́в.

10. — Я ви́жу, что вы о́чень уста́ли.

    — Да, сего́дня мы до́лго пла́вали в мо́ре. Кро́ме того́, я вчера́ лёг спать о́чень по́здно.

ДИАЛОГИ

1. — Кака́я хоро́шая пого́да! Андре́й, ты не хо́чешь сейча́с поката́ться на ло́дке?

— Хоте́ть-то хочу́, но, к сожале́нию, не могу́, потому́ что чу́вствую себя́ ещё пло́хо. Вчера́ у меня́ была́ высо́кая температу́ра.

— Ты принима́л лека́рство?

— Да. Ду́маю, всё пройдёт.

— У тебя́ сла́бое здоро́вье, на́до ча́сто гуля́ть на све́жем во́здухе, занима́ться спо́ртом.

—Так и бу́ду де́лать.

2. — Ребя́та, что мы бу́дем де́лать в выходно́й день?

— Серге́й предлага́ет пое́хать за́ город и походи́ть на лы́жах.

— Хоро́шая иде́я. Я «за».

— А я не пое́ду. Во-пе́рвых, хо́лодно, во-вторы́х, я не уме́ю ходи́ть на лы́жах.

— Что ты! Ра́зве северя́не боя́тся хо́лода? Моро́з закаля́ет не то́лько на́ше здоро́вье, но и на́шу си́лу во́ли.

— Не уме́ешь, мы тебя́ нау́чим.

— Хорошо́. Когда́ отпра́вимся? Что взять с собо́й?

— Ничего́ не на́до. На лы́жной ба́зе всё есть.

— Пое́дем в суббо́ту ра́но у́тром.

3. — Прости́те, како́й план у нас на сего́дня?

— В програ́мму вхо́дят экску́рсии в музе́й Гугу́н, в па́рк Ихэюа́нь, на Вели́кую Кита́йскую сте́ну. Кро́ме того́, мы попро́буем пеки́нскую у́тку. По́сле у́жина послу́шаем пеки́нскую о́перу.

— Это интере́сно! У нас сего́дня насы́щенный день.

— Вы не уста́нете?

— Нет. Обяза́тельно вы́полним план.

ТЕКСТ

Как студенты отдыхают

Студе́нты о́чень лю́бят кани́кулы, потому́ что в э́то вре́мя мо́жно хорошо́ отдохну́ть и повесели́ться.

Отдыха́ть, коне́чно, мо́жно и во вре́мя семе́стра. У нас в университе́те хоро́шие усло́вия для акти́вного о́тдыха: но́вые бассе́йны, те́ннисные ко́рты, площа́дки для игры́ в волейбо́л, баскетбо́л, футбо́л и мно́гое друго́е. Если хо́чешь посиде́ть в тишине́, поду́мать о своём, то библиоте́ка рабо́тает для тебя́ с утра́ до ве́чера. Но в основно́м на́ше вре́мя ухо́дит на учёбу.

То́лько на кани́кулах мо́жно полноце́нно отдыха́ть, поэ́тому студе́нты ждут кани́кулы. Зи́мние кани́кулы дли́нные. Обы́чно мы прово́дим их до́ма, ведь в э́то вре́мя мы встреча́ем пра́здник Весны́. Мы быва́ем в гостя́х у шко́льных друзе́й, вме́сте отдыха́ем, вспомина́ем шко́льные го́ды, навеща́ем учителе́й, танцу́ем, поём.

Ле́тние кани́кулы коро́ткие. Мы ча́сто отправля́емся в путеше́ствие, посеща́ем музе́и, фотографи́руем интере́сные места́ и па́мятники архитекту́ры.

Студе́нческие кани́кулы — э́то интере́сные путеше́ствия в про́шлое и настоя́щее. У них есть то́лько оди́н недоста́ток — они́ бы́стро конча́ются. Но я не о́чень расстра́иваюсь, потому́ что меня́ ждёт нача́ло но́вого семе́стра.

НОВЫЕ СЛОВА И СЛОВОСОЧЕТАНИЯ

пойти́ (完) пойду́, пойдёшь;
  куда́ 去
  ~ в парк, ~ в го́сти
отве́тить (完) -чу, -тишь;
  на что 回答
  отвеча́ть (未)
взять (完) возьму́, возьмёшь;
  кого́-что 取,拿;买
  брать (未)
нача́ться (完) начнётся, начну́-

тся; начался́, начала́сь,
  начало́сь, начали́сь 开始
  начина́ться (未)
зако́нчить (完) -чу, -чишь; что
  结束
  зака́нчивать (未)
пое́здка, -и; -и 乘行, 旅行
зако́нчиться (完) -чится,
  -чатся 结束
  зака́нчиваться (未)

ме́стный, -ая, -ое, -ые 当地的
ла́комство, -а; -а 好吃的东西
че́рез (前)(四格)过……以后
отпра́виться (完) -влюсь,
  -вишься 出发
  отправля́ться (未)
собра́ться (完) -беру́сь,
  -берёшься 集合
  собира́ться (未)
зал, -а; -ы 大厅

сфотографи́роваться
(完) -ру́юсь, -руешься 照相，拍照
фотографи́роваться (未)

отдохну́ть (完) -ну́, -нёшь 休息
отдыха́ть (未)

у́жинать (未) -аю, -аешь 吃晚饭
поу́жинать (完)

мо́жет быть (插)也许

путь, -и́; -и́ 道路

веду́щий, -ая, -ее, -ие (用作名词)主持人

терма́льный исто́чник 温泉

искупа́ться (完) -а́юсь, -а́ешься 游泳；洗澡
купа́ться (未)

кро́ме того́ 除此之外

поката́ться на ло́дке 划一会儿船

сла́бый, -ая, -ое, -ые 弱的，虚弱的

занима́ться спо́ртом 从事体育运动

выходно́й день 休息日

походи́ть на лы́жах 滑一会儿雪

иде́я, -и; -и 主意

во-пе́рвых 首先,第一

во-вторы́х 其次,第二

северя́нин, -нина; -ря́не, -ря́н 北方人

боя́ться (未) бою́сь, бои́шься; кого́-чего́ 害怕

хо́лод, -а 寒冷

моро́з, -а 严寒

закаля́ть (未) -я́ю, -я́ешь; кого́-что 锻炼
закали́ть (完)

си́ла, -ы; -ы 力气,力量

во́ля, -и 意志

си́ла во́ли 意志力

научи́ть (完) -учу́, -у́чишь; кого́ чему́, с инф. 教,教会
~ ребёнка рисова́ть
учи́ть (未)

план, -а; -ы 计划

програ́мма, -ы; -ы 计划；节目单

насы́щенный, -ая, -ое, -ые 充实的,内容丰富的

вы́полнить (完)-ню, -нишь; что 完成
выполня́ть (未)

кани́кулы 假期

повесели́ться (完) -лю́сь, -ли́ться 玩,娱乐,开心
весели́ться (未)

семе́стр, -а; -ы （大学的）学期

усло́вие, -ия; -ия 条件

те́ннисный корт 网球场

площа́дка, -и; -и 场地

игра́, -ы́; -ы 比赛；玩

тишина́, -ы́ 安静

поду́мать (完) -аю, -аешь 想一想

по́здний, -яя, -ее, -ие 晚的

в основно́м 主要地

полноце́нно 完全地,充分地

быва́ть, -а́ю, -а́ешь 常有(在,是)

навеща́ть (未) -а́ю, -а́ешь; кого́-что 看望
навести́ть (完)

путеше́ствие, -ия 旅行

архитекту́ра, -ы 建筑

про́шлое (用作名词)过去

настоя́щее (用作名词)现在

недоста́ток, -тка; -тки 缺点,不足

расстра́иваться (未) -аюсь, -аешься 伤心,难过,心情不好
расстро́иться (完)

ВНЕАУДИТОРНЫЕ УПРАЖНЕНИЯ И ЗАДАНИЯ
(课外练习与作业)

 1. 朗读下列句子和对话，解释体的用法。

1) Я уже́ перевёл статью́. А когда́ вы его́ переведёте?

2) Де́ти собрали́сь у вхо́да и отпра́вились на экску́рсию.

3) По́сле у́жина я немно́го отдохну́, пото́м начну́ рабо́тать.

4) — Ты уже́ купи́л фру́кты?

— Нет ещё, но по́сле обе́да обяза́тельно куплю́.

5) — Что ты бу́дешь де́лать че́рез час?

— Бу́ду купа́ться в терма́льном исто́чнике.

— Когда́ ко́нчишь купа́ться?

— Ду́маю, что че́рез два часа́.

6) Ка́ждый день мы начина́ем рабо́тать в 8 часо́в.

7) Друзья́, конце́рт начнётся ро́вно в 10 часо́в.

8) Старики́ вы́пили чай и пошли́ на прогу́лку.

9) Когда́ уви́жу Воло́дю, скажу́, что вы звони́ли.

10) — Вы бы́ли в э́том лесу́?

— Нет, схожу́ на сле́дующей неде́ле.

 2. 用第一句话中的动词将来时形式,写完第二句话。

1) Вчера́ Са́ша покупа́л сувени́ры и пода́рки. За́втра Ма́ша ... сувени́ры и пода́рки.

2) В суббо́ту мы слу́шали пеки́нскую о́перу. В воскресе́нье они́ ...

3) Вчера́ они́ купа́лись в терма́льном исто́чнике. Сего́дня мы ...

4) Вчера́ россия́не поднима́лись на го́ру Хуаньша́нь. За́втра япо́нцы ...

5) Сейча́с они́ загора́ют на пля́же. По́сле обе́да мы ...

6) Когда́ тури́сты поу́жинали, они́ пошли́ смотре́ть бале́т. Когда́ тури́сты поу́жинают, они́ ...

7) Мы уже́ посеща́ли вы́ставку карти́н молоды́х худо́жников. В э́ту суббо́ту мой друзья́ ... её.

8) Вчера́ мы попро́бовали ме́стные ла́комства. Сего́дня э́ти тури́сты ...

8) Говоря́т, южа́не ча́сто загора́ют на э́том о́строве. А мы ... послеза́втра.

9) В понеде́льник Ни́на и Лю́ба ходи́ли на лы́жах. За́втра по́сле обе́да мы с Олей ...

10) Вчера́ мы с Олей фотографи́ровались на пешехо́дной у́лице. В суббо́ту мой роди́тели ... там.

 3. 选择右边的答案回答问题。

1) Когда́ вы прие́дете?

2) Что вы бу́дете де́лать сейча́с?

3) Когда́ мы начнём отдыха́ть?

4) Когда́ вы навести́те свою́ ба́бушку?

5) Когда́ вы отпра́витесь в пое́здку?

1) Когда́ я бу́ду обе́дать, ...

Когда́ я пообе́даю, ...

2) Я послу́шаю му́зыку.

Я бу́ду слу́шать му́зыку.

3) Когда́ мы бу́дем купа́ться в исто́чнике, ...

Когда́ мы искупа́емся в исто́чнике, ...

4) Когда́ я верну́сь, ...

Когда́ я бу́ду возвраща́ться, ...

5) Когда́ все собира́ются, ...

Когда́ все соберу́тся, ...

 4. 选用适当体的动词填空。

навеща́ть — навести́ть

1) В кани́кулы я ча́сто ... свои́х учителе́й.

2) Когда́ я верну́сь на ро́дину, обяза́тельно ... свои́х родны́х и друзе́й.

купа́ться — искупа́ться

1) Обы́чно по́сле обе́да мы ... в мо́ре.

2) — Ты уже́ ... в терма́льном исто́чнике?

— Нет ещё, но за́втра днём обяза́тельно ...

отдыха́ть — отдохну́ть

1) Обы́чно по́сле обе́да я немно́го ... и иду́ в библиоте́ку.

2) Ви́дите, все уста́ли. ... немно́го и сно́ва отпра́вимся в путь.

встава́ть — встать

1) Ка́ждый день на́до ра́но ... и гуля́ть в саду́.

2) За́втра я ра́но ... , потому́ что я не вы́полнил дома́шние зада́ния.

 5. 用动词将来时形式填空。

1) Воло́дя уже́ попро́бовал све́жие морепроду́кты, а я ... их за́втра.

2) Па́па научи́л бра́та пла́вать и сказа́л, что ... меня́ на ле́тних кани́кулах.

3) Андре́й уже́ купи́л кита́йские сувени́ры, а я ... их за́втра.

4) На́ши сосе́ди уже́ поу́жинали, а я ... сейча́с.

5) Ни́на уже́ посмотре́ла э́тот фильм, а я ... его́, наве́рное, по́сле обе́да.

6) Все уже́ легли́ спать, а я ... спать че́рез час, потому́ что я хочу́ посмотре́ть телеви́зор.

7) Пе́рвая гру́ппа уже́ зако́нчила пя́тый уро́к, а на́ша ... его́ в сре́ду.

8) На про́шлой неде́ле я послу́шал пеки́нскую о́перу, а роди́тели ... её в пя́тницу.

 6. 用когда́ 将两个简单句连成带时间从属句的主从复合句，并说明主句及从句中的行为在时间上的关系。

1) Бу́дет хоро́шая пого́да. Мы поката́емся на лы́жах.

2) Са́ша прочита́л письмо́. Он расстро́ился.

3) Макси́м расска́зывал о Росси́и. Я мечта́л пое́хать туда́.

4) Экскурсово́д расска́зывал о прекра́сных усло́виях для о́тдыха. Мы внима́тельно слу́шали его́.

5) На у́лице стои́т моро́з. Де́ти не боя́тся и игра́ют во дворе́.

6) Де́ти уви́дели го́стя. Они́ вста́ли.

7) Зако́нчится экску́рсия. Мы бу́дем отдыха́ть.

8) Начали́сь кани́кулы. Ребя́та реши́ли отдыха́ть в дере́вне.

 7. 回答下列问题。

1) Когда́ вы на́чали пла́вать в мо́ре?

2) Когда́ ты на́чал чита́ть э́ту кни́гу?

3) Когда́ вы на́чали изуча́ть ру́сский язы́к?

4) Како́й фильм вы посмотре́ли на про́шлой неде́ле?

5) Где вы поката́лись на ло́дке?

Что вы де́лали, когда́ ката́лись на ло́дке?

6) Эти го́сти фотографи́ровались в па́рке?

Что они́ на́чали де́лать, когда́ сфотографи́ровались?

7) Что бу́дет де́лать ваш брат, когда́ поу́жинает в рестора́не?

8) Что вы де́лаете, когда́ вы расстра́иваетесь?

 8. 用右边的词填空，注意带ся及不带ся动词的用法。

1) Когда́ преподава́тель ... ле́кцию?

Когда́ у вас ... заня́тия?

начина́ть
нача́ть
начина́ться
нача́ться

2) С чего́ вчера́ ... уро́к?

Уро́к на́до ... с повторе́ния.

3) Вчера́ банке́т ... по́здно.

Друзья́, пора́ ... наш банке́т.

4) Когда́ Бори́с ... рабо́тать, он

пошёл отдыха́ть.

Когда́ ... рабо́та?

ко́нчить
конча́ть
ко́нчиться
конча́ться

5) Наконе́ц, обе́д ...

Ка́ждый день я ... де́лать дома́шнее

зада́ние о́чень по́здно.

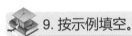 9. 按示例填空。

示例: Ра́но у́тром Никола́й пошёл (пое́хал) в о́фис.

Че́рез час он пришёл (прие́хал) в о́фис. Сейча́с он в о́фисе.

1) Утром Ни́на ... в аэропо́рт. Че́рез час она́ ... в аэропо́рт.

Сейча́с она́ ...

2) Ра́но у́тром Андре́й ... на рабо́ту. Че́рез час он ... на рабо́ту.

Сейча́с он ...

3) Утром Анна ... в больни́цу. Че́рез час она́ ... в больни́цу.

Сейча́с она́ ...

4) В 10 часо́в мой сосе́д ... в магази́н. Че́рез час он ... в

магази́н. Сейча́с он ...

5) В 10 часо́в Ви́ктор ... на вокза́л. Че́рез час он ... на

вокза́л. Сейча́с он ...

6) По́сле обе́да сестра́ ... в музе́й. Че́рез час она́ ... в музе́й.

Сейча́с она́ ...

7) По́сле рабо́ты Воло́дя ... домо́й. Че́рез час он ... домо́й.

Сейча́с он уже́ ...

8) Ра́но у́тром ребя́та ... в ботани́ческий сад. Че́рез полчаса́ они́ ... в ботани́ческий сад.

Сейча́с они́ уже́ ...

9) По́сле обе́да де́вушки ... в бассе́йн. Че́рез час они́ ... в бассе́йн.

Сейча́с они́ уже́ ...

10) В 10 часо́в тури́сты ... на телеба́шню «Жемчу́жина Восто́ка». Че́рез полчаса́ они́ ... на телеба́шню «Жемчу́жина Восто́ка».

Сейча́с они́ уже́ ...

 10. 按示例用练习9中的句子进行对话。

示例： — Когда́ Никола́й пошёл в о́фис?

— Ра́но у́тром.

— Когда́ он пришёл в о́фис?

— Че́рез час.

— Где он сейча́с?

— Сейча́с он в о́фисе.

 11. 用下列词或词组造小短文。

мо́жет быть, кро́ме того́, во-пе́рвых, во-вторы́х

 12. 记住下列词组。

води́ть маши́ну 开车

смотре́ть телевизио́ные токшо́у 看电视访谈节目

игра́ть в компью́терные и́гры 玩电脑游戏

ходи́ть на дискоте́ку 去跳的士高

ката́ться на ро́ликах 轮滑

занима́ться шейпингом 跳舍宾

игра́ть в гольф (те́ннис) 打高尔夫球(网球)

игра́ть в бо́улинг (в насто́льный те́ннис, бадминто́н, билья́рд) 打保龄球(乒乓球, 羽毛球, 台球)

 交 际 用 语

Язы́к до Ки́ева доведёт.

有嘴就能问到路。

Ко́нчил де́ло — гуля́й сме́ло.

做完事, 开心玩。

ГРАММАТИКА
☞ I. 动词第二人称命令式
☞ II. 人称代词第三格
☞ III. 定向动词与不定向动词

ТЕКСТ   Ресторан «Русский»

听录音请扫二维码

I. 动词第二人称命令式

命令式是俄语动词的一种形式,表示命令、希望、要求、邀请、号召等。命令式有人称区别,分第一人称、第二人称、第三人称命令式,其中主要的是第二人称命令式。

第二人称命令式
第二人称命令式是表示发话人对受话人提出的命令、希望、建议等,例如:
① Читáйте грóмко.
   请大声朗读。
② Идú на занятия!
   上课去吧。
1. 第二人称命令式的构成
   第二人称命令式有单、复数两种形式。
   未完成体动词现在时(或完成体动词将来时)复数第三人称去掉词尾 -ат (-ят), -ут (-ют)后,加 -й, -и或-ь构成单数形式,再加 -те构成复数形式,例如:

不定式	复数 第三人称	单数 第一人称	命令式单数 （复数）	说　明
чита́ть стоя́ть	чита́-ют сто-я́т	чита́ю стою́	чита́й (-те) стой (-те)	词尾前是元音的，加 -й (-те)
говори́ть писа́ть сказа́ть	говор-я́т пи́ш-ут ска́ж-ут	говорю́ пишу́ скажу́	говори́ (-те) пиши́ (-те) скажи́ (-те)	词尾前是辅音的，如单数 第一人称词尾带重音， 加 -и (-те)
отве́тить гото́вить встать	отве́т-ят гото́в-ят вста́н-ут	отве́чу гото́влю вста́ну	отве́ть (-те) гото́вь (-те) встань (-те)	词尾前是辅音的，如单数 第一人称词尾不带重音， 加 -ь (-те)

注:

[1] 有的词单数第一人称重音虽不在词尾，但词尾前为两个辅音，则命令式以 -и 结尾，例如:

ко́нчить —— ко́нч-и (-те)

вспо́мнить —— вспо́мн-и (-те)

[2] 带 -ся 动词第二人称命令式的构成与不带 -ся 的动词相同，但 -ся 在元音后变成 -сь，例如:

不定式	复数第三人称	单数第一人称	第二人称命令式单数(复数)
занима́ться	занима́-ют-ся	занима́юсь	занима́йся (-тесь)
боро́ться	бо́р-ют-ся	борю́сь	бори́сь (-тесь)
забо́титься	забо́т-ят-ся	забо́чусь	забо́ться (-тесь)

[3] 注意下列动词第二人称命令式形式:

вставать—— вставай (-те)　　дать—дай (-те)　　есть—ешь (-те)

е́хать—поезжа́й (-те)或езжа́й (-те)　　лечь—ляг (-те)　　пить—пей (-те)

быть—бу́дь (-те)　　откры́ть—откро́й (-те)　　петь—пой (-те)

2. 第二人称命令式的用法

　　1) 对一个人讲话时用单数第二人称命令式，对两个人以上讲话时则用复数，例如:

　　　　① Ни́на, подожди́ мину́тку. / 尼娜，等一下。

　　　　② Ребя́та, встава́йте! / 伙伴们，起床吧！

　　如表示尊敬，对一个人讲话也要用复数形式，例如:

　　　　① Ни́на Петро́вна, повтори́те, пожа́луйста, ещё раз.

　　　　　尼娜·彼得罗芙娜，请再重复一下。

　　　　② Влади́мир Ильи́ч, сади́тесь, пожа́луйста, сюда́.

　　　　　弗拉吉米尔·伊里奇，请坐到这儿来。

　　2) 使用第二人称命令式时一般不加人称代词，但在进行对比或命令口气缓和时，常用人称代词，例如:

　　　　① Ты иди́, а я оста́нусь. / 你走吧，我要留下。

　　　　② Ната́ша, ты сядь. / 娜塔莎，你坐下。

　　3) 呼语可放在动词命令式之前或之后。放在前面时，呼语后稍有停顿，例如:

　　　　① Ребя́та, пройди́те в ваго́н! / 伙伴们，请上车。

　　　　② Скажи́те, Ни́на Петро́вна, что э́то за ры́ба?

　　　　　尼娜·彼得罗芙娜，请告诉我这是什么鱼？

　　4) 语气词пожа́луйста通常紧跟着动词命令式，也可放在句首或其它词后，例如:

① Откро́йте, пожа́луйста, окно́. / 请打开窗。

② Откро́йте окно́, пожа́луйста. / 请打开窗户。

3. 命令式体的用法

1) 未完成体命令式

A. 表示命令、希望、请求、建议对方进行某一动作，不强调动作要达到某种结果，例如：

① Говори́те, пожа́луйста, по-ру́сски. / 请讲俄语。

② Слу́шайте меня́ внима́тельно! / 请注意听我讲。

Б. 表示命令、希望、建议、请求对方开始或继续某一动作，例如：

① Ребя́та, чита́йте текст! / 同学们，读课文吧！

② Почему́ вы переста́ли петь? Пойте! / 您怎么不唱了？唱呀！

В. 表示命令、希望、请求、建议对方经常做某件事，例如：

Приходи́те ча́ще. / 请常来吧！

2) 完成体命令式

完成体命令式表示命令、希望、请求、建议对方做的动作要达到一定的结果，例如：

① Покажи́те па́спорт! / 请出示护照。

② Переведи́те э́ту статью́, пожа́луйста. / 请把这篇文章译出来。

③ Купи́ мне биле́т. / 给我买张票。

3) 命令式前加 не

命令式被否定时，未完成体表示请求、建议对方不要做某件事或禁止某种行为发生，而完成体则表示提醒、警告对方别做某件事，例如：

① Мя́со не све́жее, не покупа́йте его́. / 肉不新鲜，别买了。

② Не кури́те! / 不要吸烟！

③ Не опозда́йте на собра́ние! / 开会别迟到。

II. 人称代词第三格

第一格	я	ты	он, оно́	она́	мы	вы	они́
第三格	мне	тебе́	ему́	ей	нам	вам	им

第三格表示行为的间接对象，例如：

① Скажи́те мне, пожа́луйста, когда́ отхо́дит по́езд?

请告诉我，火车什么时候开？

② Переда́йте ему́ э́то письмо́.

请把这封信转给他。

③ Спо́йте нам пе́сню.

请给我们唱一首歌吧。

III. 定向动词与不定向动词

俄语中有一类运动动词，形成特殊的对应关系，分为"定向动词"和"不定向动词"。

定向动词		不定向动词
идти́	——	ходи́ть（走）
éхать	——	éздить（乘行）
бежа́ть	——	бéгать（跑）
летéть	——	лета́ть（飞）
плыть	——	пла́вать（游）
нести́	——	носи́ть（拿，带，抱）

这些动词各自成对，每一对表示同一动作，都是未完成体动词，其意义与用法如下：

1. 定向动词表示向着一个方向的运动，而不定向动词则表示不是向着一个方向的运动或无固定方向或往返的运动，例如：

① Сейча́с мы éдем на мópе. / 现在我们去海边。

② Ка́ждый год мы éздим на мópе. / 每年我们都去海边。

③ Утром я обы́чно бéгаю. / 早上我通常跑步。

④ На у́лицах éздят ра́зные маши́ны. / 街上行驶着各种汽车。

2. 表示已完成的一次往返动作时，用不定向动词过去时形式，例如：

① —— Куда́ вы ходи́ли? / 您到哪儿去了？

　　—— Я ходи́л в банк. / 我去银行了。

② —— Вы éздили в Пеки́н? / 您去过北京吗？

　　—— Да, я éздил туда́ неда́вно. / 我不久前去过。

3. 在强调向着一个方向运动时，即使是多次重复或往返的动作通常也用定向动词，例如：

① Ка́ждый день я встаю́ ра́но у́тром, за́втракаю и иду́ на рабо́ту.

　　每天清早我起床、吃早饭、去上班。

② Вчера́, когда́ мы éхали на вы́ставку, шёл дождь.

　　昨天我们去展览会的时候，下着雨。

4. 表示"将去……""将去一趟"时，通常用пойти́, сходи́ть 等词表示，例如：

① Сего́дня мы пойдём (схо́дим) в магази́н.

　　今天我们要去商店(到商店去一趟)。

② Ско́ро мы поéдем в го́род Шанха́й.

　　我们很快就要去上海。

 注：

[1] 上述动词用于转义时，只用某一固定形式，例如：

① Она́ хо́дит в си́нем пла́тье. / 她穿着一件蓝色的连衣裙。

② Идёт дождь. / 正在下雨。

③ Он но́сит очки́. / 他戴眼镜。

[2] 表示事物的特征、能力或经常性的活动时，用不定向动词，例如：

① Совреме́нные самолёты лета́ют о́чень высоко́. / 现代化飞机飞得很高。

② Она́ пла́вает ме́дленно. / 她游得很慢。

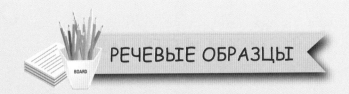

39

1. Слу́шай (-те)
   Смотри́ (-те)   , пожа́луйста!
   Пиши́ (-те)

   (спра́шивать, проходи́ть, сади́ться, говори́ть гро́мко, пить чай, брать конфе́ты)

2. Ребя́та,   запиши́те мой телефо́н
   запо́мните мои́ слова́   !
   подожди́те мину́точку

   (запо́лнить бланк, взять с собо́й ка́рточку, попро́бовать э́то блю́до, отдохну́ть немно́го, получи́ть ви́зу и па́спорт)

3. Не   разгова́ривайте
   шуми́те   , пожа́луйста!
   забыва́йте

   (опа́здывать, кури́ть, шути́ть)

4. Не   потеря́й (-те) ключи́
   упади́ (-те)   .
   простуди́сь (-тесь)

   (забы́ть об э́том, взять с собо́й фотоаппара́т)

5. Расскажи́те   мне   , пожа́луйста.
   нам

   (он, она́, они́)

6. Куда́ мы   идём   сейча́с?
   е́дем

   Мы   идём   в гости́ницу.
   е́дем   на дискоте́ку.

7. Куда́   ходи́ли   тури́сты вчера́ ве́чером?
   е́здили

   Они́   ходи́ли   в ночно́й клуб.
   е́здили

   (она́, друзья́; за грани́цу, на телеба́шню, в больни́цу)

ВОПРОСЫ И ОТВЕТЫ

40

1. — Вы меня́ по́няли?

   — Нет, не совсе́м. Объясни́те, пожа́луйста, ещё раз.

2. — Вы пое́дете в центр го́рода? Купи́те мне, пожа́луйста, не́сколько откры́ток.

   — Е́сли пое́ду, я вам куплю́.

3. — Са́ша, ты хо́чешь пить?

   — Да, нале́й мне, пожа́луйста, стака́н воды́.

4. — Как ва́ше и́мя и о́тчество?

   — Па́вел Петро́вич, но зови́те меня́ про́сто Па́вел.

5. — Мо́жно сесть?

   — Да, сади́тесь, пожа́луйста.

6. — Мо́жно поста́вить чемода́н здесь?

   — Ста́вьте, пожа́луйста.

7. — Како́е краси́вое пла́тье! Пра́вда?

   — Не покупа́йте его́! Э́тот цвет вам не идёт.

8. — Вы меня́ слы́шите?

   — Нет, говори́те гро́мче.

9. — Ра́ньше вы лета́ли на самолёте?

   — Да. Оди́н раз я лета́л на самолёте.

10. — Вы е́здили в Са́нкт-Петербу́рг?

    — Да, и не раз.

11. — Куда́ плывёт э́тот парохо́д?

    — Ду́маю, в Волгогра́д. Сейча́с хоро́шее вре́мя для пое́здки по Во́лге.

12. — Вы хорошо́ пла́ваете?

    — Нет, я то́лько неда́вно научи́лся, поэ́тому ещё пло́хо пла́ваю.

13. — Куда́ ходи́ли ва́ши роди́тели позавчера́?

    — Они́ ходи́ли в го́сти. Дя́дя пригласи́л их на новосе́лье.

ДИАЛОГИ

1. — Я проголода́лся. Пора́ обе́дать.

   — И я то́же. Пойдём в столо́вую.

   — Говоря́т, что на той у́лице откры́лся но́вый рестора́н. Там блю́да вку́сные и недороги́е. Са́мое гла́вное, хорошо́ обслу́живают. Я хочу́ пригласи́ть тебя́ туда́. Ты не отка́жешься?

— Нет, конечно! С удовольствием пойду.

— Подожди, сейчас я позвоню и закажу места. А то свободных мест может не быть.

— Хорошо.

2. — Ольга Андреевна, почему вы не кушаете? Может, блюда невкусные?

— Что вы, я так много ем.

— Разрешите вам положить немного рыбы.

— Спасибо. Моя милая, всё это вы готовили?

— Да. Но знаете, на скорую руку. Наверное, не очень вкусно получилось.

— Нет, блюда очень вкусные, особенно пельмени. Вы просто мастер кулинарного дела.

3. — Вот меню. Что вы будете есть? Выбирайте, пожалуйста.

— Посоветуйте, что выбрать.

— На закуску могу предложить салат из огурцов, ветчину, винегрет, чёрную икру.

— Запишите салат и винегрет, две порции ветчины.

— Первое будете кушать?

— А что у вас на первое?

— Борщ, уха, куриный бульон.

— Борщ и бульон. Две чашки кофе и два пива.

— Подождите минуточку. Сейчас принесу.

ТЕКСТ

Ресторан «Русский»

Побывать в "Русском" ресторане — это побывать в уютном русском доме. Его обожают иностранцы. Для них это настоящая экзотика — деревянные стены, русская печь в центре зала, портреты царей, удивительное сочетание цветов, комфортные стулья. Здесь обслуживают симпатичные официантки в национальных русских костюмах.

И русские тоже любят это место. Его часто посещают актёры, спортсмены, политики и любители русской кухни. В меню входят лёгкие закуски, салаты, горячие и холодные блюда из овощей, мяса, рыбы, много супов и десертов. Все блюда готовятся очень вкусно. А для души — выступления артистов. Они исполняют русские народные песни. Как правило, концертная программа начинается в 19 часов, а в выходные и праздничные дни — в 14 и 19 часов.

В ресторане имеются два зала на сорок мест, отдельный VIP зал на двадцать мест.

Вы можете заранее заказать столик по телефону.① Ресторан работает с 12 часов дня и до последнего гостя.

Если вы хотите посидеть в приятном, красивом, уютном месте, послушать музыку, выпить хорошее вино, посмотреть выступления русских артистов, то это самое подходящее место для Вас!

КОММЕНТАРИИ

Вы мо́жете зара́нее заказа́ть сто́лик по телефо́ну. 您可以提前电话订餐。

42

НОВЫЕ СЛОВА И СЛОВОСОЧЕТАНИЯ

боро́ться (未) борю́сь, бо́-
  решься; за что 斗争;奋斗

подожда́ть (完) -жду,
  -ждёшь; кого́-что 等一会儿

повтори́ть (完) -рю́, -ри́шь;
  что 重复;复习
  повторя́ть (未)

ваго́н, -а; -ы 车厢

ча́ще 更经常地

переста́ть (完) -а́ну, -а́нешь;
  инф. 停止,不再
  перестава́ть (未)

опозда́ть (完) -а́ю, -а́ешь 迟到
  опа́здывать (未)

собра́ние, -ия; -ия 会议

отходи́ть (未) -ожу́, -о́дишь 离
  开
  отойти́ (完) -йду́, -йдёшь,
  отошёл, отошла́, отошло́,
  отошли́

письмо́, -а́; -а 信

е́здить (未) -жу, -дишь（不定向）
  （乘车、船）去,前往

лета́ть (未) -а́ю, -а́ешь（不定向）
  飞

плыть (未) плыву́, плывёшь
  （定向）游;航行

нести́ (未) несу́, несёшь; кого́
  -что（定向）拿,抱,提,背

носи́ть (未) ношу́, но́сишь; ко-
  го́-что（不定向）拿,抱,提,背

неда́вно 不久前

сходи́ть (完) -ожу́, -о́дишь 去一
  趟

высоко́ 高高地

записа́ть (完) -ишу́, -и́шешь;
  что 记下来
  запи́сывать (未)

запо́мнить (完) -ню, -нишь;
  что 记住
  запомина́ть (未)

телефо́н, -а; -ы 电话

запо́лнить (完) -ню, -нишь;
  что 填写
  заполня́ть (未)

бланк, -а; -и 表格

ви́за, -ы; -ы 签证

шуме́ть (未) -млю́, -ми́шь 喧
  闹,叫嚷

потеря́ть (完) -я́ю, -я́ешь;
  кого́-что 丢失,失去
  теря́ть (未)

упа́сть (完) -аду́, -адёшь;
  упа́л, упа́ла, упа́ло, упа́ли 摔
  倒,跌下
  па́дать (未)

простуди́ться (完) -ужу́сь,
  -у́дишься 着凉,感冒
  простужа́ться (未)

фотоаппара́т, -а; -ы 照相机

ночно́й клуб 夜总会

за грани́цу 出国

поня́ть (完) пойму́, поймёшь;
  по́нял, поняла́, по́няли
  кого́-что 懂,明白
  понима́ть (未)

совсе́м 完全,十分

откры́тка, -и; -и 明信片

нали́ть (完) -лью, -льёшь;
  нали́л, налила́, нали́ло,
  нали́ли; что 倒,倒满
  налива́ть (未)

о́тчество, -а; -а 父称

звать (未) зову́, зовёшь; кого́
  -что 叫,召唤
  позва́ть (完)

сесть (完) ся́ду, ся́дешь 坐下
  сади́ться (未)

поста́вить (完) -влю, -вишь;
  что 竖着放
  ста́вить (未)

цвет, -а; -а́ 颜色

парохо́д, -а; -ы 轮船

Волгогра́д 伏尔加格勒

пое́здка по Во́лге 游览伏尔加河

научи́ться (完) -учу́сь, -у́чи-
  шься; чему, инф. 学会
  учи́ться (未)

позавчера́ 前天

новосе́лье, -я 乔迁;乔迁酒宴

проголода́ться (完) -а́юсь,
  -а́ешься 饿,觉得饿

обслу́живать (未) -аю, -аешь; кого́-что 服务，为……服务

обслужи́ть (完) -ужу́, -у́жишь

~ посети́телей

отказа́ться (完) -ажу́сь, -а́жешься; от кого́-чего́; инф. 拒绝

отка́зываться (未)

заказа́ть (完) -ажу́, -а́жешь; что 预定；点菜

зака́зывать (未)

разреши́ть (完) -шу́, -ши́шь; кому́, инф. 允许

разреша́ть (未)

ми́лый, -ая, -ое, -ые 可爱的；亲爱的

на ско́рую ру́ку 匆忙地

Мы приготовили обед ~ .

получи́ться (完) -учу́сь, -у́чишься (也用作无人称) 结果是，原来是

Получи́лось, что я винова́т.

получа́ться (未)

пельме́ни, -ней 饺子

ма́стер, -а; -а́ 能手；师傅

кулина́рный, -ая, -ое, -ые 烹饪的

ветчина́, -ы́ 火腿

винегре́т, -а 凉拌菜

икра́, -ы́ 鱼子酱

по́рция, -ии, -ии 一份

уха́, -и́ 鱼汤

кури́ный, -ая, -ое, -ые 鸡的，鸡肉的

бульо́н, -а (用肉、鸡等煮成的)清汤

ча́шка, -и; -и 茶杯，碗

принести́ (完) -су́, -сёшь; -нёс, -несла́, -несло́, -несли́; кого́-что 带来，拿来

приноси́ть (未), -ошу́, -о́сишь

назва́ние, -ия; -ия 名称

ую́тный, -ая, -ое, -ые 舒适的

настоя́щий, -ая, -ее, -ие 真正的

экзо́тика, -и 异国风味

деревя́нный, -ая, -ое, -ые 木头的；木制的

печь, -и; -и, -е́й (阴)火炉

царь, -я́; -и́, -е́й 沙皇，皇帝

удиви́тельный, -ая, -ое, -ые 令人惊奇的

сочета́ние, -ия 结合

комфо́ртный, -ая, -ое, -ые 舒服的

национа́льный, -ая, -ое, -ые 民族的

костю́м, -а; -ы 衣服，服装

актёр, -а; -ы 演员

спортсме́н, -а; -ы 运动员

поли́тик, -а; -и 政治家

люби́тель, -я; -и 爱好者

ку́хня, -и; -и 厨房；饭菜

входи́ть, (未) -жу́, -о́дишь; куда́ 进入

войти́ (完) войду́, войдёшь; вошёл, вошла́

лёгкий, -ая, -ое, -ие 轻的；清淡的

горя́чий, -ая, -ее, -ие 热的

суп, -а; -ы́, -о́в 汤

десе́рт, -а (正餐最后一道的)水果或甜点

гото́виться, -влюсь, -вишься 准备

душа́, -и́; -и 心，心灵

выступле́ние, -ия; -ия 发言；表演

исполня́ть (未) -я́ю, -я́ешь; что 演奏，演唱

испо́лнить (完)

конце́ртный, -ая, -ое, -ые 音乐会的

име́ться (未) -е́ется, -е́ются 有

отде́льный, -ая, -ое, -ые 单独的

VIP зал 贵宾厅

подходя́щий, -ая, -ее, -ие 适合的

ВНЕАУДИТОРНЫЕ УПРАЖНЕНИЯ И ЗАДАНИЯ
(课外练习与作业)

 1. 把括号内的动词变成命令式形式，注意体的意义。

1) (Повторя́ть) уро́ки ка́ждый день.

(Повтори́ть), пожа́луйста, ещё раз.

2) (Чита́ть) гро́мче.

(Прочита́ть) э́ту кни́гу. Она́ интере́сная.

3) Сейча́с я бу́ду чита́ть, а вы (запи́сывать).
   (Записа́ть), пожа́луйста, мой телефо́н.

4) — Прости́те, я пло́хо по́нял. (Объясни́ть) ещё раз, пожа́луйста.
   — Хорошо́. (Слу́шать) внима́тельно.

5) (Запо́мнить) а́дрес и телефо́н гости́ницы.

6) Уже́ пора́. (Идти́) скоре́е. Не (опозда́ть) на у́жин.

7) (Сказа́ть), пожа́луйста, когда́ придёт авто́бус.

8) (Заказа́ть) два биле́та на конце́рт.

9) (Узна́ть) у дека́на, когда́ бу́дет экза́мен.

10) — Это ваш фотоаппара́т? Мо́жно взять?
    — (Взять), пожа́луйста.

11) Не (шуме́ть), ребя́та: идёт собра́ние.

12) (Сади́ться), бу́дем обе́дать.

13) (Посмотре́ть), кто там идёт.

14) (Ждать) меня́ у вхо́да в теа́тр.

 2. 用命令式回答问题。

> **Образе́ц:** — Мо́жно позвони́ть?
> — Звони́те, пожа́луйста!

1) Мо́жно взять э́ту кни́гу?

2) Мо́жно попро́бовать э́то блю́до?

3) Мо́жно поста́вить чемода́н сюда́?

4) Мо́жно нача́ть собра́ние?

5) Мо́жно войти́?

6) Мо́жно подожда́ть Воло́дю?

7) Мо́жно сходи́ть в апте́ку?

8) Мо́жно здесь посиде́ть?

 3. 选择合适动词并将它构成命令式填空。

А.

1) Почему́ ты так до́лго мне не звони́шь? _____, пожа́луйста! (звони́ть — позвони́ть)

2) _____, пожа́луйста, ско́лько вре́мени? (говори́ть — сказа́ть)

3) Я вас пло́хо слы́шу, _____ гро́мче. (говори́ть — сказа́ть)

Б.

1) Друзья́, не _____ свои́ паспорта́. (теря́ть — потеря́ть)

2) Не _____ купи́ть мне фотоаппара́т. (забыва́ть — забы́ть)

3) Не _____ на дискоте́ку. (опа́здывать — опозда́ть)

4) Бо́льше не _____ на заня́тия. (опа́здывать — опозда́ть)

4. 将下列句子译成俄语。

1) 请用俄语写这篇文章。

2) 请过来，填写这张表格。

3) 你们多穿点儿，别感冒了。

4) 请你们把这句话译成汉语。

5) 请给我倒点儿饮料。

6) 您来我这儿做客吧！不要拒绝我的邀请。

7) 同学们，请允许我给你们讲讲我的北京之行。

8) 你别等我了，我很晚才能到家。

9) 别把东西落在出租车上。

10) 您坐着，坐着，不用站起来。

11) —— 真糟糕！我把护照和签证丢了。

　　—— 别着急，仔细找找。

12) 请把房间钥匙给我吧。

5. 按句子内容，将括号中的人称代词变格。

1) Да́йте (я), пожа́луйста, ту кни́гу.

2) "Ве́рочка, смотри́, что я (ты) купи́ла!"— сказа́ла ма́ма.

3) Оле́г всегда́ с удово́льствием (мы) помога́ет.

4) Когда́ вы (я) позвони́те?

5) Когда́ уви́дишь на́шего дире́ктора, переда́й (он), что сего́дня я не смогу́ пое́хать на рабо́ту.

6) Скажи́те (они́), что экску́рсия начнётся в 8 часо́в утра́.

7) Е́сли мо́жно, объясни́те (мы) э́то предложе́ние ещё раз.

8) Нале́йте (я) ещё оди́н стака́н пи́ва.

9) Я показа́л (она́) мно́го откры́ток.

10) Закажи́те (он) торт на день рожде́ния.

6. 选词填空。

ходи́ть — идти́

1) Вчера́ вы _____ на вы́ставку?

2) Здра́вствуй, Ни́на! Куда́ _____?

3) Не пора́ ли _____ на собра́ние?

4) В про́шлую суббо́ту де́ти _____ в лесопа́рк.

5) Мы сейча́с _____ в столо́вую.

6) Ребёнок уже́ _____.

7) Вот _____ наш авто́бус.

8) На гла́вных у́лицах _____ авто́бусы, такси́.

9) На у́лице _____ дождь.

10) Ка́ждый день брат _____ в городску́ю библиоте́ку.

11) Вчера́, когда́ я _____ домо́й, я ви́дел на́шего води́теля.

12) — Как у вас _____ рабо́та?

— Спаси́бо, хорошо́.

13) Вчера́ мы _____ в пивно́й бар.

14) Вы зна́ете, куда́ _____ э́ти де́ти?

15) Ребя́та ча́сто _____ в ботани́ческий сад.

ездить — éхать

1) Ка́ждый год я _____ домо́й на кани́кулы.

2) — Куда́ вы _____?

— В Пеки́н. А вы?

— Я _____ в Тяньцзи́нь.

3) — Вы _____ в Пеки́н?

— Да, _____.

4) Наш перево́дчик _____ на рабо́ту на велосипе́де.

5) Мой дя́дя ча́сто _____ в Ньанки́н в командиро́вку.

6) Сейча́с в авто́бусе мно́го наро́ду, потому́ что все _____ на рабо́ту.

7) Ле́том де́ти ка́ждый день _____ на́ реку.

8) Куда́ _____ э́ти ру́сские тури́сты вчера́?

9) В авто́бусе сидя́т ю́ноши и де́вушки. Они́ _____ за́ город.

10) Ка́ждый год на́ша семья́ _____ на юг отдыха́ть.

7. 选用括号中的运动动词填空。

(лета́ть — лете́ть, носи́ть — нести́, бе́гать — бежа́ть, éздить — éхать, пла́вать — плыть, ходи́ть — идти́)

1) Уже́ по́здно, пора́ _____ домо́й.

2) Шесто́й авто́бус _____ на вокза́л?

3) Са́ша _____ на рабо́ту на велосипе́де ка́ждый день.

4) Никола́й Ива́нович, вы ча́сто _____ на лы́жах?

5) На како́м самолёте вы обы́чно _____ в Пеки́н?

6) Самолёт из Пеки́на в Шанха́й _____ час два́дцать мину́т.

7) Мы познако́мились в самолёте, когда́ _____ в Ки́ев.

8) Ме́сяц наза́д дире́ктор _____ в Москву́.

9) Ры́ба _____, а пти́цы _____.

10) — Где ты был? — Я _____ в библиоте́ку.

11) Когда́ Ва́ня лежа́л в больни́це, ребя́та ча́сто _____ ему́ фру́кты.

12) — Куда́ вы _____ компью́тер? — Я _____ его́ на шесто́й эта́ж.

13) Я всегда́ _____ с собо́й фотоаппара́т на экску́рсию.

14) Этот ма́льчик бы́стро _____.

15) Де́ти _____ в саду́.

16) — Подожди́! Куда́ ты _____? — В но́мер. Я забы́л там свою́ су́мку.

17) Мой друг лю́бит _____ в бассе́йне.

18) Осенью ча́сто _____ дожди́.

19) — Лёва, кто э́то к нам _____? — Я не ви́жу, кто э́то.

— Мо́жет быть, э́то Зи́на? — Нет, она́ не так_____.

20) Мой друг ка́ждый год _____ в ра́зные стра́ны.

 8. 用运动动词回答问题。

Образе́ц: — Что вы де́лаете по́сле заня́тий?

— По́сле заня́тий я хожу́ в бассе́йн.

1) Что вы де́лали вчера́?

2) Где вы бы́ли в воскресе́нье?

3) Что вы де́лали в про́шлую суббо́ту?

4) Что вы де́лаете по́сле у́жина?

5) Что вы де́лаете на ле́тних кани́кулах?

 9. 回答扩展性问题，然后将它改成小短文。

Мой люби́мый рестора́н

1) Как называ́ется ваш люби́мый рестора́н?

2) Где он нахо́дится?

3) Каки́е вку́сные блю́да там гото́вят?

4) Есть ли в меню́ фи́рменные блю́да?

5) Почему́ вы ча́сто хо́дите в э́тот рестора́н?

 10. 记住下列词汇。

щи 白菜汤   борщ 红菜汤   шашлы́к 烤肉串   говя́дина 牛肉

свини́на 猪肉   бара́нина 羊肉   котле́та 肉饼   пиро́г 馅饼

блины́ 薄饼   смета́на 酸奶油   квас 格瓦斯   во́дка 伏特加酒

шампа́нское 香槟酒

 常 用 熟 语

Век живи́, век учи́сь.

活到老，学到老。

Береги́ пла́тье сно́ву, а честь смо́лоду.

衣裳新时爱，名誉小时惜。

УРОК 4

ГРАММАТИКА
☞ Ⅰ. 名词、形容词、代词单数第三格
☞ Ⅱ. 无人称句

ТЕКСТ *Телефонный этикет*

48

ГРАММАТИКА

听录音请扫二维码

Ⅰ. 名词、形容词、代词单数第三格

　　名词第三格通常用来表示行为的间接对象，一些不及物动词要求第三格补语，某些前置词要求第三格。

1. 名词单数第三格

性 ＼ 格	第 一 格	第 三 格	词尾
阳、中性	тури́ст перево́дчик окно́	тури́сту перево́дчику окну́	–у
	преподава́тель геро́й зда́ние	преподава́телю геро́ю зда́нию	–ю
阴性	же́нщина зима́ дере́вня	же́нщине зиме́ дере́вне	–е
	крова́ть мать фами́лия	крова́ти ма́тери фами́лии	–и

2. 形容词和代词单数第三格

格 词	阳、中性	词尾	阴性	词尾
形容词	стари́нному ру́сскому городско́му	-ому	стари́нной ру́сской городско́й	-ой
	ле́тнему рабо́чему све́жему	-ему	ле́тней рабо́чей све́жей	-ей
代词	э́тому тому́	-ому	э́той той	-ой
	моему́ твоему́ на́шему ва́шему своему́ всему́	-ему	мое́й твое́й на́шей ва́шей свое́й всей	-ей

49

第三格的用法：

1) 与一些及物动词连用，作间接补语，例如：

① Оте́ц купи́л **сы́ну** моби́льник. / 父亲给儿子买了一个手机。

② Я **вам** покажу́, где наш авто́бус. / 我指给你们看，我们的汽车在哪里。

③ Я сказа́л **ему́** об э́том. / 关于这一点我已经告诉他了。

2) 一些不及物动词要求第三格补语，例如：

① Мы все помога́ем **ей** в учёбе. / 我们大家在学习上都帮助她。

② Жела́ю **тебе́** уда́чи в рабо́те и сча́стья в ли́чной жи́зни.

祝你工作顺利，个人生活幸福。

3) 前置词 к (ко), по 要求第三格，例如：

А. 前置词 к 可以指示运动方向，表示"朝……"，"向……"的意思，例如：

① Де́ти пошли́ **к па́рку**.

孩子们向公园走去。

② Вчера́ я ходи́л **к дру́гу** в го́сти.

昨天我到朋友那里做客去了。

③ Е́сли мы пойдём по э́той доро́ге, то **к ве́черу** уже́ бу́дем до́ма.

如果我们走这条路，傍晚就可以到家。

Б. 前置词 к 可以表示时间、距离接近某点，意义为"快到……"，"接近……"的意思，例如：

① Он сказа́л мне, что вернётся к у́жину. / 他告诉我说，晚饭前他会回来的。

② Мы уже́ подъезжа́ем к вокза́лу. / 我们就要到火车站了。

4) 谓语副词要求第三格，例如：

① Мне жа́рко. / 我很热。

② Тебе́ не хо́лодно? / 你不冷吗？

③ Нам о́чень прия́тно. / 我们很开心。

④ Кому́ изве́стно об э́том? / 谁知道这事？

Ⅱ. 无人称句

无人称句没有主语, 通常表示自然现象、周围环境、心理状态和生理感觉等。这类句子中的主要成分常用谓语副词、无人称动词或动词不定式等来表示。如要指出行为、状态的主体时, 则用名词或代词的第三格。

1. 用谓语副词(прия́тно, хо́лодно, мо́жно, нельзя́等)做句子的主要成分, 过去时、将来时分别用бы́ло, бу́дет来表示。例如:

    1) Нам здесь (бы́ло, бу́дет) **ве́село**. / 我们在这里(曾、将)感觉很愉快。

    2) За́втра бу́дет **хо́лодно**. / 明天会很冷。

    3) Когда́ **мо́жно** вам позвони́ть? / 什么时候可以给您打电话?

2. 用无人称动词(спа́ться, хоте́ться, нездоро́виться等)作句子的主要成分时, 现在时用单数第三人称、过去时用中性形式表示。例如:

    1) Вчера́ мне пло́хо **спало́сь**. / 昨天我睡得不好。

    2) Нам не **хо́чется** идти́ в кино́. / 我们不想去看电影。

3. 用动词不定式作句子的主要成分, 表示可能与不可能, 应该与不应该, 愿意与不愿意, 以及命令、担心、怀疑等意义, 例如:

    1) Что мне **рассказа́ть** вам? / 我向你们讲些什么?

    2) Что мне **де́лать**? / 我该怎么办?

РЕЧЕВЫЕ ОБРАЗЦЫ

1. Кому́ вы купи́ли э́тот моби́льник?

    Этот моби́льник я купи́л   моему́ сы́ну
                           моей сестре́ .

    (компью́тер, фотоаппара́т, часы́; мать, дочь, оте́ц, брат, знако́мый)

2. Кому́ вы сказа́ли об э́том?

                  Макси́му
    Об э́том я сказа́л   Оле́гу
                  Ири́не .
                  Оле

    (Ко́ля, Пе́тя, Ди́ма, Са́ша, Бори́с, Све́та, Же́ня, Ната́ша)

3. Куда́ пое́хал Петро́в?

                          хоро́шему
    Он пое́хал в го́сти к своему́   ста́рому
                          но́вому   дру́гу.
                          кита́йскому

    (ру́сский, шко́льный, бли́зкий, да́вний)

4. Кому́ Ви́тя купи́л э́ти цветы́?

                         на́шей но́вой

Он купи́л цветы́   свое́й бы́вшей   сосе́дке.

                         ва́шей молодо́й

(моя́ ста́ршая сестра́, своя́ люби́мая учи́тельница, ва́ша тётя)

5. По́сле обе́да у нас бу́дет свобо́дное вре́мя, куда́ мы пойдём?

         пойти́ ли   на ры́нок

Не   нам   ?

         съе́здить ли   в суперма́ркет

(отдохну́ть ли — в гости́нице, погуля́ть ли — по го́роду, посмотре́ть ли — бале́т)

6. — Я ви́жу, что вы сего́дня о́чень уста́ли.

—   Нет, про́сто мне вчера́ пло́хо спало́сь

      Да, я действи́тельно о́чень уста́л   .

      Нет, про́сто мне не хо́чется рабо́тать

(не рабо́таться, не сиде́ться, нездоро́виться)

  Мне   жа́рко

7. Ему́   о́чень   ве́село   .

  Ей   хо́лодно

(ма́льчик, дочь, сын, больно́й; прия́тно, легко́, хорошо́, пло́хо)

         на́до

8. Нам   бы́ло (бу́дет) прийти́ во́время.

         ну́жно

(необходи́мо, мо́жно, нельзя́; отдыха́ть, прие́хать к нему́ в го́сти, опа́здывать)

ВОПРОСЫ И ОТВЕТЫ

1. — Кому́ купи́ли э́ту руба́шку?
   — Моему́ бра́ту.
2. — Вы сказа́ли Ма́ше и Ире, что мы пое́дем за́ город?
   — Ма́ше не успе́л, сказа́л то́лько Ире.
3. — Вы да́ли сло́во, что доста́нете нам биле́ты на конце́рт?
   — Да, я дал сло́во и сдержа́л его́.
4. — Кому́ тепе́рь переда́ли э́ти ре́дкие кни́ги?
   — Коне́чно, городско́й библиоте́ке.
5. — Вы подари́ли сестре́ тот сувени́р?
   — Нет, я подари́л его́ своему́ отцу́.
6. — Кому́ позвони́л ваш колле́га?
   — На́шему ре́ктору.

7. — Са́ша, кто ча́сто помога́ет тебе́ в учёбе?

— Мне помога́ет не то́лько преподава́тель, но и друзья́.

8. — Как вчера́ отдохну́ли по́сле доро́ги?

— О́чень пло́хо. В сосе́дней ко́мнате до́лго шуме́ли, и э́то мне меша́ло засну́ть.

9. — Когда́ верну́тся с конце́рта ребя́та?

— Ду́маю, к ве́черу, часо́в в шесть.

10. — Макси́м, ты пойдёшь к Игорю?

— Да. Я оста́влю Ко́ле запи́ску, и мы пойдём.

11. — Уже́ темне́ет, не пора́ ли возвраща́ться?

— Тут так хорошо́, совсе́м не хо́чется уходи́ть отсю́да.

12. — Мне о́чень хо́чется погуля́ть по пешехо́дной у́лице. А тебе́?

— Мне то́же, то́лько вре́мени у нас, ка́жется, недоста́точно.

13. — Больно́му пло́хо. На́до вы́звать врача́ на́ дом.

— Сейча́с вы́зову.

14. — Са́ша, ты пло́хо вы́глядишь. Тебе́ нездоро́вится?

— Нет, мне про́сто пло́хо спало́сь.

ДИАЛОГИ

1. — Алло́! Попроси́те, пожа́луйста, Ни́ну Андре́евну.

— Кто её спра́шивает?

— Это её студе́нт, Ро́берт Норто́н.

— Кто? Морто́н? Извини́те. Я вас пло́хо слы́шу.

— Норто́н. Я её студе́нт. Из Аме́рики.

— Подожди́те мину́ту, сейча́с она́ подойдёт. Ни́на, вас про́сят к телефо́ну.

— Слу́шаю.

— Ни́на Андре́евна? Это ваш студе́нт Ро́берт Норто́н. Здра́вствуйте!

— Здра́вствуйте, Ро́берт.

— Извини́те за беспоко́йство. Я позвони́л вам, и хочу́ узна́ть, когда́ я могу́ прийти́ к вам на консульта́цию.

— За́втра у́тром я бу́ду в университе́те. Приходи́те, пожа́луйста, в любо́е вре́мя.

— Хорошо́, я приду́ в оди́ннадцать.

— Договори́лись.

2. — Алло́! Мо́жно Ольгу Дани́ловну к телефо́ну?

— Это я. Прости́те, э́то кто говори́т?

— Это я, Людми́ла Алексе́евна.

— Извини́, я не узна́ла тебя́ по го́лосу.

— Ничего́, я звоню́ с моби́льника. Оля, ве́чером у тебя́ бу́дет вре́мя? Хочу́ пригласи́ть тебя́ в Большо́й теа́тр на «Лебеди́ное о́зеро».

— С удово́льствием. Но зна́ешь, туда́ сейча́с тру́дно доста́ть биле́ты.

— Не беспоко́йся, у меня́ есть ли́шний биле́т. У моего́ му́жа сего́дня сро́чное де́ло, он не мо́жет пойти́.

— Спаси́бо. С удово́льствием пойду́.

3. — Алло́. Попроси́те, пожа́луйста, господи́на Ивано́ва!

— Он ушёл на ле́кцию. Что ему́ переда́ть?

— Скажи́те ему́, что звони́л Андре́й, его́ бы́вший студе́нт. Я его́ давно́ не ви́дел.

— Хорошо́, обяза́тельно скажу́. Но на вся́кий слу́чай я вам дам его́ дома́шний телефо́н.

— Вчера́ я ему́ звони́л домо́й. Но ника́к не мог дозвони́ться.

— Вы, наве́рное, звони́ли по ста́рому. Зна́ете, неда́вно он перее́хал на но́вую кварти́ру. Запиши́те его́ но́вый телефо́н.

— Большо́е вам спаси́бо.

ТЕКСТ

Телефо́нный эти́кет

Телефо́н сего́дня — э́то спо́соб свя́зи и распространённая фо́рма обще́ния. Пра́вильный телефо́нный разгово́р спосо́бствует укрепле́нию свя́зей ме́жду людьми́, а «дурны́е» телефо́нные мане́ры мо́гут расстро́ить э́ти отноше́ния.

Телефо́нный этике́т ру́сского языка́ име́ет свою́ специ́фику. Телефо́нный разгово́р на ру́сском языке́ обы́чно начина́ется со сло́ва «Алло́» или с вопро́са «Это И́ра?»

Инициа́тор телефо́нного разгово́ра обы́чно называ́ет себя́ «Это Па́вел Серге́ев» и́ли «Говори́т Па́вел Серге́ев». Если ваш разгово́р делово́й, то лу́чше скажи́те назва́ние ва́шего учрежде́ния. Если вы оши́блись при набо́ре но́мера, необходи́мо извини́ться, а не спра́шивать, по како́му но́меру вы звони́ли.

Ру́сские испо́льзуют ра́зные фо́рмулы приглаше́ния к телефо́ну: «Пригласи́те/Попроси́те И́ру к телефо́ну», «Мо́жно (попроси́ть/ позва́ть) И́ру». Если вас попроси́ли пригласи́ть дру́га и́ли знако́мого к телефо́ну, выполня́йте то́лько про́сьбу и не говори́те ли́шних слов.

Лю́ди, прису́тствующие при любо́м телефо́нном разгово́ре, не должны́ ника́к реаги́ровать на услы́шанное. По возмо́жности лу́чше оста́вить говоря́щего одного́.[1]

Телефо́нный разгово́р конча́ется по-ра́зному. На проща́нье говоря́т о́чень кра́тко: «До свида́ния», «До встре́чи», «До за́втра», «Всего́ до́брого/ хоро́шего», а мо́жет быть и — о́чень продолжи́тельные слова́. Всё зави́сит от того́, кто и с кем разгова́ривает.[2]

КОММЕНТАРИИ

① По возмо́жности лу́чше оста́вить говоря́щего одного́. 尽可能地让一人通话。

② Всё зави́сит от того́, кто и с кем разгова́ривает. 一切都取决于谁和谁在交谈。

НОВЫЕ СЛОВА И СЛОВОСОЧЕТАНИЯ

преподава́тель, -я; -и (阳) 教师

стари́нный, -ая, -ое, -ые 古老的

городско́й, -а́я, -о́е, -и́е 城市的

свой, своя́, своё, свои́ 自己的

помога́ть (未) -а́ю, -а́ешь;
   кому́-чему́ 帮助
   помо́чь (完) -могу́, -мо́-
   жешь; -мо́г, -гла́,
   -гло́, -гли́

ли́чный, -ая, -ое, -ые 个人的

англи́йский, -ая, -ое, -ие 英国
   的

подъезжа́ть (未) -а́ю, -а́ешь; к
   кому́-чему́ 驶近
   подъе́хать (完)

изве́стно 知道

чи́сто 干净,清洁

нельзя́ (用作谓语) 不可以；不能

спа́ться (未, 无) спи́тся; спало́-
   сь 睡得着,睡得 (如何)

нездоро́виться (未, 无)
   -вится; -вилось 不舒服

знако́мый, -ого, -ые 熟人

бли́зкий, -ая, -ое, -ие 近的

да́вний, -яя, -ее, -ие 很早就有的

бы́вший, -ая, -ее, -ие 从前的；前
   任的

сосе́дка, -и; -и 女邻居，女同桌

тётя, -и; -и 姑妈；姨妈

съе́здить (完) -жу, -дишь (乘
   车、船等) 去一趟

действи́тельно 的确,真的

рабо́таться (未, 无) -ается;
   -алось; кому́ 工作得 (如何)

сиде́ться (未, 无) -ди́тся; -де́-
   лось; кому́ 坐得住,呆得住

больно́й, -о́го, -ы́е 病人

легко́ 轻松,容易

во́время 准时,按时

необходи́мо (用作谓语) 必须

сдержа́ть (完) -жу́, сде́ржишь;
   что 履行
   ~ обеща́ние
   сде́рживать (未)

ре́дкий, -ая, -ое, -ие 稀少的

колле́га, -и; -и (阳、阴) 同行,同
   事

сосе́дний, -яя, -ее, -ие 隔壁的,
   邻近的

меша́ть (未) -а́ю, -а́ешь; кому́
   -чему́, инф. 打扰,妨碍
   помеша́ть (完)

засну́ть (完) -ну́, -нёшь 睡着,入
   睡
   засыпа́ть (未)

оста́вить (完) -влю, -вишь;
   кого́-что 留下
   оставля́ть (未)

возвраща́ться (未) -а́юсь,
   -а́ешься 返回
   возврати́ться (完)

уходи́ть (未) -ожу́, -о́дишь 离开

уйти́ (完)

недоста́точно 不够,不足
   Вре́мени ~.

вы́звать (完) -зову, -зовешь;
   кого́-что 叫出来,召唤
   ~ ученика́ к доске́
   вызыва́ть (未)

вы́глядеть (未) -жу, -дишь (外
   表) 看上去
   Ты сего́дня хорошо́ вы́-
   глядишь.

алло́ (打电话用语) 喂!

 Аме́рика 美国

беспоко́йство, -а 打扰,麻烦

консульта́ция, -ии; -ии 咨询

любо́й, -а́я, -о́е, -ы́е 任何的

го́лос, -а; -а́ 声音

ле́кция, -ии; -ии 课,讲座

на вся́кий слу́чай 以防万一

дома́шний, -яя, -ее, -ие 家里的

дозвони́ться (完) -ню́сь, -ни́-
   шься; до кого́-чего́ 打通
   Я не могу́ ~ до тебя́.

перее́хать (完) -е́ду, -е́дешь 搬
   家,迁居
   переезжа́ть (未)

телефо́нный, -ая, -ое, -ые 电话
   的

этике́т, -а; -ы 礼节

спо́соб, -а; -ы 方法

связь, -и; -и (阴) 联系；通讯

54

распространённый, -ая, -ое, -ые 普遍的

фо́рма, -ы; -ы 形式

обще́ние, -ия; -ия 交往

разгово́р, -а; -ы 谈话

спосо́бствовать (未) -вую, -вуешь; кому́-чему́ 帮助;促进

укрепле́ние, -ия 巩固

ме́жду людьми́ 在人们之间

дурно́й, -а́я, -о́е, -ые 不好的,坏的

мане́ра, -ы; -ы 方式;(复)举止,风度

расстро́ить (完) -о́ю, -о́ишь; кого́-что 破坏

расстра́ивать (未)

отноше́ние, -ия; -ия 态度;(复)关系

име́ть (未) -е́ю, -е́ешь; кого́-что 有,拥有

специ́фика, -и; -и 特点

инициа́тор, -а; -ы 倡议者,发起人

делово́й, -а́я, -о́е, -ые 事务的,业务的

учрежде́ние, -ия; -ия 机关

ошиби́ться (完) -бу́сь, -бёшься; оши́бся, -блась, -блись 犯错误,弄错

ошиба́ться (未)

при (前)(六格) 在……时候;当……在场时

набо́р, -а 拨(电话号码)

извини́ться (完) -ню́сь, -ни́шься 道歉,请原谅

извиня́ться (未)

испо́льзовать (未,完) -зую, -зуешь; кого́-что 利用,使用

фо́рмула, -ы; -ы 公式;说法,提法

поговори́ть (完) -рю́, -ри́шь 谈一谈

про́сьба, -ы; -ы 请求

прису́тствующий, -ие 出席者,在场的人

ника́к (не) 无论怎样也(不)

реаги́ровать (未) -рую, -руешь; на что 反应

прореаги́ровать (完)

услы́шанное (中)听到的东西

возмо́жность, -и (阴)机会,可能

говоря́щий, -его, -ие 说话人

по-ра́зному (副) 各种各样地

на проща́нье 告别时

кра́тко (副)简短地

продолжи́тельный, -ая, -ое, -ые 持续很久的,长时间的

зави́сеть (未) -шу, -сишь; от кого́-чего́ 取决于

Успе́х зави́сит от нас.

ВНЕАУДИТОРНЫЕ УПРАЖНЕНИЯ И ЗАДАНИЯ
(课外练习与作业)

 1. 将下列词或词组变成单数第三格形式。

преподава́тель, сосе́дка, тётя, больно́й, знако́мый, колле́га, бли́зкий друг, перево́дчик, до́брый челове́к, центра́льная пешехо́дная у́лица, обще́ние, инициа́тор, укрепле́ние, говоря́щий, ладо́нь, прису́тствующий

 2. 将括号中的词组变成适当的形式。

1) Ма́ша, скажи́ ма́ме, что мы вернёмся то́лько к (у́тро, ве́чер).

2) (Вся страна́, весь мир) и́звестно об э́том. То́лько оди́н ты ничего́ не зна́ешь.

3) (Мой брат, моя́ сестра́) не нра́вится колбаса́.

4) Мари́я сказа́ла (посети́тель, перево́дчик, сестра́), что ей ну́жно вы́йти на мину́тку.

5) Ба́бушка купи́ла (внук, вну́чка) хлеб и икру́.

6) Пассажи́ры подхо́дят к (туристи́ческий кора́бль, самолёт, авто́бус).

7) Ка́ждый ве́чер мы гуля́ем по (у́лица Го́голя, краси́вый сад).

8) Ни́на подари́ла (подру́га, друг, дя́дя) моби́льник на день рожде́ния.

9) Папа дал (Максим, Антон) один билет на балет.

10) Когда мы подъезжали к (вокзал, центр города), брат позвонил и сказал, что он уже ждёт меня.

11) Вадим достал (своя соседка, свой преподаватель) билет на концерт.

12) Я от всей души желаю (брат, сестра) здоровья и счастья.

13) Родители купили (сын, дочь) билет на концерт.

14) Мы оставили (Мария, Андрей) ключ от комнаты.

 3. 完成对话。

1) — Кому мне оставить ключ?

   — Оставьте ...

2) — Кому передать эту книгу?

   — Передай ...

3) — Куда нам идти?

   — Не знаю. Позвони ...

4) — Где мне достать карту города Пекина?

   — Идите ...

5) — Саша плохо себя чувствует. Что делать?

   — ...

6) — Мне нездоровится. У меня сильно болит голова.

   — ...

7) — Кому вы купили эту машину?

   — Я её купил ...

8) — Посоветуйте, что надо посмотреть в этом древнем городе?

   — ...

9) — Время обедать. Что вам заказать?

   — ...

10) — Ну, сынок, что тебе купить?

   — ...

4. 将括号中的句子译成俄语。

1) (我昨天没睡好觉), поэтому плохо выгляжу.

2) (我弟弟想喝牛奶), но я не знаю, где можно достать его в такую ночь.

3) (你能帮帮我吗), я потерял ключ и не могу войти в комнату.

4) Мне сказали, что (你爸爸喜欢看芭蕾舞), это правда?

5) — (天都黑了,我们是不是该回宿舍了) ?

   — Рано ещё.

6) В такую погоду (我儿子在家可呆不住).

7) Дочери нездоровится, (妈妈正给她做汤呢).

8) Вы мне не скажете, (去药店的路怎么走) ?

9) (老师告诉我们), что на следующей неделе у нас будет экзамен.

10) На собрании сказали, что (我们必须按时完成这项工作).

5. 按示例改做下列句子。

Образе́ц: дать биле́т — Да́йте, пожа́луйста, биле́т.

1) Позва́ть к телефо́ну Ва́сю —

2) Позвони́ть ему́ че́рез полчаса́ —

3) Переда́ть приве́т жене́ и сы́ну —

4) Набра́ть но́мер телефо́на —

5) Записа́ть телефо́н фи́рмы —

6) Подожда́ть мину́ту —

7) Приходи́ть в суббо́ту ве́чером —

 6. 记住打电话的规则。

1) Внима́тельно набира́йте но́мер.

2) Говори́те в норма́льном те́мпе.

3) Говори́те не о́чень гро́мко.

4) Чётко произноси́те имена́, фами́лии.

5) Не разгова́ривайте по телефо́ну до́лго.

6) Если пло́хо слы́шно, попроси́те перезвони́ть.

7) Что, кро́ме э́тих, мы ещё должны́ запо́мнить?

 7. 用下列结构编对话或小短文。

поговори́ть по телефо́ну; попроси́те, пожа́луйста, к телефо́ну; прости́те, кто говори́т?; никто́ не отвеча́ет; телефо́н за́нят; его́ (её) нет до́ма; когда́ мо́жно ему́ (ей) позвони́ть; что ему́ (ей) переда́ть?

 8. 翻译下列词组。

1) 送给她鲜花贺乔迁之禧； 2) 准时去朋友家做客；

3) 到郊外去游玩； 4) 许诺；

5) 遵守诺言； 6) 在工作中经常帮助同事；

7) 把孩子留给奶奶； 8) 沿步行街散步；

9) 叫医生上门看病； 10) 找老师咨询

 9. 讲述一下你和朋友的一次电话聊天。

 10. 读下列句子，并记住。

Сади́тесь к окну́! 请坐到窗旁！

Иди́те к дежу́рному по этажу́! 去找楼层值班的吧！

Попроси́те к телефо́ну ва́шего дире́ктора! 请你们经理接电话！

Что вам ну́жно? 你们要什么？

Я вам не меша́ю? 我不妨碍您吗？

Мне нра́вится смотре́ть футбо́л по телеви́зору.
我喜欢看电视转播的足球比赛。

От всей души́ жела́ем тебе́ сча́стья, здоро́вья!
我们由衷地祝愿你幸福、健康!

Вам помо́чь? 需要帮您吗?(要帮忙吗?)

У меня́ к вам про́сьба. 我有事求您。

Плати́те за прое́зд по счётчику. 按记价器(表)付车费。

Эта рабо́та мне не по плечу́. 这项工作我干不了。

 11. 读下列成语, 解释并记住。

Большо́му кораблю́ — большо́е пла́вание.

Не ра́дуйся чужо́й беде́, своя́ на гряде́.

Кто ра́но встаёт, тому́ бог даёт.

Всему́ своё вре́мя.

Де́лу вре́мя, а поте́хе час.

Волко́в боя́ться — в лес не ходи́ть.

交 际 用 语

По одёжке встреча́ют, по уму́ провожа́ют.
视衣冠迎宾,据才学送客。

Мне не до́рог твой пода́рок, дорога́ твоя́
любо́вь. 贵不在礼,而在情。

Упражнения и задания

 1. 选择合适的前置词，并把括号内的词变成相应的形式。

1) (прóшлая недéля) мои родúтели бы́ли (гóсти) (свой коллéга).

2) Недáвно Зóя получúла откры́тку (мать) (Москвá).

3) — Откýда вы вернýлись в пять часóв вéчера?

— ___ (вы́ставка картúн).

4) Недéлю назáд эти турúсты приéхали (юг) (гóрод Харбúн).

5) Мы вы́шли (самолёт) и увúдели своúх друзéй.

6) Рýсские турúсты плáвают и загорáют (обéд).

7) — Простúте, вы не скáжете, (какóй автóбус) мóжно доéхать (центр гóрода)?

— (одúннадцатый)?

8) — Когдá обы́чно прихóдит (рабóта) твой отéц?

— (6 часóв вéчера).

9) Когдá мы éхали (аэропóрт) домóй, вúдели (окнó автóбуса) зелёные поля́.

10) Наш дирéктор поéхал (Россúя) и скóро вернётся (рóдина).

11) Мой отéц рабóтает (крýпное предприя́тие). Онó нахóдится недалекó (наш дом).

12) (наш университéт) ýчится мнóго студéнтов (РФ и мнóгие зарубéжные стрáны).

13) Я был (Кремль). (его территóрия) интерéсные истори́ческие пáмятники.

14) Дáйте, пожáлуйста, три биле́та (2 часá дня).

15) (у́жин) мы немнóго отдохнём и пойдём (пешехóдная у́лица).

16) Срáзу (зáвтрак) мы поéдем (экскýрсия) (гóрод).

17) Подожди́ меня́ здесь, я верну́сь (5 минýт).

18) Я люблю́ жить (бáбушка) (дерéвня). Там мнóго (краси́вые местá).

19) В прóшлую суббóту я ходи́л (свой друг) в гóсти.

20) Когдá вы пойдёте (Мари́я), скажи́те мне, пожáлуйста.

2. 将括号里的词译成俄语。

однó(信), де́вять(现代化企业), два (卢布), мнóго(钱), семь (年轻人), шесть (孩子), три (明亮的教室), вóсемь(漂亮的姑娘), четы́ре (五星级宾馆), две(周), мнóго(时间), нéсколько(星期), двáдцать(美元), мнóго(教授), два(有趣的电影)

3. 联词成句。

1) В, э́тот, гóрод, мóжно, попрóбовать, мнóго, ме́стный, лáкомство.

2) Нет, ли, у, вы, сегóдняшний, газéта?

3) Спеть(命令式), мы, ру́сский, пéсня.

4) Мы, подня́ться, на, горá, и, начáть, фотографи́роваться.

5) Бáбушка, купи́ть, внук, ветчинá, и, хлеб.

6) Олéг, собирáться, подари́ть, цветы́, наш, нóвый, сосéдка.

7) Скóлько, нóмер, в, э́тот, гости́ница, вы, заказáть?

8) В, э́тот, дрéвний, гóрод, вы, мочь, уви́деть, мнóго, истори́ческий, мéсто.

9) В, год, 12, мéсяц, в, мéсяц, 4, недéля.

10) Это, стихи́, ру́сский, поэ́ты.

11) Вон, напрóтив, останóвка, трéтий автóбус, но, он, до, вокзáл, не, идти́.

12) — Ира, почемý, ты, не, ходи́ть, в, теáтр, вчерá?
    — У, я, не, быть, врéмя.

13) В, прóшлый, год, у, мы, в, гóрод, построи́ть, нéсколько, пятизвёздный, гости́ница, и, стадиóн.

14) В, наш, странá, все, люби́ть, игрáть, в, футбóл, и, смотрéть, соревновáния, по, телеви́зор.

15) Я, не, успéть, кóнчить, рабóта, потому что, к, мы, прийти́, гóсти.

4. 选择定向动词和不定向动词。

1) В выходны́е дни мы чáсто _____ в зоопáрк. (идти́ — ходи́ть)

2) Сейчáс 7 часóв. В метрó мнóго людéй: все _____ на рабóту. (éхать — éздить)

3) Мой брат лю́бит _____ в бассéйне. (плыть — плáвать)

4) Моя́ тётя не раз _____ за грани́цу. (éхать — éздить)

5) — Ты кудá?
   — _____ на рабóту, опáздываю. (бежáть — бéгать)

6) Са́ша всегда́ _____ слова́рь на заня́тия. Вчера́, когда́ он шёл на заня́тия и _____ слова́рь, он его́ потеря́л. (нести́ — носи́ть)

7) — Куда́ _____ сейча́с э́ти студе́нты?

— Они́ _____ в Москву́ учи́ться. (е́хать — е́здить)

8) — Куда́ ты _____ вчера́?

— Вчера́ я _____ на дискоте́ку.

— Ты ча́сто _____ на дискоте́ку?

— Да.

— А сейча́с ты то́же _____ на дискоте́ку?

— Нет. Сейча́с я _____ в апте́ку. (идти́ — ходи́ть)

9) По э́той у́лице це́лый день _____ авто́бусы, тролле́йбусы, такси́ ... (идти́ — ходи́ть)

10) Самолёт из Харби́на в Шанха́й _____ два часа́. (лете́ть — лета́ть)

5.将括号里的动词变成命令式。

1) (Бежа́ть) скоре́е, тебя́ ждут на у́жин.

2) (Закры́ть) дверь, в ко́мнате о́чень хо́лодно.

3) Ты ещё не про́бовал э́то блю́до? Обяза́тельно (попро́бовать)!

4) Ребя́та! (Перевести́) э́тот текст на кита́йский язы́к.

5) (Писа́ть) нам ча́сто. Не (забыва́ть) нас!

6) На столе́ лежи́т газе́та. (Переда́ть) её мне, пожа́луйста!

7) Смотри́, не (забы́ть) взять с собо́й фотоаппара́т!

8) Когда́ бу́дешь уходи́ть, (закры́ть) окно́!

9) Де́вушка, (нали́ть) мне стака́н ча́я!

10) (Есть), (пить), (чу́вствовать себя́) как до́ма!

11) Ребя́та, (переста́ть) шуме́ть! Пора́ начина́ть уро́к.

12) Ребя́та, (откры́ть) уче́бник, сейча́с бу́дем чита́ть текст.

13) Ко́ля, (помо́чь) мне поста́вить на стол компью́тер.

14) (Сиде́ть), не (встава́ть), я всё сде́лаю сам.

6. 回答下列问题。

1) У меня́ зу́бы боля́т. Что мне де́лать?

2) Вре́мя у́жинать. Что вам заказа́ть?

3) Де́вушка, чем я могу́ вам помо́чь?

4) Тебе́ не хо́лодно?

5) Где вы бы́ли в воскресе́нье?

6) Ма́ша, кто э́то к нам идёт?

7) Мо́жно позвони́ть?

8) Э́то ме́сто свобо́дно?

9) Приве́т, ребя́та! Что но́вого?

10) Как называ́ется э́та у́лица?

7. 将下列句子译成俄语。

1) 在宾馆的房间里就可以打电话, 不过要先拨"8"。

2) —— 你今天去老师那咨询了吗?

   —— 我刚从他那儿回来。

3) —— 这些外国客人是从哪儿来的?

   —— 他们来自俄罗斯、日本和美国。

4) —— 你们学校有多少年轻的教授?

   —— 有很多, 准确的我也说不出来。

5) 今天早上我起来晚了, 没来得及吃早饭。

6) 每年七月初我们开始放暑假, 一月末放寒假。

7) —— 您去过日本吗?

   —— 我不久前去过。

8) 请过来, 把您的姓名写在这张表格上。

9) 我爸爸几乎每年都出国。上个月他坐飞机去了一趟美国。

10) 我不止一次去过北京, 但很遗憾一次也没有到过长城。

11) 真糟糕! 我把钱、火车票还有其他东西都落在了出租车上。

12) 这项工作很艰难, 没有你们的帮助我无法完成。

13) 莫斯科有很多名胜古迹, 我早就幻想到那里去看看。

14) 我不想回家过春节了, 因为坐火车得走一星期。

15) 过生日时, 妈妈常给我做面条: 这是长寿的象征。

8. 选择相应体的动词, 并把它变成适当形式。

читáть—прочитáть

1) — Что вы дéлали вчерá вéчером?

   — Вчерá я ... детектúв.

   — Вы ... егó? Мóжете дать мне кнúгу?

   — Нет, я ещё не ...

дарúть—подарúть

2) Обы́чно наканýне Нóвого гóда мы что-нибудь ... друг дрýгу. В прóшлом годý женá ... мне фотоаппарáт.

решáть—решúть

3) Я ... поéхать в какóй-нибудь гóрод на экскýрсию. Но одномý éхать неинтерéсно, и я предложúл друзья́м обсудúть маршрýт путешéствия. Мы дóлго ... и, наконéц, ..., что поéдем в Санкт-Петербýрг.

9. 用 стоять, лежать, ставить—поставить, класть—положить 等动词的适当形式填空。

1) Официáнт _____ на стол буты́лку винá, _____ ножú и вúлки.

2) Если вы хотúте, я _____ вам вторóе.

3) На тарéлке _____ я́блоки и грýши.

4) Пожа́луйста, _____ мне немно́го фрукто́вого сала́та.

5) На столе́ _____ ва́за с фру́ктами и буты́лка минера́льной воды́.

63

🔊 10. 读短文并用приносить—принести的适当形式填空。

Обы́чно в рестора́не, в кафе́ сади́шься за стол, официа́нт _____ меню́ и принима́ет зака́з: он спра́шивает, что ну́жно _____. В э́тот раз, как то́лько мы се́ли за стол, подошла́ официа́нтка и сра́зу _____ хлеб и сала́т. Пото́м мы заказа́ли пе́рвое и второ́е. «Сейча́с _____!» — сказа́ла официа́нтка. Че́рез пять мину́т она́ всё _____.

Когда́ мы пое́ли, де́вушка _____ счёт. К на́шему удивле́нию, в счёте бы́ло напи́сано «хлеб — 20 рубле́й, сала́т — 150 ». Заче́м официа́нтка _____ хлеб и сала́т? Ведь мы не зака́зывали их.

— Хлеб и сала́т вхо́дят в ко́мплексный обе́д, — отве́тила официа́нтка.

🔊 11. 建议你的朋友或熟人去饭店或咖啡厅,注意运用下列结构: Вам на́до..., Вам лу́чше ..., Вам сто́ит... .

> **Образе́ц:** — лю́бят пирожки́, блины́, бу́лочки — кафе́ «Колобо́к»
> Если вы лю́бите пирожки́, блины́, бу́лочки, вам на́до пойти́ в кафе́ «Колобо́к».

1) — предпочита́ют кита́йскую ку́хню   рестора́н «Шанха́й»

2) — лю́бят ры́бные блю́да   рестора́н «Золота́я ры́бка»

3) — хотя́т бы́стро пое́сть   кафе́ «Мину́тка»

4) — хотя́т попро́бовать ру́сскую ку́хню   рестора́н «Славя́нский база́р»

5) — хотя́т вы́пить ко́фе с пиро́жным   кафе́ «Сла́дкая жизнь»

6) — о́чень лю́бят моро́женое   кафе́ «Снегу́рочка»

12. 给下列对话加上问句。

1) — _____?

— Мы за́втракаем в во́семь часо́в утра́.

2) — _____?

— Обы́чно я обе́даю до́ма.

3) — _____?

— Сего́дня мы обе́дали в рестора́не.

4) — _____?

— Да, э́тот сто́лик свобо́ден.

5) — _____?

— На второ́е я хочу́ взять ры́бу.

6) — _____?

— Нет, никогда́ не ел, но с удово́льствием попро́бовал бы э́то блю́до.

7) — _____?

— Я люблю́ сухо́е вино́.

13. 阅读短文,选择连接词 потому что 或поэтому填空。

Раз в ме́сяц муж и жена́ обяза́тельно е́дут в како́й-нибудь го́род, ... они́ лю́бят путеше́-ствовать на маши́не. Маши́на даёт челове́ку по́лную свобо́ду, ... муж и жена́ отпра́вились в путеше́ствие на маши́не. Мо́жно останови́ться и погуля́ть по ле́су, ... вам понра́вилось э́то ме́сто. Жену́ интересу́ет фотогра́фия, ... она́ фотографи́рует па́мятники ру́сской архитекту́ры. Муж и жена́ осма́тривают достопримеча́тельности ру́сских городо́в, ... их интересу́ет ру́сская исто́рия.

14. 选择动词приезжал — прие́хал, остана́вливался — останови́лся, обраща́лся — обрати́лся, дава́л — дал, зака́зывал — заказа́л, поднима́лся — подня́лся, пока́зывала — показа́ла填空,比较一下动词体的不同。

Обы́чно, когда́ я ... в э́тот го́род, я ... в гости́нице «Во́лга». Я ... к администра́тору, и он ... мне но́мер на второ́м этаже́.

Как пра́вило, я ... но́мер зара́нее по телефо́ну.

Я ... на второ́й эта́ж, где дежу́рная ... мне ключ и ... мой но́мер.

Не́сколько дней наза́д я ... в э́тот го́род и ... в гости́нице «Во́лга». Я ... к администра́тору, и он ... мне но́мер на второ́м этаже́.

Я ... но́мер зара́нее по телефо́ну.

Я ... на второ́й эта́ж, где дежу́рная ... мне ключ и ... мой но́мер.

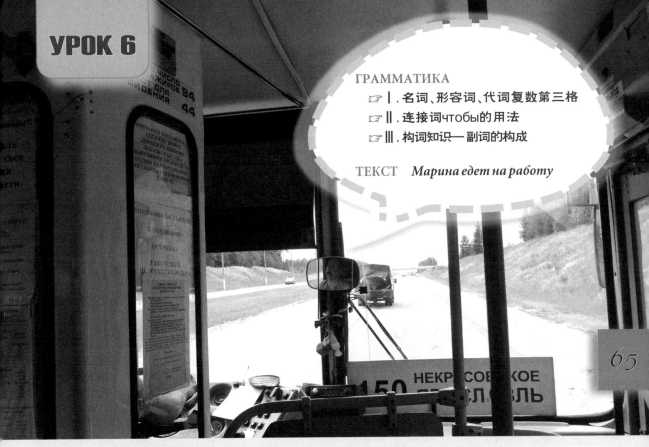

ГРАММАТИКА

☞ Ⅰ. 名词、形容词、代词复数第三格

☞ Ⅱ. 连接词чтобы的用法

☞ Ⅲ. 构词知识——副词的构成

ТЕКСТ *Марина едет на работу*

65

ГРАММАТИКА

听录音请扫二维码

Ⅰ. 名词、形容词、代词复数第三格

1. 名词复数第三格

第 一 格	第 三 格	词 尾
врачи́	врача́м	
ги́ды	ги́дам	
тури́сты	тури́стам	
у́лицы	у́лицам	–ам
кита́йцы	кита́йцам	
о́кна	о́кнам	
россия́не	россия́нам	
писа́тели	писа́телям	
геро́и	геро́ям	
се́мьи	се́мьям	–ям
предприя́тия	предприя́тиям	
моря́	моря́м	

某些名词的复数第三格形式特殊,需单独记忆,例如:

бра́тья—бра́тьям;   друзья́—друзья́м;

лю́ди—лю́дям;   де́ти—де́тям;

хозя́ева—хозя́евам;   сыновья́—сыновья́м

мужья́—мужья́м;   до́чери—дочеря́м

名词第三格复数的用法,例如:

① В кни́жном магази́не я купи́л **де́тям** кни́ги и ди́ски.
我在书店给孩子们买了书和光碟。

② На проща́ние мы подари́ли **ру́сским гостя́м** кита́йские сувени́ры.
分手时我们送给俄罗斯客人们中国的纪念品。

③ Ско́ро мы пое́дем путеше́ствовать **по стра́нам** Евро́пы.
我们很快就要到一些欧洲国家旅游去了。

④ **По сторона́м** у́лиц э́того го́рода расту́т высо́кие дере́вья.
这座城市的街道两旁生长着高大的树木。

⑤ В свобо́дное от заня́тий вре́мя молоды́е лю́ди ча́сто помога́ют **э́тим старика́м**.
课余时间里年轻人们经常帮助这些老人。

2. 形容词和代词的复数第三格回答Каки́м? Чьим?的问题

第 一 格	第 三 格	词 尾
но́вые ста́рые	но́вым ста́рым	–ым
городски́е больши́е дороги́е	городски́м больши́м дороги́м	–им
мой твой на́ши ва́ши свой	мои́м твои́м на́шим ва́шим свои́м	–им
э́ти те все	э́тим тем всем	–им –ем

形容词复数第三格的用法,例如:

① Ре́ктор рассказа́л **иностра́нным друзья́м** об исто́рии университе́та.
校长向外国朋友讲述了学校的历史。

② **Всем де́тям** нра́вится шо́у дельфи́нов.
所有孩子都喜欢海豚表演。

③ Тако́й красоты́ мы никогда́ не ви́дели. Мы про́сто не могли́ пове́рить **свои́м глаза́м**.
我们从来没有见过这样的美景。我们简直无法相信自己的眼睛。

66

④ **Кита́йским худо́жникам** прия́тно бы́ло вспомина́ть о прогу́лке по **ста́рым у́лочкам** Москвы́. 中国画家曾愉快地回想起莫斯科老街上的漫步。

⑤ Мы от всей души́ жела́ем **пожилы́м лю́дям** кре́пкого здоро́вья, **молоды́м** — больши́х успе́хов в рабо́те.

我们由衷地祝愿老年人身体健康,年轻人在工作中取得很大的成绩。

Ⅱ. 连接词чтобы的用法

连接词чтобы 通常用来连接目的从属句或说明从属句。

在用чтобы 连接的目的从属句中,谓语通常有三种形式:

1. 从属句中的行为与主句中的行为是同一主体发出的,从属句中不出现主语,动词用不定式,例如:

① Мы прие́хали сюда́, чтобы **изуча́ть** ру́сский язы́к.

我们到这里来学习俄语。

② Я позвони́л в спра́вочное бюро́, чтобы **узна́ть** расписа́ние поездо́в.

我给问事处打了个电话,想知道列车时刻表。

③ Мы пое́хали к ба́бушке, чтобы **отме́тить день** её рожде́ния.

我们去奶奶家给她过生日。

 注意:

> 以上的①③两个句子现在常用的形式为:
>
> Мы прие́хали сюда́ изуча́ть ру́сский язы́к.
>
> Мы пое́хали к ба́бушке отмеча́ть день её рожде́ния.

2. 从属句中的行为与主句中的行为是不同主体发出时,从属句中出现主语,动词用过去时形式,例如:

① Мари́я позвони́ла друзья́м, чтобы **они́ пришли́** в го́сти.

玛丽亚给朋友们打了电话,让他们来作客。

② Ма́ма предупреди́ла меня́, чтобы **я не забы́л** взять с собо́й фотоаппара́т.

妈妈提醒我别忘了随身携带照相机。

③ А́нна посла́ла Са́шу в суперма́ркет, чтобы **тот купи́л** гостя́м фру́кты и напи́тки.

安娜打发萨沙去超市给客人们买些水果和饮料。

3. 如果从属句中的谓语是谓语副词,应该加 бы́ло, 这只是语法上的要求,过去时形式并不表示过去时的意义,例如:

① Чтобы в ко́мнате **бы́ло прохла́дно**, мы откры́ли окно́.

为了让房间里凉快些,我们打开了窗户。

② Чтобы **в аудито́рии не́ было шу́мно**, мы закры́ли все о́кна.

为了不让教室里有嘈杂声,我们关上了所有的窗户。

③ Чтобы **гостя́м бы́ло прия́тно**, хозя́ева пригото́вили им вку́сный обе́д.

为了让客人们开心,主人给他们准备了美味的午餐。

用чтóбы连接的说明从属句中,主句中常用сказáть, хотéть, желáть, проси́ть, писáть等动词, 表示愿望、要求、建议等意义。从句中谓语通常用过去时形式,例如:

① Гид **попроси́л** нас, чтóбы мы **вы́ключили** моби́льные телефóны во врéмя грозы́.
导游请我们在有暴雨的时候关上手机。

② Шкóльники **попроси́ли учи́теля**, чтóбы **тот разреши́л им** поплáвать в рекé.
学生们请求老师,让他允许他们在河里游会儿泳。

③ Гид **сказáл** тури́стам, чтóбы они́ **записáли** áдрес гости́ницы и нóмер егó телефóна.
导游对游客们说,让他们记下宾馆的地址和他的电话号码。

在сказáть, написáть, передáть, вáжно 等词要求的说明从属句中,即可用连接词что,也可以用чтóбы,但意义不同。

что 表示实际存在的事情	чтóбы 表示希望实现或可能实现的事情
1) Сáша сказáл, что мы сдéлали э́то. 萨沙说,这件事是我们做的。	1) Сáша сказáл, чтóбы мы сдéлали э́то. 萨沙(说)让我们做这件事。
2) Вáжно, что вы здесь. 重要的是你们在这儿。	2) Вáжно, чтóбы вы бы́ли здесь. 重要的是让你们在这儿。

Ⅲ. 构词知识——副词的构成

俄语中的副词大部分是由其它词类构成或转化而来的。
下面介绍两种形容词构成副词的方法:
1. 形容词词干加后缀-o构成副词,例如:

краси́вый — краси́во (美丽)

дешёвый — дёшево (便宜)

дорогóй — дóрого (贵)

чи́стый — чи́сто (干净)

вкýсный — вкýсно (好吃)

хорóший — хорошó (好)

плохóй — плóхо (坏)

2. 部分以 -ский结尾的形容词,构成副词时,去掉字母й,同时加前缀по-,例如:

рýсский — по-рýсски (按俄罗斯方式;用俄语)

китáйский — по-китáйски (按中国方式;用汉语)

англи́йский — по-англи́йски (按英国方式;用英语)

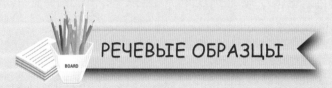

РЕЧЕВЫЕ ОБРАЗЦЫ

	знакóмым	
1. Мы расскáзывали	тури́стам	об истóрии нáшего гóрода.
	дéтям	

(инострáнцы, шкóльники, друзья́, россия́не, гóсти, дéвушки)

2. В го́роде Ханчжо́у Ива́н купи́л дочеря́м / колле́гам / сёстрам изде́лия из шёлка.

(бра́тья, друзья́, роди́тели, знако́мые)

3. Мы до́лго аплоди́ровали популя́рным арти́стам / знамени́тым певца́м / изве́стным баскетболи́стам .

(выдаю́щиеся писа́тели, ру́сские спортсме́ны, лу́чшие учителя́)

4. Нам о́чень понра́вилась экску́рсия по живопи́сным места́м се́вера / ра́зным стра́нам Евро́пы / туристи́ческому маршру́ту «Пеки́н — Тибе́т» .

(дре́вние па́мятники культу́ры Росси́и, ю́жные города́ Кита́я)

5. Мы давно́ уже́ привы́кли к но́вым това́рищам / ме́стным обы́чаям / таки́м моро́зам .

(на́ши сосе́ди, се́верные города́, ме́стные ла́комства, ру́сские блю́да)

6. Я сходи́л в суперма́ркет, что́бы купи́ть сы́ну игру́шку / жене́ минера́льную во́ду / ба́бушке ма́нго и анана́с .

(го́сти, больны́е, ребя́та; пода́рки, фру́кты, тёплые ве́щи)

7. Сосе́д по ко́мнате попроси́л, что́бы я вы́ключил телеви́зор / оста́вил ему́ ключ / разбуди́л его́ к за́втраку .

(переда́ть пульт, вы́звать «Ско́рую по́мощь», тща́тельно прове́рить дома́шнее зада́ние)

8. Мы включи́ли кондиционе́р, что́бы в ко́мнате ста́ло прохла́дно / в но́мере не́ было ду́шно .

ВОПРОСЫ И ОТВЕТЫ

1. — Извини́, я не расслы́шал, кому́ вы пе́редали биле́ты?

— Я пе́редал биле́ты тури́стам из Владивосто́ка.

2. — Кому́ ты купи́л таки́е краси́вые цветы́?

— Э́ти цветы́ я подарю́ мои́м роди́телям. Сего́дня у них юбиле́й.

3. — Кому́ постро́или э́ти высо́кие дома́?

— Лу́чшим учителя́м.

4. — Ребя́та, кто помо́жет мне реши́ть э́ти пробле́мы?
   — Обрати́тесь к на́шим руководи́телям.

5. — Кто мо́жет помо́чь э́тим старика́м и де́тям?
   — Ка́ждый из нас мо́жет оказа́ть им по́мощь.

6. — О чём расска́зывает гид англи́йским гостя́м?
   — Он расска́зывает им о на́ших ме́стных обы́чаях.

7. — Вам понра́вился наш го́род?
   — Очень. Осо́бенно понра́вились ледяны́е фонари́ и скульпту́ры.

8. — Вы не ска́жете, как пройти́ к тем высо́ким зда́ниям?
   — Нет, извини́те, я не зде́шний.

9. — Де́вушка, помоги́те нам!
   — С удово́льствием.

10. — Заче́м ты е́дешь в дере́вню?
    — Что́бы учи́ть дете́й гра́моте.

11. — Почему́ вы разгова́риваете в коридо́ре?
    — Что́бы не меша́ть други́м спать.

12. — Уже́ по́здно, заче́м ты посла́л дочь в апте́ку?
    — Что́бы она́ купи́ла мне лека́рство, у меня́ си́льно боли́т голова́.

13. — Заче́м ты закры́л все о́кна?
    — Что́бы в ко́мнате бы́ло тепло́.

14. — Заче́м Са́ша откры́л дверь?
    — Что́бы прове́трить ко́мнату.

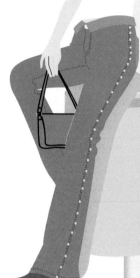

ДИАЛОГИ

1. — Здра́вствуйте, такси́ свобо́дное?
   — Да. Вам куда́?
   — В аэропо́рт.
   — Сейча́с положу́ ваш чемода́н в бага́жник. Сади́тесь, пожа́луйста.
   — Мой самолёт улета́ет в де́вять часо́в. Мы успе́ем?
   — Ду́маю, что да. Часы́ «пик» уже́ прошли́. На доро́гах ма́ло маши́н. Вот мы и прие́хали. Успе́ли.
   — Ско́лько с меня́?
   — 50 юа́ней.
   — Возьми́те.

2. — Скажи́те, как дое́хать до Моско́вского университе́та?
   — До университе́та мо́жно дое́хать на авто́бусе и́ли на тролле́йбусе.
   — А на метро́?

70

— Мо́жно и на метро́. Вы дое́дете до ста́нции «Университе́т» и вы́йдете из метро́ на проспе́кт. Там перейдёте проспе́кт и ся́дете на любо́й авто́бус. Вы́йдете че́рез две остано́вки.

— А от метро́ до университе́та мо́жно дойти́ пешко́м?

— Мо́жно, это 10 мину́т ходьбы́. Но е́сли вы спеши́те, мо́жно дое́хать на авто́бусе.

3. — Скажи́те, как мне дое́хать до па́рка «Соко́льники»?

— Извини́те, я не москви́ч. Спроси́те милиционе́ра, он вам объясни́т.

— Прости́те, как мне попа́сть в парк «Соко́льники»?

— Лу́чше всего́ на метро́. Отсю́да до па́рка то́лько три остано́вки.

— А мо́жно на авто́бусе?

— Нет, авто́бусы здесь не хо́дят. Но хо́дит тролле́йбус. Остано́вка напро́тив. Вам на́до перейти́ на другу́ю сто́рону. Дое́дете на тролле́йбусе до остано́вки "Ста́нция метро́ «Соко́льники»", а там спроси́те, как пройти́ к па́рку.

— Спаси́бо.

ТЕКСТ

Марина едет на работу

Меня́ зову́т Мари́на. Я де́тский врач. На́ша поликли́ника нахо́дится в це́нтре го́рода, а я живу́ на окра́ине. От моего́ до́ма до рабо́ты нет прямо́го сообще́ния, поэ́тому мне прихо́дится снача́ла е́хать на авто́бусе, пото́м переса́живаться на метро́. Кро́ме того́, 10 — 12 мину́т я иду́ пешко́м.

Ка́ждое у́тро я выхожу́ из до́ма и иду́ на авто́бусную остано́вку. Она́ нахо́дится напро́тив на́шего до́ма. Я перехожу́ че́рез доро́гу и жду авто́буса. Авто́бусы в э́то вре́мя хо́дят ча́сто, и мне не прихо́дится до́лго ждать. В э́то вре́мя все е́дут на рабо́ту, поэ́тому в авто́бусе мно́го наро́ду. Я проезжа́ю 2 остано́вки, выхожу́ из авто́буса и иду́ к метро́. Поезда́ в метро́ хо́дят ча́сто. Я вхожу́ в ваго́н и сажу́сь, е́сли есть свобо́дное ме́сто.

На ста́нции «Театра́льная» я выхожу́ из по́езда. Отсю́да до мое́й рабо́ты 10 мину́т ходьбы́. Э́то расстоя́ние — 2 остано́вки — мо́жно прое́хать на тролле́йбусе, но я обы́чно иду́ пешко́м.

У меня́ есть маши́на, води́тельские права́, я непло́хо вожу́ маши́ну, но предпочита́ю е́здить на рабо́ту и с рабо́ты на городско́м тра́нспорте. В часы́ пик на у́лицах го́рода мно́го маши́н, и легко́ попа́сть в про́бку и опозда́ть на рабо́ту.

НОВЫЕ СЛОВА И СЛОВОСОЧЕТАНИЯ

кита́ец, -а́йца; -а́йцы 中国人

хозя́ин, -а; хозя́ева, -ев 主人

муж, -а; -ья́ 丈夫

диск, -а; -и 光盘

проща́ние, -ия 告别

сторона́, -ы́; сто́роны 方向;方面

УРОК 6

старик, -á; -й 老人；老头儿

шóу (中,不变)表演,演出

дельфин, -а; -ы 海豚

повéрить(完)-рю, -ришь;
кому́-чему́, в кого́-что 相信
вéрить (未)

прогу́лка, -и 散步；游玩

у́лочка, -и; -и 小街

пожилóй, -а́я, -óе, -ые 上了年
纪的

спра́вочное бюрó 问事处

расписа́ние, -ия; -ия 时间表

посла́ть (完) пошлю́,
пошлёшь; кого́-что 派；邮
посыла́ть (未)

закры́ть (完) -рóю, -рóешь;
что 关上
закрыва́ть (未)

вы́ключить (完) -чу, -чишь;
что 切断；关闭(电路等)
выключа́ть (未)

мобильный, -ая, -ое, -ые 移动的

грозá, -ы́ 大雷雨

попла́вать(完)-аю, -аешь 游一
会儿

дёшево 便宜

дóрого 贵

шкóльник, -а; -и (中、小)学生

издéлие, -ия; -ия 制品,产品

шёлк, -а 丝绸

аплодировать (未)-рую,
-руешь; кому́-чему́ 鼓掌

баскетболист, -а; -ы 篮球运动员

туристический, -ая, -ое, -ие
旅游的

Тибéт, -а 西藏

привы́кнуть (完) -ну, -нешь;
привы́к, привы́кла, привы́-
кли; к кому́-чему́ 习惯于
привыка́ть (未)
Мне тру́дно ~ к здéшнему
кли́мату.

сéверный, -ая, -ое, -ые 北方的

тёплый, -ая, -ое, -ые 温暖的

разбуди́ть (完) -ужу́, -у́дишь;
кого́-что 叫醒,唤醒
буди́ть (未)

пульт, -а; -ы 遥控器

скóрая пóмощь 急救；急救车

тща́тельно 仔细地

провéрить (完) -рю, -ришь;
кого́-что 检查
проверя́ть (未)

зада́ние, -ия; -ия 任务；作业

кондиционéр, -а; -ы 空调

стать (完) ста́ну, ста́нешь; 成
为,变为
станови́ться (未)

расслы́шать (完) -шу, -шишь;
кого́-что 听清楚, 听明白

юбилéй, -я; -и 纪念日

проблéма, -ы; -ы 问题

обрати́ться (完) -щу́сь,
-ти́шься; к кому́-чему́,
向……提出(愿望、请求等)
обраща́ться (未)

руководи́тель, -я; -и 领导

оказа́ть (完) окажу́, ока́жешь;
что 予以,给予
ока́зывать (未)

обы́чай, -я; -и 风俗

здéшний, -яя, -ее, -ие 这里的

гра́мота, -ы; -ы 识字

сильно 非常,很

провéтрить (完) -рю, -ришь;
что 使……通风
провéтривать (未)

класть (未) кладу́, кладёшь;
кого́-что 放入
положи́ть (完), -ожу́,
-óжишь

бага́жник, -а; -и (汽车的)后背箱

улета́ть (未) -а́ю, -а́ешь 飞走
улетéть (完)

часы́ «пик» 高峰时刻

проспéкт, -а; -ы 大街

ходьба́, -ы́ 步行

лу́чше всегó 最好

дéтский, -ая, -ое, -ие 儿童的

окра́ина, -ы; -ы 市郊,郊区

сообщéние, -ия 交通；通讯

приходи́ться (未) -óдится;
-оди́лось; кому́ (无人称)只
好,不得不
прийти́сь (完), придётся;
пришлóсь

переса́живаться (未), -аюсь,
-аешься; 转乘
пересéсть (完)

расстоя́ние, -ия; -ия 距离

води́тельские права́ 驾驶证

води́ть(未,不定向)-жу́,
вóдишь; что 驾驶
~ мотоци́кл

прóбка, -и 堵车

ВНЕАУДИТОРНЫЕ УПРАЖНЕНИЯ И ЗАДАНИЯ
(课外练习与作业)

 1. 将括号里的词或词组变成复数第三格形式。

1) Мы путешествовали по (исторические места).

2) По (широкие улицы) ходят автобусы, машины, мотоциклы.

3) По (воскресенья) мы ездим за город и там отдыхаем.

4) Мы подарили (зарубежные гости) шёлковые изделия на память.

5) Экскурсовод рассказывает (эти иностранцы) о китайских обычаях.

6) Ребята долго аплодировали (известные артисты).

7) Молодые люди оказали (эти старики) большую помощь.

8) Мы пожелали (эти симпатичные девочки и мальчики) больших успехов в учёбе.

9) Когда у меня есть вопросы или проблемы, я обращаюсь к (свой коллеги и друзья).

10) (Китайцы) нравится есть пельмени, а (русские) нравится есть хлеб.

 2. 用《Я хочу, чтобы ...》的结构改换下列句子。

> Образец: Мои родители купили мне фотоаппарат.
>
> Я хочу, чтобы родители купили мне фотоаппарат.

1) Каждый день утром родители проветривают комнату.

2) Летом дети часто играют у реки и загорают на берегу.

3) Мой брат работает на этом большом предприятии.

4) Отец купит мне новый мобильный телефон.

5) Толя, не мешай родителям спать, потому что они очень устали.

6) Студенты привыкли к нашим молодым преподавателям.

7) Сестра привыкла к такой трудной работе.

8) Коллеги вовремя приходят на работу.

9) Вася пересел на одиннадцатый автобус в центре города.

10) Они подарили симпатичным хозяевам китайские сувениры.

 3. 完成对话。

1) — Я не могу открыть дверь. Что мне делать? — Обратитесь к ...

2) — У меня из номера пропали деньги. Что мне делать? — Обратись к ...

3) — У моего соседа высокая температура. Что делать? — Обратитесь к ...

4) — Кому передать эти газеты? — Передайте их ...

5) — Кому передать «Путеводитель по городу»? — Передайте его ...

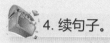

4. 续句子。

1) Я то́лько что сказа́ла дежу́рному по этажу́, что́бы...

2) Ма́ма разбуди́ла меня́ о́чень ра́но, что́бы...

3) Я хочу́ попроси́ть на́шего руководи́теля, что́бы...

4) Вчера́ ве́чером мой друг позвони́л заве́дующему, что́бы...

5) Вы́ключите телеви́зор, что́бы...

6) Включи́те кондиционе́р, что́бы...

7) Пошли́те Оле́га в магази́н, что́бы...

8) Скажи́те ва́шим ребя́там, что́бы...

9) Мой сосе́д спеши́т на рабо́ту, что́бы...

10) ..., мы о́чень ти́хо разгова́риваем.

5. 将括号中的俄语译成汉语。

1) Мы вы́шли из ко́мнаты, (что́бы не меша́ть сосе́дям разгова́ривать).

2) Наш руководи́тель позвони́л в спра́вочное бюро́, (что́бы узна́ть расписа́ние поездо́в).

3) Де́ти побежа́ли к свои́м роди́телям, (что́бы попроси́ть у них де́нег на прогу́лку.)

4) Мари́я позвони́ла друзья́м, что́бы (они́ прие́хали к ней за́втра на день рожде́ния).

5) Муж сказа́л жене́, (что́бы она́ взяла́ с собо́й зо́нтик).

6) Анто́н посла́л Са́шу на ры́нок, (что́бы тот купи́л гостя́м фру́кты и напи́тки).

7) (Что́бы в но́мере бы́ло прохла́дно), мы включи́ли кондиционе́р.

8) (Что́бы в но́мере не́ было шу́мно), мы закры́ли о́кна и дверь.

9) (Что́бы гостя́м бы́ло прия́тно), хозя́ева пригото́вили им вку́сный обе́д.

10) Врач сказа́л больны́м, (что́бы они́ во́время принима́ли лека́рство).

6. 根据以下语境编对话。

1) Вы хоти́те пое́хать на Кра́сную пло́щадь, но не зна́ете, как туда́ е́хать. Спроси́те у ру́сского дру́га об э́том. Что де́лать, е́сли туда́ нет прямо́го сообще́ния?

2) Вы о́чень спеши́те в аэропо́рт. Вы взя́ли такси́. О чём вы разгова́ривали в такси́? Ско́лько де́нег взял у вас води́тель? Он сказа́л, что́бы вы не забы́ли ве́щи в бага́жнике.

7. 翻译下列词组。

急救车,驾驶证,给予帮助,问事处,去市郊游玩,列车时刻表,移动电话,西藏旅游,检查作业,换乘地铁,儿童医院

8. 翻译下列句子。

1) 我简直无法相信自己的眼睛,这里竟有这么多的丝绸制品。

2) 别信安娜的话,她经常开玩笑。

3)我无法相信自己的耳朵,这个姑娘俄语说得竟会如此流利、纯正。

4) 妈妈,多好的天气呀!让我们到海里游一会儿吧。

5) 雷雨天请关闭手机。

6) 我没听清你说什么,再重复一遍可以吗?

7) 中学生们非常喜欢这些新的、有意思的光盘。

8) 孩子们都喜欢看海豚表演。

9) 我们为喜欢的篮球运动员长时间地鼓掌。

10) 乘坐公共汽车时,年轻人应该给老人、孩子和妇女们让座。

11) —真巧啊,怎么在这儿碰上你了!

—我来旅游,那你呢?

—我来办私事。

12) 得知我们要来,姐姐让孩子去市场买蔬菜和水果。

13) 高峰的时候,街上各种车辆很多,经常有堵车的现象。

14) 昨天下了一天的雨,我们只好呆在家里看电视。

15)你最好沿着这条小街散步,因为可以品尝很多的地方小吃。

 9. 记住下列词语。

городско́й тра́нспорт 城市交通

стоя́нка 停车场

коне́чная остано́вка 终点站

объявля́ть остано́вки 报站

электри́чка 电气火车

сходи́ть (сойти́) с авто́буса 下车

конду́ктор (公共汽车、电车)售票员

де́лать переса́дку 换车

 10. 讲述一下"Как ваш преподаватель едет на работу".

 11. 借助词典阅读小幽默。

На остано́вке в авто́бус вошла́ же́нщина. В авто́бусе бы́ло мно́го люде́й. Все места́ бы́ли за́няты.

Оди́н молодо́й челове́к сиде́л с закры́тыми глаза́ми. Конду́ктор поду́мал, что он спит, и реши́л разбуди́ть его́. Он боя́лся, что молодо́й челове́к прое́дет свою́ остано́вку. Конду́ктор сказа́л:

— Молодо́й челове́к, просни́тесь!

— Я не сплю, — отве́тил он.

— Не спи́те? А почему́ вы закры́ли глаза́?

— Я закры́л глаза́, потому́ что не могу́ смотре́ть, когда́ же́нщины в авто́бусе стоя́т.

Беда́ не по́ лесу хо́дит, а по лю́дям.

天有不测风云,人有旦夕祸福。

Не верь уша́м, верь глаза́м.

耳听是虚,眼见为实。

ГРАММАТИКА
☞ I. 数词21—100
☞ II. 年龄表示法
☞ III. 钟点表示法(1)

ТЕКСТ *Мама*

ГРАММАТИКА

听录音请扫二维码

I. 数词21—100

数 量 数 词	顺 序 数 词
21 два́дцать оди́н (одна́, одно́)	два́дцать пе́рвый (-ая, -ое)
22 два́дцать два (две)	два́дцать второ́й (-а́я, -о́е)
29 два́дцать де́вять	два́дцать девя́тый (-ая, -ое)
30 три́дцать	тридца́тый (-ая, -ое)
40 со́рок	сороково́й (-а́я, -о́е)
50 пятьдеся́т	пятидеся́тый (-ая, -ое)
60 шестьдеся́т	шестидеся́тый (-ая, -ое)
70 се́мьдесят	семидеся́тый (-ая, -ое)
80 во́семьдесят	восьмидеся́тый (-ая, -ое)
90 девяно́сто	девяно́стый (-ая, -ое)
100 сто	со́тый (-ая, -ое)

用法:

1. 数词21—29,31—39……是由两个数词合并而成的。这些合成数词与名词连用时,和合成数词中最后一个数词与名词连用时的规则相同。例如:

один	турист
одна́	де́вушка
одно́	письмо́
два	заво́да, зда́ния
две	поликли́ники
три	па́рка, ко́мнаты, сло́ва
четы́ре	
пять	рестора́нов, больни́ц, блюд
де́вять	

два́дцать (три́дцать...)

2. два 以上的数量数词与形容词连用时, 形容词一般用复数第二格。但当две, три, четы́ре(以及由它们组成的合成数词) 与阴性名词连用时, 形容词可用复数第一格(也可用复数第二格), 例如:

два (три, четы́ре)	совреме́нных заво́да
со́рок два (три, четы́ре)	ру́сских тури́ста
две (три, четы́ре)	совреме́нные (совреме́нных) фа́брики
со́рок две (три, четы́ре)	краси́вые (краси́вых) де́вушки
пять (шесть...)	больши́х больни́ц
со́рок пять (шесть...)	америка́нских до́лларов

3. 数量数词(除один及以один组成的合成数词外)与名词一起作主语时, 谓语可用复数。在强调数量时, 谓语一般用单数(过去时用中性), 例如:

① Сего́дня на вы́ставку **пое́дет** 40 (со́рок) челове́к.
今天有四十人去看展览。

② На сле́дующей неде́ле 34 (три́дцать четы́ре) преподава́теля **пое́дут** на юг отдыха́ть.
下一周将有三十四名教师去南方休息。

③ На наш факульте́т **прие́хало** 23 (два́дцать три) но́вых студе́нта с ю́га.
我们系从南方来了二十三名新生。

④ С того́ вре́мени **прошло́** уже́ 5 (пять) лет.
从那时起已经过去五年了。

如果主语中有数词один (одна́, одно́) 时, 谓语通常在性、数上与主语一致, 例如:

① 21 (Два́дцать оди́н) ру́сский тури́ст **прие́хал** из Сиби́ри.
二十一名俄罗斯游客来自西伯利亚。

② 31 (Три́дцать одна́) де́вушка **выступа́ла** на вчера́шнем ве́чере.
三十一名姑娘在昨天的晚会上演出了。

4. 合成的顺序数词, 前面的词永远不变化。变格时, 只变最后一个词, 其变化同形容词, 使用时与被说明的名词在性、数、格上一致, 例如:

① В 21 (два́дцать пе́рвом) ве́ке бу́дет мно́го но́вых откры́тий.
二十一世纪里将会有很多新的发明。

② Их фи́рма на 23 (два́дцать тре́тьем) этаже́.
他们的公司在二十三层楼上。

77

Ⅱ. 年龄表示法

俄语中表示人的年龄时,句中指人的名词(或人称代词)用第三格。句中时间用быть (был,былá, бы́ло, бу́дет) 表示,例如:

① Ско́лько тебé лет?

你多大了?

Мне 17 (семнáдцать) лет.

我十七岁。

② Сестрé скóро бу́дет 3 (три) гóда.

妹妹快三岁了。

③ Когдá мне был 21 (двáдцать оди́н) год, я окóнчила университéт.

我二十一岁时大学毕业。

④ Когдá моему́ брáту бы́ло 20 (двáдцать) лет, егó призвáли в áрмию.

我哥哥二十岁时应征入伍。

⑤ Ребёнку былá тóлько недéля.

孩子生下才七天。

Ⅲ. 钟点表示法(1)

学习钟点表示法,首先要区分Котóрый час(Скóлько врéмени)?(是几点钟?)与В котóром часу́ (Во скóлько)?(在几点钟?)两种问题及其不同的回答方法,试比较:

① — Вы не скáжете, котóрый час (скóлько врéмени)?

— Ужé 　час

　　　три часá

　　　два часá две мину́ты

　　　пять часóв сóрок мину́т

现在一点钟(三点,两点两分,五点四十分)。

② — В котóром часу́ (когдá; во скóлько) бу́дет экску́рсия?

什么时候参观?

— В　час

　　　три часá

　　　пять часóв

　　　два часá двáдцать мину́т

一点(三点,五点,两点二十分)参观。

说明:

1)表示"是几点钟",不用前置词в;表示"在几点钟",要用前置词в。

2)表示几点几分或在几点几分,简便的办法是按照阿拉伯数字读,例如:

① Сейчáс 12:25. (двенáдцать двáдцать пять)

现在是十二点二十五分。

② Мáма пойдёт на рабóту в 7:10. (семь дéсять)

妈妈七点十分去上班。

3) 在口语中час, минýта 一般不用。书写时，可只写阿拉伯数字或写成简化形式，例如：

6 ч. 25 мин. 六点廿五分

4) 按俄罗斯人的习惯，一昼夜的时间大致划分如下：

ýтро —— 从早晨5点到上午11点

5 ч. (часóв) утрá, 9 ч. (часóв) утрá

день —— 从中午11点到下午5点

11 ч. (часóв) дня , 3 ч. (часá) дня

вéчер —— 从下午5点到晚上11点

5 ч. (часóв) вéчера, 9 ч. (часóв) вéчера, 11 ч. (часóв) вéчера

ночь —— 从半夜11点到早晨5点

3 ч. (часá) нóчи, 5 ч. (часóв) утрá

5) 广播、铁路等部门采用二十四小时的说法，例如：

0:15 (ноль часóв пятнáдцать минýт)

13:40 (тринáдцать часóв сóрок минýт)

23:55 (двáдцать три часá пятьдесят пять минýт)

 注意：

俄语数词书写时通常用阿拉伯数字, 如:

① Это бы́ло 25 лет назáд.

这是二十五年前的事。

② Бáбушке 83 гóда.

祖母83岁。

③ Мы приéдем в 11 ч. дня.

我们中午十一点钟到。

④ Нáша аудитóрия на 4 этажé.

我们教室在四层。

 РЕЧЕВЫЕ ОБРАЗЦЫ

1. Скóлько срéдних школ в вáшем гóроде?

В нáшем гóроде	21 (двáдцать однá)	срéдняя шкóла	.
	22 (двáдцать две)	срéдние шкóлы	
	25 (двáдцать пять)		
	30 (три́дцать)		
	40 (сóрок)		
	50 (пятьдеся́т)	срéдних школ	
	60 (шестьдеся́т)		
	70 (сéмьдесят)		
	80 (вóсемьдесят)		

90 (девяно́сто)

100 (сто)

(совреме́нная библиоте́ка, большо́й магази́н, вы́сшее уче́бное заведе́ние)

2. Ско́лько преподава́телей рабо́тает / рабо́тало на э́том факульте́те?

На э́том факульте́те рабо́тает 23 (два́дцать три) преподава́теля

рабо́тало 36 (три́дцать шесть) преподава́телей .

49 (со́рок де́вять)

58 (пятьдеся́т во́семь)

(2, 27, 31, 42, 46, 50, 53, 58, 66, 72, 87, 96, 100)

3. Ско́лько вам лет?

Мне два́дцать	оди́н	год
	два	го́да
	три	
	четы́ре	
	пять	лет
	де́вять	

(8, 14, 20, 22, 26, 31, 44, 57, 63, 75)

4. Ско́лько лет ва́шему мла́дшему бра́ту
ва́шей ста́ршей сестре́
ва́шему отцу́
ва́шей ма́тери
ва́шему де́душке
ва́шей ба́бушке ?

Ему́ 15 лет

Ей 22 го́да

Ему́ 50 лет .

Ей 48 лет

Ему́ 71 год

Ей 69 лет

(ваш друг, ва́ша жена́, ваш сын, ваш дя́дя; 33, 45, 12, 50)

5. Ско́лько лет бы́ло ва́шему дру́гу, когда́ он жил в Япо́нии?

Когда́ он жил в Япо́нии, ему́ бы́ло (был) 21 (два́дцать оди́н) год .

22 (два́дцать два)

23 (два́дцать три) го́да

37 (три́дцать семь)

46 (со́рок шесть) лет

(24, 25, 26, 27, 28, 29, 31, 32, 40, 41, 42, 43, 44, 45)

80

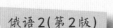
俄语 2 (第 2 版)

6. Вы не скáжете, скóлько врéмени?

Сейчáс

два часá

четы́ре дéсять

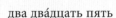

два двáдцать пять

шесть пятьдеся́т пять

(1:00, 12:00, 2:05, 3:12, 4:10, 5:16, 7:20, 8:30, 9:50, 10:40, 1:05, 12:37)

7. В котóром часý (Когдá; Во скóлько) отправля́ется пóезд?

Пóезд отправля́ется в   2:35 (два три́дцать пять)

4:50 (четы́ре пятьдеся́т)

6:45 (шесть сóрок пять)   .

8:40 (вóсемь сóрок)

12:20 (двенáдцать двáдцать)

(1:00, 2:25, 5:35, 7:55, 9:45, 10:23, 11:15)

ВОПРОСЫ И ОТВЕТЫ

1. — Вы не знáете, скóлько детéй поéдет на экскýрсию?

— Шестьдеся́т семь детéй. Среди́ них три́дцать однá дéвочка, три́дцать шесть мáльчиков.

2. — Скóлько инострáнных гостéй ужé приéхало на Торгóво-экономи́ческую я́рмарку?

— Приéхало сéмьдесят инострáнных друзéй. Из них сóрок россия́н и три́дцать европéйцев.

3. — Скóлько мест в э́том зáле ?

— В нём девянóсто мест.

4. — Скóлько дéнег у вас остáлось?

— Я посчитáю. Остáлось тóлько шестьдеся́т юáней.

5. — Скóлько шкóльников поéдет на вы́ставку карти́н зáвтра?

— Всегó три́дцать два.

6. — Скóлько рýсских послóвиц вы ужé знáете?

— Я ужé знáю двáдцать шесть рýсских послóвиц.

7. — Ско́лько вы́сших уче́бных заведе́ний в ва́шей прови́нции?

— В на́шей прови́нции три́дцать два вы́сших уче́бных заведе́ния.

8. — Ско́лько вам бу́дет лет, когда́ вы око́нчите университе́т?

— Мне бу́дет два́дцать три го́да.

9. — Ско́лько вам бы́ло лет, когда́ вы поступи́ли на рабо́ту?

— Тогда́ мне бы́ло то́лько два́дцать два го́да.

10. — Вы вернётесь в четы́ре и́ли по́зже?

— Я ду́маю, что в четы́ре три́дцать.

11. — Мы вы́йдем из до́ма в оди́ннадцать?

— Э́то ра́но, нам идти́ недалеко́, мо́жно в оди́ннадцать два́дцать.

12. — Ве́ра сего́дня придёт с рабо́ты в четы́ре?

— Нет, в четы́ре со́рок.

ДИАЛОГИ

1. — Ну, как? Понра́вился тебе́ мой оте́ц?

— О́чень. Тако́й весёлый и жизнера́достный. Ско́лько ему́ лет?

— Ему́? Ско́ро 63 го́да.

— Что ты говори́шь? Он вы́глядит моло́же.

— Все так говоря́т. Он о́чень энерги́чный и весёлый по хара́ктеру. Ка́ждый день занима́ется спо́ртом. Ле́том пла́вает, а зимо́й хо́дит на лы́жах.

— Неуже́ли? Вот молоде́ц! У него́ си́льный хара́ктер.

— Кро́ме того́, до́ма он всё де́лает сам.

— У него́ золоты́е ру́ки.

2. — Же́ня, за́втра прие́дет моя́ сестра́ Ни́на. Пое́дем её встреча́ть на вокза́л.

— С удово́льствием. За́втра у меня́ как раз выходно́й. Кста́ти, как она́ вы́глядит?

— Она́ высо́кая, стро́йная и краси́вая. Ей 22 го́да. У неё дли́нные во́лосы, больши́е глаза́ и прия́тная улы́бка.

— А како́й у неё хара́ктер?

— Она́ жива́я и общи́тельная де́вушка. И са́мое гла́вное, у неё до́брая душа́, она́ охо́тно помога́ет други́м. Все её лю́бят и уважа́ют.

— Зави́дую, что у тебя́ така́я сестра́.

3. — Как ты ду́маешь, ско́лько лет А́нне Серге́евне?

— Не зна́ю, а что?

— Я ду́маю, что она́ совсе́м молода́я.

— Да. На вид ей мо́жно дать 35—36 лет.

— Ребя́та, вы не угада́ли. Я слы́шал, что ей уже́ 48 лет.

— Пра́вда? Она́ вы́глядит гора́здо моло́же.

— Она́ мне о́чень нра́вится. Она́ тако́й кру́пный учёный, но ведёт себя́ всегда́ скро́мно.

— А мне понра́вилось, что она́ одева́ется краси́во, мо́дно.

— Я тако́го же мне́ния.

Мама

В де́тстве я о́чень люби́л боле́ть. Я люби́л боле́ть, да́же когда́ у меня́ была́ высо́кая температу́ра и си́льно боле́ла голова́. Я люби́л боле́ть, потому́ что в э́то вре́мя моя́ ма́ма всегда́ до́ма меня́ сопровожда́ла.

Ма́ма — э́то са́мый дорого́й для меня́ челове́к. То́лько ска́жешь сло́во «ма́ма» — и пе́ред глаза́ми встаёт же́нщина невысо́кого ро́ста: у неё тёмные во́лосы, но на виска́х уже́ поседе́ли. Они́ всегда́ аккура́тные, то́лько на лоб иногда́ па́дает непослу́шный смешно́й завито́к. У ма́мы до́брые и му́дрые глаза́. Они́ смо́трят на меня́ иногда́ ла́сково, иногда́ гру́стно. Когда́ ма́ма смеётся, о́коло её глаз собира́ются ста́йки ма́леньких морщи́нок. А когда́ она́ се́рдится, то по лбу прохо́дят больши́е серьёзные морщи́ны.

Когда́ я боле́л, ма́ма не ходи́ла на рабо́ту, поэ́тому могла́ проводи́ть до́ма весь день. Она́ — удиви́тельный челове́к. Она́ о́чень весёлая, до́брая, у неё откры́тый и прямо́й хара́ктер. Она́ ре́дко расстра́ивается и ничего́ не бои́тся①. Возмо́жно, она́ ча́сто расстра́ивалась и́ли боя́лась, но никогда́ не пока́зывала нам э́того. Её люби́мые слова́ бы́ли: «Не беда́! Всё плохо́е пройдёт, всё хоро́шее оста́нется». И мы ей ве́рили. Сейча́с я уже́ взро́слый челове́к и хорошо́ понима́ю, что прохо́дит не то́лько плохо́е, но и хоро́шее.

 КОММЕНТАРИИ

① Она́ ничего́ не бои́тся. 她什么都不怕。

 НОВЫЕ СЛОВА И СЛОВОСОЧЕТАНИЯ

пятьдеся́т 五十
шестьдеся́т 六十
во́семьдесят 八十

девяно́сто 九十
тридца́тый, -ая, -ое, -ые 第三十
сороково́й, -а́я, -о́е, -ы́е 第四十
пятидеся́тый, -ая, -ое, -ые 第五十

шестидеся́тый, -ая, -ое, -ые 第六十

семидеся́тый, -ая, -ое, -ые 第七十

восьмидеся́тый, -ая, -ое, -ые 第八十

девяно́стый, -ая, -ое, -ые 第九十

со́тый, -ая, -ое, -ые 第一百

америка́нский, -ая, -ое, -ие 美国的

откры́тие, -ия; -ия 发现，发明

око́нчить (完) -чу, -чишь; что 结束；毕业
   ока́нчивать (未)

призва́ть (完) -зову́, -зовёшь; кого́-что 号召
   призыва́ть (未)

а́рмия, -ии; -ии 军队，部队

ребёнок, -нка 小孩

ноль, ноля́ (нуль, нуля́) 零

вы́сшее уче́бное заведе́ние (вуз) 高等学校

жена́, -ы́; жёны 妻子

торго́во-экономи́ческий, -ая, -ое, -ие 经贸的

я́рмарка, -и; -и 洽谈会，交易会

европе́ец, -е́йца, -е́йцы 欧洲人

посчита́ть (完) -а́ю, -а́ешь; кого́-что 数一数

посло́вица, -ы; -ы 谚语

поступи́ть (完) -уплю́, -у́пишь 进入，加入
   поступа́ть (未)

~ в аспирату́ру

вы́йти (完) -йду, -йдешь 走出
   выходи́ть (未) -ожу́, -о́дишь

тако́й, -а́я, -о́е, -и́е 这样的

жизнера́достный, -ая, -ое, -ые 乐观的

моло́же 更年轻

энерги́чный, -ая, -ое, -ые 精力充沛的

хара́ктер, -а; -ы 性格

неуже́ли 难道

молоде́ц, -дца́; -дцы́ 好样的

золото́й, -а́я, -о́е, -ы́е 金的，金色的；极好的

как раз 正好，刚好

выходно́й, -а́я, -о́е, -ы́е 歇班的

кста́ти (插)顺便说一句

стро́йный, -ая, -ое, -ые 匀称的，苗条的

улы́бка, -и; -и 微笑

живо́й, -а́я, -о́е, -ы́е 活泼的

охо́тно 乐意地

зави́довать (未) -дую, -дуешь; кому́-чему́ 羡慕；嫉妒
   позави́довать (完)

угада́ть (完) -а́ю, -а́ешь; что 猜出
   уга́дывать (未)

гора́здо (副)……得多

вести́ себя́, веду́, ведёшь 表现

скро́мно 谦虚地

мо́дно 时髦地

мне́ние, -ия; -ия 观点，意见

сопровожда́ть(未)-а́ю, -а́ешь;

кого́-что 陪伴

сопроводи́ть (完) -ожу́, -оди́шь
   ~ дру́га в больни́цу
   ~ госте́й по го́роду

невысо́кий, -ая, -ое, -ие 不高的
рост, -а 身高

тёмный, -ая, -ое, -ые 深色的；黑暗的

поседе́ть (完) 斑白，变白

висо́к, -ска́; -ски́ 鬓角，太阳穴

аккура́тный, -ая, -ое, -ые 整齐的

лоб, лба; лбы 额头

непослу́шный, -ая, -ое, -ые 不听话的

смешно́й, -а́я, -о́е, -ы́е 可笑的

завито́к, -тка́; -тки́ 卷发

му́дрый, -ая, -ое, -ые 英明的，智慧的

ла́сково 温柔地，温存地

гру́стно 忧郁地

смея́ться(未)смею́сь, смеёшься 笑

ста́йка, -и; -и 一团团

морщи́нка, -и; -нок 细皱纹

откры́тый, -ая, -ое, -ые 坦率的，直爽的

прямо́й, -а́я, -о́е, -ы́е 直的；直爽的

возмо́жно 可能

беда́, -ы́; 复бе́ды 不幸，灾难
Не беда́. 没什么了不起。

взро́слый, -ая, -ое, -ые 成年的

ВНЕАУДИТОРНЫЕ УПРАЖНЕНИЯ И ЗАДАНИЯ
(课外练习与作业)

 1. 读下列句子并把括号里的名词变成相应的格。

1) В э́том авто́бусе (25, россия́нин).

2) (40, европе́ец) пое́дут на экску́рсию в Истори́ческий музе́й.

3) (30, шко́льник) уже́ посети́ли вы́ставку наро́дного иску́сства.

4) На э́том конце́рте бы́ло (100, мужчи́на и же́нщина).

5) На про́шлой неде́ле на прогу́лку е́здило (70, преподава́тель и студе́нт).

6) Мне на́до получи́ть для э́тих иностра́нных тури́стов (68, па́спорт, и 76, ви́за).

7) В про́шлом году́ к нам приезжа́ло (90, иностра́нный гость).

8) В на́шей прови́нции всего́ (22, вы́сшее уче́бное заведе́ние).

9) На банке́те прису́тствовало (23, челове́к).

10) В э́том по́езде е́хало (22, ру́сская де́вушка).

 2. 联词成句。

1) На, наш, фи́рма, рабо́тать, 40, энерги́чный, ю́ноша, и, 29, жизнера́достный, де́вушка.

2) На, пя́тый, и, шесто́й, эта́ж, жить, 66, иностра́нный, студе́нт.

3) В, э́тот, год, мы, учи́ть, 24, ру́сский, посло́вица.

4) В, э́тот, высо́кий, зда́ние, рабо́тать, 48, иностра́нный, фи́рма.

5) 61, иностра́нный, преподава́тель, рабо́тать, в, э́тот, университе́ты.

6) На, э́тот, конце́рт, выступа́ть, 54, изве́стный, певе́ц, и, певи́ца.

7) От, наш, го́род, до, Шанха́й, ну́жно, е́хать, 47, час.

8) На, вчера́шний, ве́чер, прису́тствовать, 21, руководи́тель.

9) На, тот, неде́ля, 60, ма́льчик, и, 35, де́вочка, е́здить, на экску́рсия по го́роду.

10) В, наш, магази́н, рабо́тать, 62, мужчи́на, и, 47, же́нщина.

 3. 回答问题。

1) Ско́лько дней в феврале́?

2) Ско́лько дней в ма́рте?

3) Ско́лько неде́ль в году́?

4) Ско́лько ру́сских слов вы зна́ете?

5) Ско́лько интере́сных мест вы посети́ли?

6) Ско́лько больши́х суперма́ркетов в ва́шем го́роде?

7) Ско́лько враче́й рабо́тает в э́той больни́це?

8) Ско́лько рома́нов вы прочита́ли в про́шлом ме́сяце?

9) Ско́лько ру́сских пе́сен вы уме́ете петь?

10) Ско́лько больши́х и сре́дних городо́в в Кита́е?

11) Ско́лько ру́сских посло́виц вы запо́мнили?

12) Ско́лько европе́йцев бы́ло на Харби́нской торго́во–экономи́ческой я́рмарке?

13) Ско́лько откры́тий сде́лали учёные в про́шлом году́?

14) Ско́лько молоды́х люде́й поступи́ли на рабо́ту на э́то предприя́тие?

15) Ско́лько вы́сших уче́бных заведе́ний в Пеки́не?

 4. 对下列句中黑体词组提问题。

1) В авто́бусе сиде́л **со́рок оди́н пассажи́р**.

2) В э́том го́роде нахо́дится **четы́рнадцать озёр**.

85

3) С тех пор прошло **двадцать четыре года**.

4) В среду **тридцать зарубежных друзей** посетит Пекинский университет.

5) В прошлом году в Шанхае было **сорок два интересных концерта**.

6) В этом доме отдыха живёт **пятьдесят три китайских туриста**.

7) В моём родном городе **тридцать две средних школы**.

8) **Двадцать пять известных** учёных помогли нам в этой трудной работе.

9) Я уже прочитал **шестьдесят пять книг** на русском языке.

10) **Сорок товарищей** на этом предприятии ездили за границу.

11) Маша купила **двадцать пять новогодних открыток**.

12) В русском языке **тридцать три буквы**, а в английском — **двадцать шесть**.

13) В этом здании **девяносто шесть светлых комнат**.

14) В сутках **двадцать четыре часа**.

15) До начала концерта осталось только **35 минут**.

 5. 用括号里的词回答问题。

1) Его сын уже ходит в школу?

(Нет, он, ещё, маленький. Он, только, пять, год.)

2) Где работает ваш дедушка ?

(Он, уже, не , работать. Он, уже, 73, год.)

3) Сколько лет работает в этой больнице доктор Иванова?

(Она, работать, здесь, уже, 32, год.)

4) Когда вы окончите университет?

(Я, окончить, университет, когда, я, быть, 26, год.)

5) Вы не знаете, когда начала выступать в Большом театре эта артистка?

(Она, начать, работать, когда, она, быть, 22, год.)

6) Говорят, что раньше на этом месте была деревня?

(Да, это, быть, 22, год, назад.)

7) Ваша родина находится далеко от Харбина?

(Нет, от, Харбин, до, мой, родина, на, автобус, нужно, ехать, 6, час.)

8) Сколько лет вам было, когда вы окончили школу?

(Тогда, я, быть, только, 16, год.)

9) Угадайте, сколько лет этому мужчине?

(На, вид, он, можно, дать, 55, год.)

10) Когда вашего дядю призвали в армию?

(14, год, тому назад.)

6. 将下列汉语词组译成俄语。

1) 早晨6点10分,早晨7点35分,上午9点40分,上午11点50分,中午12点15分,中午1点46分,下午3点45分,晚上10点30分

2) 13点45分,15点20分,18点35分,20点零5分,21点20分

7. 将下面短文译成俄语。

我的一天

每天我5点20起床, 然后跑步, 大声读俄语, 吃早饭。7点45分我去教室。8点我们开始上课。课堂上我们听、说、读、写俄语, 有时汉译俄或俄译汉。11点30分我们下课。然后我们去食堂吃午饭。午后我休息一会儿, 读报纸, 听音乐。1点30我们又开始上课了。5点我们结束课程。有的同学去食堂, 有的回宿舍, 而我常常回家。

5点25我通常已经在家, 6点我们全家吃晚饭。然后大家看电视, 而我读书、完成作业。星期六或星期天我去看电影或去看剧。通常晚上11点我就寝睡觉。

8. 回答下面几组连贯性问题。

А. 1) Лю́бите вы путеше́ствовать?

2) Устаёте ли вы по́сле путеше́ствия?

3) Ра́достно у вас на душе́ по́сле путеше́ствия?

4) Как вы чу́вствуете себя́ по́сле путеше́ствия?

5) Скажи́те, в чём мо́жно найти́ большу́ю ра́дость?

Б. 1) На како́м этаже́ нахо́дится ва́ша кварти́ра?

2) На како́й эта́ж вы поднима́етесь ка́ждый день?

3) Вам тру́дно поднима́ться на шесто́й эта́ж?

4) Лю́бите ли вы поднима́ться на го́ры весно́й?

5) Кака́я карти́на открыва́ется с верши́ны горы́?

В. 1) У вас мно́го друзе́й?

2) Кто из них са́мый бли́зкий?

3) Что вы де́лаете в свобо́дное вре́мя?

4) В чём он ча́сто вам помога́ет?

5) Что он сове́тует вам де́лать?

9. 将下面句子译成俄语。

1) 人们很尊敬这位老人, 还美慕他有一个幸福的家庭。

2) 我今天往家里打了二次电话, 可都没打通, 不知是怎么回事儿。

3) 每年六月在哈尔滨举办经济贸易洽谈会, 很多俄罗斯、欧洲和其他国家的客人光临这里。

4) 五年前我舅舅娶了一位俄罗斯姑娘, 现在他们生活的很好。

5) — 你猜猜, 这位英国专家多大岁数?

— 他看上去47—48岁。

6) 妈妈做了好吃的饺子。你看, 孩子们坐在桌旁吃着。

7) 这个姑娘善良, 乐观, 手巧, 衣着漂亮、时髦。

8) 我哥哥应征入伍的时候, 才只有17岁。

9) 不用担心, 哈尔滨到北京的十八次列车再过半小时才能发车呢。

10) 爸爸已经57岁了, 但看起来很年轻, 精力充沛, 因为他喜欢从事体育运动, 夏天游泳, 冬天滑雪。

10. 记住下列词或词组。

внéшность человéка 人的外貌, стрóйная фигýра 苗条的身材, общи́тельный харáктер 善于交际的性格, седы́е вóлосы 斑白的头发, намнóго стáрше (молóже) меня́ 比我大(小)很多, остроýмный пáрень 机智的小伙子, эгои́ст 自私自利者, жáдный 贪婪的, забóтливый 关心人的, справедли́вый 公正的, хвастли́вый 爱吹牛的, широкоплéчий 魁梧的, черноглáзый 黑眼睛的

 11. 按课文内容回答问题。

1) Почемý в дéтстве вы óчень люби́ли болéть?

2) Опиши́те(描写) внéшнось мáмы.

3) Что дéлала мáма, когдá вы болéли?

4) Какóй харáктер у мáмы?

5) Каки́е люби́мые словá бы́ли у мáмы?

6) Что вы пóняли сейчáс?

7) Скажи́те, кто для вас мáма?

8) Каки́е глазá у мáмы ?

88 **12.** 讲述一下"Моя мама"。

1) Как вы́глядит вáша мáма?

2) Какóй у неё харáктер?

3) Каки́е люби́мые словá у мáмы?

4) Как онá рабóтает?

5) За что вы лю́бите и уважáете мáму?

 常 用 熟 语

Не имéй сто рублéй, а имéй сто друзéй.
宁要一百个朋友,不要一百个卢布。

Семь раз примéрь (отмéрь), оди́н раз отрéжь.
三思而后行。

ГРАММАТИКА

☞ I. 动词第一人称命令式
☞ II. 动词第三人称命令式
☞ III. 时间表示法

ТЕКСТ *Кино*

ГРАММАТИКА

听录音请扫二维码

I. 动词第一人称命令式

动词第一人称命令式表示说话人要求对方和自己一起去做某事,因此,只用复数形式,意思是,"我们……吧",例如:

1) Пойдём (–те) на фильм!

咱们去看电影吧!

2) Давáйте начнём урóк.

我们开始上课吧。

其构成方法如下:

1) 由完成体将来时复数第一人称形式构成,表示尊敬或对方是两个以上的人时,加–те,例如:

（1）Споём (–те), друзья!

咱们唱歌吧,朋友们!

（2）Сядем и отдохнём.

咱们坐下来休息吧。

（3）Поговорúм о рабóте.

咱们谈谈工作吧。

2) 由语气词давáй(表示尊敬或对方是两个以上的人时用давáйте)加完成体将来时复数第一人称或未完成体不定式形式构成,例如:

　　（1）Давáйте вы́пьем за здорóвье хозя́ина.

　　　　让我们为主人的健康干杯。

　　（2）Давáйте ещё раз сфотографи́руемся.

　　　　咱们再照一张像吧。

　　（3）Друзья́, давáйте поднимáться нá гору.

　　　　朋友们,咱们爬山吧!

3) 表示否定意义时用не бýдем加未完成体不定式形式构成,例如:

　　（1）Не бýдем дóлго об э́том разговáривать.

　　　　我们别过多地谈这个了。

　　（2）Начнём собрáние, не бýдем их ждать.

　　　　咱们开会吧,不等他们了。

　　（3）Не бýдем бóльше спóрить об экскýрсии зá город.

　　　　咱们别再争论有关郊游的事了。

 注意:

　　某些表示开始意义的动词过去时形式和未完成体现在时复数第一人称形式也可表示第一人称命令式的意义,例如:

　　（1）Пошли́, а то опоздáем .

　　　　咱们走吧,不然就要迟到了。

　　（2）Идёмте, ребя́та!

　　　　同学们,我们走吧!

II. 动词第三人称命令式

　　第三人称命令式表示说话人对第三者的命令、要求、希望等。第三人称命令式由语气词пусть(让、请、叫)加动词第三人称形式构成,两种体均可,意义区别参见第二人称命令式体的用法(见本册第4课),例如:

　　1) Пусть Ни́на придёт.

　　　　让尼娜来一趟。

　　2) Пусть дéти игрáют во дворé.

　　　　让孩子们在院子里继续玩儿吧。

　　3) Пусть крéпнет нáша дрýжба.

　　　　让我们的友谊日益巩固。

　　表示祝福、愿望,用语气词да加动词第三人称形式构成,例如:

　　Да здрáвствует мир!

　　和平万岁!

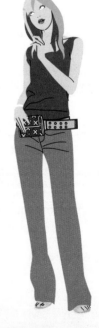

III. 时间表示法

俄语中表示时间的方法很多。暂归纳如下：

1. 用不带前置词的第四格表示，回答Как до́лго? Как ча́сто? Ско́лько вре́мени? 等问题，例如：

① — Как до́лго вы жи́ли в Москве́?

您在莫斯科住了多久？

— Я жила́ четы́ре го́да.

我住了四年。

② — Ско́лько вре́мени (Как до́лго) вы рабо́тали в том ба́нке?

您在那个银行工作了多长时间？

— То́лько год (неде́лю).

只工作了一年（一周）。

③ — Когда́ (Как ча́сто) вы хо́дите на на́бережную реки́?

您多长时间去一次滨河大街？

— Я хожу́ туда́ ка́ждый день (ка́ждую сре́ду).

我每天（每星期三）到那里去。

④ — Ско́лько вре́мени (Как до́лго) вы изуча́ете ру́сский язы́к?

你们学俄语多长时间了？

— Мы изуча́ем ру́сский язы́к второ́й год (пя́тую неде́лю).

我们学习已经是第二年（第五周）了。

2. 用带前置词的第四格表示，回答когда́ 的问题，例如：

① — Когда́ де́ти смотре́ли мультфи́льм?

孩子们什么时候看了动画片？

— Они́ смотре́ли его́ в сре́ду.

他们星期三看的。

② — Когда́ начнётся фильм?

电影什么时候开演？

— Он начнётся че́рез (в) два часа́.

过两小时（在两点钟）开演。

3. 用第六格表示，回答когда́ 的问题，例如：

— Когда́ е́здил за грани́цу на кинофестива́ль режиссёр?

导演什么时候出国去参加电影节了？

— Он е́здил

в	про́шлом году́
	э́том ме́сяце
	октябре́
на	про́шлой неде́ле
	кани́кулах

他去年（这个月、十月份、上周、假期中）去的。

4. 用带前置词的第三格表示，回答когда́ 或по каки́м дням的问题，例如：

— Когда́ (По каки́м дням) у вас быва́ют фи́льмы?

你们那里什么时候演电影？

— Фи́льмы у нас быва́ют по

вечера́м
среда́м
воскресе́ньям
выходны́м дням

.

我们这里每晚(每星期三、每星期日、每逢休息日)演电影 。

РЕЧЕВЫЕ ОБРАЗЦЫ

1. Дава́йте

начнём ве́чер
попро́буем э́ту минера́льную во́ду
познако́мимся

.

(сходи́ть в апте́ку, пое́хать на такси́, поговори́ть о на́шей прогу́лке, сесть вме́сте, спеть ру́сскую пе́сню, посиде́ть)

2. Дава́йте

пла́вать в реке́
загора́ть на берегу́ мо́ря

.

(смотре́ть футбо́л по телеви́зору, пить ко́фе, игра́ть в гольф, слу́шать му́зыку)

3. Пойдём (–те)
  Споём (–те)

, ребя́та!

(отдохну́ть, поговори́ть, пое́хать за́ город, попро́бовать, поигра́ть в ка́рты)

4. Пусть Юра

сде́лает э́то за́втра
придёт сего́дня ве́чером

.

(позвони́ть мне на рабо́ту, прийти́ ко мне домо́й, зако́нчить рабо́ту за́втра, пое́хать на такси́, вы́брать мне руба́шку, купи́ть ей торт)

5. Ско́лько вре́мени (Как до́лго) вы отдыха́ли в Со́чи?

Я отдыха́л там

неде́лю
ме́сяц
всё ле́то

.

(не́сколько дней, пять дней, три ме́сяца, полго́да, зима́)

6. Когда́ вы посмотре́ли э́тот широкоэкра́нный фильм?

Мы посмотре́ли его́

в

про́шлом году́
сентябре́

на

про́шлой неде́ле
кани́кулах

(э́тот год, май, та неде́ля, про́шлый ме́сяц)

7. Когда́ переста́л дождь ?

Дождь переста́л то́лько к $\begin{matrix} \text{ве́черу} \\ \text{утру́} \end{matrix}$.

(у́жин, рассве́т)

8. По каки́м дням вы хо́дите в кино́?

Я хожу́ в кино́ по $\begin{matrix} \text{воскресе́ньям} \\ \text{суббо́там} \end{matrix}$.

(пра́здники, выходны́е дни, вечера́, среда́)

ВОПРОСЫ И ОТВЕТЫ

1. —Уже́ да́ли пе́рвый звоно́к, а Ната́ши ещё нет.

   — Не бу́дем её ждать. Пойдём в зал.

2. — Ва́ня, пусть Алёша позвони́т мне по́сле обе́да. Вы ему́ ска́жете?

   — Хорошо́. Если уви́жу, то скажу́.

3. — Пойдём пешко́м и́ли пое́дем на такси́?

   — Ско́ро начнётся фильм. Мы не успе́ем. Дава́й пое́дем на такси́.

4. — О чём должна́ рассказа́ть э́та но́вая кинозвезда́?

   — Пусть она́ расска́жет, как получи́ла пре́мию на кинофестива́ле.

5. — Когда́ дете́й одева́ют в но́вую оде́жду?

   — По пра́здникам.

6. — Когда́ вы смо́жете зако́нчить э́ту рабо́ту ?

   — Ду́маю, к Но́вому го́ду.

7. — Когда́ вы вернётесь из–за грани́цы?

   — К нача́лу семе́стра.

8. — Вчера́ вы до́лго сиде́ли в пивно́м ба́ре?

   — Нет, то́лько два часа́.

9. — Когда́ вы ви́дели э́того изве́стного режиссёра в аэропорту́?

   — В про́шлую сре́ду. Я попроси́л у него́ авто́граф.

10. — Когда́ вы пришли́ из кино́ вчера́?

    — По́здно, в 10 часо́в 30 мину́т.

11. — Пусть Са́ша ку́пит нам биле́ты на вече́рний сеа́нс.

    — Хорошо́, сейча́с я ему́ позвоню́.

12. — Како́й фильм пока́зывали в клу́бе позавчера́?

    — Нау́чно-фантасти́ческие фи́льмы.

93

1. — Миша, давай пойдём сегодня в кино.

— В кино? А на какой фильм?

— В кинотеатре «Россия» идёт американский боевик.

— Знаешь, на боевик очень трудно достать билеты.

— Ничего. Сходим и посмотрим, может быть, нам повезёт.

— Ну, что ж, попытка не пытка. Пошли.

2. — Пожалуйста, два билета на девятнадцать часов.

— К сожалению, на этот сеанс билетов уже нет. Есть только на 21 час.

— Ну, хорошо. Дайте два на этот сеанс.

— Вам какой ряд?

— Двадцатый, середину, если можно.

— Пожалуйста. Двадцатый ряд. Места пятнадцатое и шестнадцатое.

— Спасибо.

3. — Ребята, в газетах пишут, что сегодня начинается Московский кинофестиваль. Показывают художественные, мультипликационные, научно-популярные ... Вообще, много интересных фильмов. Давайте посмотрим.

— Какие там ещё фильмы? Ведь экзамены уже на носу.

— Ой, Таня, какая ты прилежная. Даже от фильмов отказываешься.

— Если Таня не хочет, пусть она занимается. Не будем ей мешать. Пойдёмте!

— Ну, пошли!

4. — Люба, вчера я посмотрел фильм «Москва слезам не верит».

— Ну, как? Тебе понравился фильм?

— Очень. Я слышал, что фильм получил премию Оскара. Вот и сходил и, конечно, не пожалел. Советую и тебе посмотреть.

— А что ты скажешь об игре актёров?

— Все они играют замечательно. Фильм производит сильное впечатление.

— Будет время, обязательно его посмотрю.

Кино

Лю́бите ли вы кино́? «Коне́чно, люблю́!» — отве́тит ка́ждый. Без кино́ тру́дно предста́вить себе́ жизнь совреме́нного челове́ка. Совреме́нный кинемато́граф учи́тывает интере́сы зри́телей ра́зных возрасто́в. Вы мо́жете посмотре́ть худо́жественные и документа́льные фи́льмы, мульти пликацио́нные и нау́чные. Сего́дня да́же мо́жно не идти́ в кинотеа́тр, а купи́ть DVD-диск и до́ма посмотре́ть люби́мый фильм. Фи́льмы заставля́ют ра́доваться и грусти́ть, вспомина́ть про́шлое и загля́дывать в бу́дущее, узнава́ть но́вое и не забыва́ть о ста́ром.

А зна́ете ли вы, что пе́рвые киносеа́нсы состоя́лись в Росси́и вско́ре по́сле изобрете́ния кинемато́графа в 1895 г., и тогда́ же сня́ли пе́рвые ру́сские документа́льные фи́льмы. В нача́ле 20 ве́ка в са́мых кру́пных города́х страны́ появи́лись кинотеа́тры. Они́ в те го́ды называ́лись «иллюзио́ны», откры́лись оте́чественные предприя́тия по произво́дству кинофи́льмов.

Сего́дня мно́гие с удово́льствием смо́трят многосери́йные телевизио́нные фи́льмы (сериа́лы). В наро́де их называ́ют «мы́льными о́перами».[①] Э́ти фи́льмы обы́чно расска́зывают исто́рию не́скольких семе́й на протяже́нии мно́гих лет. Отку́да появи́лось назва́ние «мы́льная о́пера»? Ока́зывается, в пе́рвых подо́бных сериа́лах была́ рекла́ма мы́ла фи́рмы "Procter & Gambel". А са́мый изве́стный сериа́л (о́коло ты́сячи се́рий) — э́то америка́нский фильм «Са́нта-Ба́рбара».

95

КОММЕНТАРИИ

① В наро́де их называ́ют «мы́льными о́перами». 人们把它称为"肥皂剧"。

НОВЫЕ СЛОВА И СЛОВОСОЧЕТАНИЯ

спеть (完) спою́, споёшь; что 唱
петь (未)
бо́льше (не) 再也不, 不再
　Спаси́бо, ~ не хочу́.
пусть (语) 让, 叫
двор, -а́; -ы́ 院子
кре́пнуть (未) -ну, -нешь 坚固起来; 巩固

окре́пнуть (完)
дру́жба, -ы 友谊
Да здра́вствует! 万岁
мир, -а 世界; 和平
на́бережная, -ые 河岸; 沿岸街
мультфи́льм, -а; -ы 动画片
кинофестива́ль, -я; -и (阳) 电影节
режиссёр, -а; -ы 导演

по (前) (复数三格) 每逢, 每
игра́ть в ка́рты 打扑克
Со́чи 索契
полго́да, полуго́да 半年
широкоэкра́нный, -ая, -ое, -ые 宽银幕的
рассве́т, -а 黎明
кинозвезда́, -звёзды 电影明星
пре́мия, -ии; -ии 奖金

одева́ть (未) -а́ю, -а́ешь; кого во что 给……穿衣服
одéть (完), одéну, одéнешь

из-за грани́цы 从国外(回来)

пивно́й бар 酒吧

авто́граф, -а; -ы 亲笔题名

вечéрний, -яя, -ее, -ие 晚上的

сеáнс, -а; -ы 一场(电影)

научно-фантасти́ческий, -ая, -ое, -ие 科幻的

боеви́к, -á; -й 打斗片

повезти́(完，无人)-везёт; -везло́; кому в чём 走运
везти́ (未)
Ему́ везёт во всём.

Попы́тка не пы́тка. (谚)试试不是受罪。

ряд, -а; -ы́ 排; 系列

середи́на, -ы; -ы 中间

худóжественный, -ая, -ое, -ые 文艺的

мультипликацио́нный, -ая, -ое, -ые 动画的

научно-популя́рный, -ая, -ое, -ые 科普的

ведь 要知道

на носу́ (口)临近

приле́жный, -ая, -ое, -ые 勤奋的

«Москва́ слезáм не вéрит» 电影《莫斯科不相信眼泪》

пожалéть(完)-éю, -éешь; кого-что 后悔，遗憾；о ком-чём 惋惜；珍惜
жалéть (未)

замечáтельно 非常好

производи́ть (未) -ожу́, -óдишь; что 生产；引起，造成
произвести́ (完) -еду́, -едёшь; -вёл, -велá

предстáвить (完) -влю, -вишь; кого-что (себé) 想象
представля́ть (未)

кинематóграф, -а; -ы 电影艺术，电影业

учи́тывать (未) -аю, -аешь; кого-что 考虑，顾及
учéсть (完) учту́, учтёшь; учёл, училá, училó, учли́

интерéс, -а; -ы 兴趣

зри́тель, -я; -и (阳)观众

вóзраст, -а, -ы 年龄

документáльный, -ая, -ое, -ые 根据文件的
~ фильм (文献)纪录片

DVD-диск, -а; -и DVD 光碟

заставля́ть(未)-я́ю, -я́ешь; кого-что инф. 迫使，使
застáвить (完), -влю, -вишь
Извини́те, что ~ил вас до́лго ждать.

рáдоваться (未) -дуюсь, -дуешься;
кому -чему́ (感到)高兴，喜悦
обрáдоваться (完)
~ успéхам, ~ подáркам

грусти́ть (未) -щу́, -сти́шь 忧愁，悲伤

заглядывать (未) -аю, -аешь; куда́ 探察(心情等)

~ в ду́шу, в сéрдце
заглянýть (完) -яну́, -я́нешь

киносеáнс, -а; -ы 一场(电影)

состоя́ться (完) -óится; -оя́тся 进行

вско́ре 很快

изобретéние, -ия; -ия 发明

снять (完) сниму́, сни́мешь; снял, сняла́, сня́ло; кого-что 拍摄下
снимáть (未) -áю, -áешь

иллюзио́н (旧)电影院

отéчественный, -ая, -ое, -ые 祖国的

произвóдство, -а 生产

кинофи́льм, -а; -ы 影片

многосери́йный, -ая, -ое, -ые 多集的

телевизио́нный, -ая, -ое, -ые 电视的

сериáл, -а; -ы 电视连续剧

называ́ть (未) -áю, -áешь; кого-что кем-чем 把……叫做……，称为
назвáть (完), -зову́, -зовёшь

мы́льная óпера 肥皂剧

на протяжéнии чего 在……期间内

окáзывается (插)原来，结果，竟然

подóбный, -ая, -ое, -ые 类似的

реклáма, -ы; -ы 广告

мы́ло, -а 肥皂

сéрия, -ии; -ии 系列；集(指影片)

Сáнта-Бáрбара 圣巴巴拉(美国城市名)

ВНЕАУДИТОРНЫЕ УПРАЖНЕНИЯ И ЗАДАНИЯ
(课外练习与作业)

 1. 把下列句子中括号里的动词变成第一人称命令式。

1) (Спеть) рýсскую пéсню!

2) (Пойти) скорéе, ребя́та! Врéмени остáлось совсéм мáло.

3) Мáша, (вы́йти) на э́той остановке!

4) (Идти) скорéе, а то опоздáем!

5) (Включи́ть) телеви́зор. Сейчáс покáзывают футбóл.

6) (Познакóмиться)! Меня́ зову́т Ви́тя.

7) (Встрéтиться) у вхóда в кинó!

8) (Попроси́ть) у роди́телей новогóдний подáрок.

9) (Посмотрéть) мультфи́льм пóсле у́жина.

10) (Посидéть) здесь и (поговори́ть) о нáшем плáне.

 2. 用第一人称命令式, 将下列句子译成俄语。

1) 暑假咱们去索契休假吧!

2) 咱们为主人的健康干杯吧!

3) 已经11点了, 躺下睡觉吧!

4) 屋里很黑, 开灯吧!

5) 下周咱们去滑雪吧。

6) 咱们去品尝一下地方小吃吧!

7) 咱们去河岸散散步吧!

8) 我们去挑选礼物吧!

9) 明天咱们去"东方明珠"电视塔吧!

10) 星期三我们去步行街吧!

 3. 按示例用下列词组各造两个句子。

> Образéц: игрáть (сыгрáть) в шáхматы
> Давáй (–те) игрáть в шáхматы!
> Давáй (–те) сыгрáем в шáхматы!

1) слу́шать (послу́шать) му́зыку Чайкóвского

2) закáнчивать (закóнчить) нáши заня́тия

3) помогáть (помóчь) э́тим старикáм

4) игрáть (поигрáть) в кáрты

5) éхать (поéхать) на такси́

6) посылáть (послáть) Андрéя на э́ту рабóту

7) угáдывать (угадáть), скóлько ей лет

8) выполнять (вы́полнить) рабóту к вéчеру

9) совершáть (соверши́ть) прогýлку

10) пить (вы́пить) за нáшу дрýжбу

 4. 将下列句子译成俄语。

А. 用带语气词 давáй (-те) 的复数第一人称命令式形式。

1) 我们认识一下吧！我是新来的主任。

2) 多好的天气呀！我们去踢足球吧！

3) 我们来谈谈上哪儿过寒假。

4) 我们来一起学习吧！

5) 为中俄人民的友谊干杯！

6) 我们一起来做饭吧！

7) 我们赶快去车站吧！再过半小时客人就到了。

8) 我们邀请朋友们来做客吧！

9) 大家都累了，我们在这里休息一会儿吧！

10) 我们来帮助他挑选一下丝绸制品吧！

Б. 用第一人称命令式否定形式。

1) 不谈这个了，咱们谈谈明天的考试吧。

2) 咱们不等她了，已经很晚了，她不会来了。

3) 咱们别问他吧，他不是此地人，对这个城市还不太了解。

4) 这么好的天气咱们别在房间里待着，去爬山吧！

5) 钱不够，我们别买这么贵的水果了。

6) 别争论这个了，该睡觉了。

7) 我们别大声喧哗了，别人已经躺下休息了。

8) 我们走吧，别妨碍孩子们写作业了。

9) 我们别看电视了，该复习功课了。

10) 别在这儿照相了，景色不美。

 5. 选用下列动词填空，并将句子译成汉语。

(рассказáть, есть, принимáть, позвони́ть, прийти́, взять, одéть, крéпнуть, показáть, попрóбовать)

1) Пусть Аня ... э́то лекáрство. Онó óчень помогáет.

2) Пусть Олéг ... нам о мéстных обы́чаях в дерéвне.

3) Меня́ сегóдня не бýдет на рабóте, пусть он ... мне домóй.

4) Мя́со несвéжее, пусть дéти не ...

5) Я вернýсь домóй пóздно, пусть Вáня ... чéрез час.

6) Пойдём в гóсти. Пусть мáма ... ребёнка в нóвую одéжду.

7) По рáдио передавáли, что бýдет дождь. Пусть Сáша ... зóнтик.

8) Пусть ... нáша дрýжба.

9) Пусть Ни́на ... нам но́вый фотоаппара́т.

10) Морепроду́кты о́чень све́жие и вку́сные. Пусть они́ ...

 6. 用动词第三人称命令式将下列句子译成俄语。

1) 让卓娅快来，我们等她吃晚饭呢。

2) 请告诉万尼亚，如果他去书店的话，让他给我买几张光碟。

3) 别妨碍叔叔睡觉，让他再睡一会儿，他太累了。

4) 让阿廖沙到我这儿来一趟，我有事找他。

5) 我们的友谊万岁！

 7. 用右面所给的词组回答问题。

1) Когда́ вы е́здили в Пеки́н в командиро́вку?   上个星期

2) Когда́ вы собира́етесь пое́хать в Со́чи?   下个月

3) Когда́ вы принесёте мне фотогра́фии?   星期五

4) Когда́ состоя́лся ве́чер на ру́сском языке́?   上个星期三

5) Когда́ вы получи́ли де́ньги из до́ма?   上个星期六

6) Когда́ вы бы́ли на телеба́шне "Жемчу́жина Восто́ка"?   四月初

7) Когда́ здесь постро́или но́вый мост че́рез ре́ку?   在去年

8) Когда́ вы гуля́ли по у́лице Го́голя?   上个星期一

9) Когда́ вы е́здили за грани́цу?   在假期里

10) Когда́ вы путеше́ствовали по Евро́пе?   两年前

99

 8. 将括号里的词按需要变成适当的形式，需要时加上前置词。

1) Сейча́с я пое́ду к дру́гу в го́сти. Приходи́те (сле́дующая неде́ля).

2) (Про́шлый год) была́ тёплая зима́.

3) (Суббо́та) мы е́здили на рыба́лку, а (сле́дующий день) отдыха́ли.

4) Обы́чно она́ прихо́дит на рабо́ту ра́но, но (э́тот раз) опозда́ла.

5) (Э́та среда́) по телеви́зору бу́дут пока́зывать боеви́к.

6) Дождь переста́л то́лько (у́тро).

7) (Выходны́е дни) де́вушки лю́бят ходи́ть по магази́нам.

8) (Вечера́) мы гуля́ем в саду́ и́ли игра́ем в ша́хматы.

9) Иностра́нные студе́нты е́здят на экску́рсию (ка́ждая среда́).

10) Мы пое́дем за грани́цу изуча́ть ру́сский язы́к (неде́ля).

 9. 选择适当的动词或结构填空。

оде́ (ва́) ться — оде́ (ва́) ть

1) На у́лице хо́лодно. Ма́ма ... ребёнка в пальто́.

2) Стои́т моро́з. На́до ... тепло́.

3) Мой сыно́к ещё не мо́жет сам ...

4) По пра́здникам дете́й ... в но́вые костю́мы.

5) Моя́ тётя всегда́ ... со вку́сом.

изуча́ть — учи́ться — занима́ться — учи́ть

1) — На како́м ку́рсе вы ...?

— На тре́тьем ку́рсе.

2) — Почему́ вы лю́бите ... в библиоте́ке?

— Там о́чень ти́хо.

3) — Почему́ вы реши́ли ... ру́сский язы́к?

— Это са́мый краси́вый и интере́сный язы́к в ми́ре.

4) — Что вы де́лаете в свобо́дное вре́мя?

— ... но́вые слова́, диало́ги и те́ксты.

10. 将括号里的词译成俄语。

1) Посмотри́ э́тот широкоэкра́нный фильм. (你不会后悔的).

2) Пове́рьте нам, мы вы́полним план к (拂晓).

3) (在电影节上) э́та кинозвезда́ не раз получа́ла пре́мии.

4) Он пло́хо повторя́л уро́ки, но (他很走运), получи́л пять.

5) (想像一下), кого́ я уви́дел в аэропорту́?

6) Дава́йте реши́м (一系列的问题).

7) Вы не по́мните, когда́ сня́ли (这些科幻电影)?

8) Экза́мен (临近), у меня́ ма́ло свобо́дного вре́мени.

9) Что́бы не сиде́ть до́ма в тако́й пра́здник, (让我们去旅游吧).

10) Пусть он попро́бует э́то де́лать, ведь (试试不是受罪).

11. 续完下列句子。

1) В середи́не а́вгуста вся на́ша семья́ ...

2) На протяже́нии мно́гих лет ...

3) Е́сли уви́жу ва́шего руководи́теля, то ...

4) Когда́ вы вернётесь из-за грани́цы, ...

5) Я попроси́л у тала́нтливого режиссёра авто́граф, когда́ ...

6) Нам повезло́, что ...

7) Я от фи́льмов не отка́зываюсь, потому́ что ...

8) Фильм произвёл на зри́телей си́льное впечатле́ние, так как ...

9) Тру́дно предста́вить себе́ на́шу жизнь ...

12. 把下列句子译成俄语。

1) 这位导演考虑到了观众的兴趣，拍摄出了人们喜爱的影片。

2) 尼娜喜欢购物，所以这么好的天气她在家是呆不住的。

3) 电视里正在播放"体育与健康"节目。

4) 你看，多暖和的天气呀！咱们去河里游泳吧！

5) 永恒的和平、友谊万岁！

6) 哥哥刚从国外回来，路上很疲劳，让他好好休息吧。

7) 我现在几乎不去电影院，通常在家看看光碟。

8) 现在我明白了什么是真正的友谊。

9) 我后悔昨天没看这部电视连续剧，据说非常好看。

10)《莫斯科不相信眼泪》这部影片曾获得过奥斯卡奖。

 13. 记住下列词或词组。

документа́льный фильм 记录片

приключе́нческий фильм 惊险片

оригина́льный фильм 原版影片

стереокино́ 立体电影

детекти́вный фильм 侦探片

кинокоме́дия 喜剧片

фильм у́жасов 恐怖片

 常 用 熟 语

Де́ло ма́стера бои́тся.

事怕行家。

Друзья́ познаю́тся (узнаю́тся) в беде́.

患难见知已。

ГРАММАТИКА

☞ I. 数量数词1—100的变格
☞ II. 钟点表示法（2）
☞ III. 时间表示法
☞ III. 泛指人称句

ТЕКСТ　*Библиотека*

102 ГРАММАТИКА

听录音请扫二维码

I. 数量数词1—100的变格

1. один的变格

一格	Ско́лько ?	оди́н		одно́	одна́	одни́
二格	Ско́льких ?	одного́			одно́й	одни́х
三格	Ско́льким ?	одному́			одно́й	одни́м
四格	Ско́лько ?	同第一格或第二格	одно́		одну́	同第一格或第二格
五格	Ско́лькими ?	одни́м			одно́й	одни́м
六格	О ско́льких ?	об одно́м			об одно́й	об одни́х

один的性、数、格必须与被说明的名词一致,如:

оди́н студе́нт, у одного́ студе́нта, к одному́ студе́нту, на одного́ студе́нта, с одни́м студе́нтом, об одно́м студе́нте

оди́н的复数形式одни́ 用在下述场合:

1) 与只有复数的名词连用,如:

одни́ часы́	(一块表)
одни́ очки́	(一副眼镜)
одни́ но́жницы	(一把剪刀)
одни́ су́тки	(一昼夜)

2) 表示"一些……""一部分",如:

(1) Ты возьми́ снача́ла **одни́** кни́ги, пото́м други́е.

你先借一部分书,以后再借另一些。

(2) В аудито́рии **одни́** чита́ют, а други́е пи́шут.

教室里一些人在念书,另一些人在写字。

3) 表示"只有……",相当于то́лько的意义,如:

(1) В э́том це́хе (цеху́) рабо́тают **одни́** же́нщины.

这个车间只有女工。

(2) **Одни́** пусты́е слова́ де́лу не помо́гут.

只讲空话无济于事。

2. два (две), три, четы́ре的变格

一格	два две	три	четы́ре
二格	двух	трёх	четырёх
三格	двум	трём	четырём
四格	同第一格或第二格		
五格	двумя́	тремя́	четырьмя́
六格	о двух	о трёх	о четырёх

два (две), три, четы́ре的第四格与非动物名词连用时同第一格,与动物名词连用时,同第二格,如:

(1) По доро́ге я встре́тил **две но́вые маши́ны**.

路上我遇到两台新车。

(2) По доро́ге я встре́тил **двух но́вых студе́нтов**.

路上我遇到了两个新同学。

当这些数词用于第一格或与之相同的第四格时,数词与名词之间的形容词用复数第二格(说明阴性名词时还常用复数第一格,参见本册第7课);用于其它间接格时,名词要用复数,数词的格要与名词一致,如:

два больши́х самолёта, три высо́ких зда́ния, две больши́е (больши́х) ко́мнаты, к трём часа́м, о́коло четырёх часо́в, у двух молоды́х това́рищей, ме́жду двумя́ и четырьмя́ часа́ми, в трёх сре́дних шко́лах

3. пять, два́дцать, три́дцать等的变格

这些数词的变格和名词тетра́дь相同。

一格	пять	во́семь	оди́ннадцать
二格	пяти́	восьми́	оди́ннадцати
三格	пяти́	восьми́	оди́ннадцати
四格	同一格		
五格	пятью́	восьмью́	оди́ннадцатью
六格	о пяти́	о восьми́	об оди́ннадцати

从пять到де́сять以及два́дцать, три́дцать等数词，第二、三、五、六格的重音都在词尾；

从оди́ннадцать到девятна́дцать的数词变格时，重音不变；

从пять到два́дцать以及три́дцать等数词的第一、四格永远相同，如：

(1) Я ви́дел пять домо́в.

我看到了五栋房子。

(2) Я ви́дел пять пионе́ров.

我看到了五个少先队员。

当这些数词用于第一、四格时，名词、形容词用复数第二格；用于其它各格时，数词的格要与名词一致，如：

у пяти́ това́рищей, к восьми́ часа́м,

с десятью́ ста́рыми друзья́ми,

на двадцати́ больши́х заво́дах

4. со́рок, девяно́сто, сто的变格

这三个数词变格时，除第一、四格外，其它各格词尾都是-a。

一格	со́рок	девяно́сто	сто
二格	сорока́	девяно́ста	ста
三格	сорока́	девяно́ста	ста
四格	同一格		
五格	сорока́	девяно́ста	ста
六格	о сорока́	о девяно́ста	о ста

5. пятьдеся́т — во́семьдесят的变格

复合数词пятьдеся́т至во́семьдесят变格时,前后两部分都要变,重音移至第一部分的末尾。

一格	пятьдеся́т	шестьдеся́т	се́мьдесят	во́семьдесят
二格	пяти́десяти	шести́десяти	семи́десяти	восьми́десяти
三格	пяти́десяти	шести́десяти	семи́десяти	восьми́десяти
四格	同一格			
五格	пятью́десятью	шестью́десятью	семью́десятью	восемью́десятью
六格	о пяти́десяти	о шести́десяти	о семи́десяти	о восьми́десяти

6. два́дцать оди́н — девяно́сто де́вять的变格

这些合成数词变格时,各组成部分都要变,它们与名词、形容词连用的规则,以最后一个数词为准。

1) 如果最后的数词为оди́н,与оди́н单独使用时的规则相同,如:

у двадцати́ **одного́ студе́нта,**

че́рез два́дцать **оди́н день,**

с двадцатью́ **одно́й рабо́тницей,**

в двадцати́ **одно́м до́ме**

第四格时只变оди́н一个词,如:

Я ви́дел два́дцать **одного́ студе́нта / одну́ студе́нтку** .

2) 如果最后一个数词是два, три或четы́ре,那么即使和动物名词连用,第四格也与第一格相同,如:

Я ви́дел два́дцать **два (три, четы́ре) студе́нта / две (три, четы́ре) студе́нтки** .

 注意:

① 在口语中合成数词的变格有简化的趋势,常常只末尾一个组成词变格,如:в два́дцать трёх киломе́трах

② ско́лько与动物名词连用时,第四格同第一格,如:Ско́лько челове́к он вы́лечил!他医治好了多少人呀!

③ не́сколько, немно́го与动物名词连用时第四格可同第二格或第一格,试比较:

Я ви́дел не́скольких дете́й. — Я ви́дел не́сколько дете́й.

II. 钟点表示法(2)

	Кото́рый час? (Ско́лько вре́мени?)	В кото́ром часу́? (Во ско́лько?)
几 点	Час. 一点钟。 Второ́й час. 一点多钟。	В час. 在一点钟。 Во второ́м часу́. 在一点多钟。
几点半	Полови́на восьмо́го. 七点半。	В полови́не восьмо́го. 在七点半。
几点几刻	Че́тверть пя́того. 四点一刻。	(В) че́тверть пя́того. 在四点一刻。
几点几分	Три часа́ де́сять мину́т. 三点十分。 Де́сять мину́т четвёртого. 三点十分。	В три часа́ де́сять мину́т. 在三点十分。 (В) де́сять мину́т четвёртого. 在三点十分。
差 几 分 几 点	Без пяти́ два. 差五分两点。 Без че́тверти четы́ре. 差一刻四点。	

1) пе́рвый час 指十二点到一点之间, второ́й час 指一点到两点之间, 以此类推, 如:

    (1) Сейча́с пе́рвый час.

       现在是十二点多钟(不到一点)。

    (2) Докла́д ко́нчился во второ́м часу́.

       报告是在一点多(两点以前)结束的。

2) 词组 (в) де́сять мину́т четвёртого, (в) че́тверть пя́того 中的前置词在口语中经常省略不用, 如:

    (1) Она́ пошла́ на по́чту два́дцать мину́т девя́того.

       她八点二十去邮局了。

    (2) По́езд отхо́дит пятна́дцать мину́т восьмо́го.

       火车七点一刻开。

III. 时间表示法

前置词 за, на 表示的期限意义

1. 前置词 на 加名词第四格表示某个动作、行为的结果所持续的时间, 回答 На како́е вре́мя? На како́й срок? 的问题。例如:

    1) Па́па уезжа́ет в Шанха́й на неде́лю.

       爸爸要去上海一周。

    2) Я возьму́ э́ту кни́гу на ме́сяц, мо́жно?

       这本书我借一个月, 可以吗?

    3) Внима́ние! По́езд остано́вится то́лько на пять мину́т.

       请注意, 火车只停留5分钟。

2. 前置词 за 加名词第四格表示在某段时间内完成某个动作、行为, 回答 За ско́лько вре́мени? За како́й срок? За како́е вре́мя? 的问题。例如:

    1) За ме́сяц брат научи́лся рабо́тать на компью́тере.

       哥哥用一个月时间学会了用电脑。

2) Это здáние пострóили за год.

这座大楼用一年的时间就建成了。

3) Я прочитáл эти ромáны за всё лéто.

用一个夏天我读完了这些小说。

IV. 泛指人称句

行为主体泛指任何人的单部句,叫做泛指人称句。

这类句子的谓语通常用动词单数第二人称形式或第二人称命令式单数形式表示,例如:

1) Ничегó не подéлаешь.

毫无办法。

2) Такýю трýдную рабóту не вы́полнишь.

这样艰难的工作完成不了。

3) В такóм слýчае ничегó не скáжешь.

在这种情况下无话可说。

4) В двух словáх об этом не расскáжешь.

三言两语讲不清楚。

泛指人称句常用于谚语中,例如:

1) Век живи́, век учи́сь.

活到老,学到老。

2) Не бóйся оши́бок — на оши́бках ýчатся.

别怕犯错误,要在错误中学习。

3) Здорóвье не кýпишь.

千金难买身体好。

РЕЧЕВЫЕ ОБРАЗЦЫ

1. Тогдá вы рабóтали вмéсте?

Да, мы рабóтали　в однóм институ́те

на однóм завóде

(оди́н университéт, однá больни́ца, однó предприя́тие, однá шкóла, оди́н óфис)

2. Не знáю, почемý здесь нет ни　одногó свобóдного мéста

однóй ли́шней бумáжки

(однá ли́шняя рýчка, оди́н свобóдный нóмер, оди́н нóвый стол, однá свéжая газéта)

3. Где нахóдится городскáя библиотéка?

Онá нахóдится в　двух шагáх

пяти́ киломéтрах　от нáшего дóма.

(1, 3, 4, 6, 7, 8, 9,10)

4. Когда́ (Как) рабо́тает э́тот ры́нок?

с утра́ до ве́чера

Он рабо́тает   с девяти́ утра́ до семи́ ве́чера   .

с восьми́ утра́ до шести́ ве́чера

(7:00—22:00, 8:00—17:00, 9:00—19:00, 6:00—20:00)

5. Когда́ (К како́му вре́мени) (В како́е вре́мя) вы бу́дете до́ма?

ча́су

трём

Я бу́ду до́ма к   .

шести́

полови́не седьмо́го

(2:00, 4:00, 5:00, 7:00, 8:00, 9:00, 10:00, 11:00, 12:00)

6. Ско́лько вре́мени сейча́с?

Сейча́с

7:05	семь часо́в пять мину́т	пять мину́т восьмо́го
9:30	де́вять часо́в три́дцать мину́т	полови́на деся́того
1:50	час пятьдеся́т	без десяти́ два
1:45	час со́рок пять	без че́тверти два (без пятна́дцати два)

(100 , 1 : 13 , 1 : 22 , 17 : 30 , 4 : 34 , 5 : 36 , 6 : 45 , 7 : 30)

7. В кото́ром часу́ вы придёте ко мне?

(в) де́сять мину́т оди́ннадцатого (10 : 10)

два́дцать мину́т пе́рвого   (12 : 20)

Я приду́ к вам   в полови́не второ́го   (1 : 30)

шесто́го   (5 : 30)

без двадцати́ шесть   (5 : 40)

десяти́ во́семь   (7 : 50)

(8 : 10 , 9 : 20 , 11 : 25 , 2 : 30 , 3 : 30 , 4 : 35 , 6 : 40)

како́е вре́мя

8. На   како́й срок   вы пое́дете за грани́цу?

ско́лько дней

ме́сяц

Я пое́ду туда́ на   ле́то   .

де́сять дней

(не́сколько дней, три ме́сяца, зима́, неде́ля, два го́да)

како́е вре́мя

9. За   како́й срок   вы прочита́ли рома́н «Воскресе́ние» на ру́сском языке́?

ско́лько вре́мени

два ме́сяца

Я прочита́л его́ за   кани́кулы   .

две неде́ли

(четы́ре дня, пятна́дцать дней, полме́сяца, неде́ля, три неде́ли, не́сколько неде́ль)

1. — Все ребя́та бы́ли на ве́чере на ру́сском языке́?

   — Да, почти́ все, кро́ме одного́ первоку́рсника.

2. — У всех тури́стов есть путеводи́тель?

   — Нет, то́лько у четырёх есть.

3. — Когда́ рабо́тает на́ша библиоте́ка?

   — Она́ рабо́тает с восьми́ утра́ до десяти́ ве́чера.

4. — Ма́ма, когда́ ты вернёшься домо́й сего́дня?

   — То́лько к семи́. К у́жину меня́ не жди.

5. — Как тепло́ в э́тих двух ко́мнатах!

   — Да. Все о́кна выхо́дят на со́лнечную сто́рону.

6. — Кто занима́ется в э́тих десяти́ све́тлых аудито́риях?

   — Здесь занима́ются студе́нты институ́та ру́сского языка́.

7. — На ско́лько дней выдаю́т кни́ги в на́шей библиоте́ке?

   — Кни́ги — на ме́сяц, а журна́лы — то́лько на неде́лю.

8. — Как хорошо́ вы вы́глядите!

   — Был на мо́ре ме́сяц. За э́то вре́мя хорошо́ отдохну́л.

9. — Где нахо́дится Со́лнечный о́стров, далеко́ отсю́да?

   — Нет, он нахо́дится в двадцати́ киломе́трах отсю́да.

10. — Мо́жно разбуди́ть Алексе́я?

    — Не на́до. Он о́чень уста́л. Пусть поспи́т хотя́ бы не́сколько мину́т.

11. — Когда́ вернётся дире́ктор?

    — Он сказа́л, что вы́шел на пятна́дцать мину́т. Посиди́те, подожди́те.

12. — Ско́лько страни́ц кни́ги ты прочита́л за три часа́?

    — Около ста страни́ц. Кни́га о́чень интере́сная. Ника́к не могу́ оторва́ться.

13. — Мо́жешь дать мне ру́сско-кита́йский слова́рь на два дня? Мне ну́жно перевести́ статью́.

    — Возьми́, пожа́луйста.

14. — Са́ша, не расска́жешь нам о горе́ Хуанша́нь?

    — В двух слова́х не расска́жешь о её красоте́.

ДИАЛОГИ

1. — Могу́ ли я записа́ться в библиоте́ку?

— Пожа́луйста. Ваш студе́нческий биле́т? Запо́лните, пожа́луйста, анке́ту.

— Вот анке́та.

— Хорошо́. Подожди́те. Возьми́те чита́тельский биле́т.

— Спаси́бо. Скажи́те, пожа́луйста, по каки́м дням рабо́тает библиоте́ка?

— Она́ рабо́тает ежедне́вно с утра́ до ве́чера, без выходны́х.

2. — Меня́ интересу́ет кита́йская литерату́ра и жи́вопись. В како́м за́ле я могу́ рабо́тать?

— Иди́те в зал обще́ственных нау́к. Он нахо́дится о́коло ле́стницы.

— В на́шей библиоте́ке кни́ги мо́жно брать на́ дом?

— Разуме́ется.

— На како́й срок?

— На ме́сяц.

3. — До́брый день, Лю́ба! Куда́ ты идёшь?

— В библиоте́ку.

— Взять кни́ги и́ли сдать?

— Нет, про́сто иду́ позанима́ться.

— Ты всегда́ там занима́ешься?

— Да, мне нра́вится занима́ться в чита́льном за́ле: там ти́хо и ую́тно.

— Ты права́. Библиоте́ка — и мой люби́мый уголо́к.

Библиоте́ка

В ка́ждом го́роде, в ка́ждом уче́бном заведе́нии есть библиоте́ка. Тру́дно предста́вить себе́ шко́лу и институ́т без библиоте́ки. Мы не сомнева́емся в её необходи́мости.

Есть о́чень изве́стные библиоте́ки и ме́нее изве́стные. Но мы хоти́м рассказа́ть вам о совреме́нных библиоте́ках. Нет, э́то не библиоте́ки, в кото́рых на по́мощь сотру́дникам и посети́телям прихо́дят компью́теры, э́то не библиоте́ки, кото́рые нахо́дятся в совреме́нных специализи́рованных зда́ниях.[①] Э́то on-line-библиоте́ки. On-line-библиоте́ки — э́то но́вое поколе́ние библиоте́к. В чём досто́инство э́тих библиоте́к? Сего́дня появля́ется мно́го жела́ющих по́льзоваться услу́гами on-line-библиоте́ки. Для посети́телей да́нных библиоте́к предлага́ются разнообра́зные кни́ги: фанта́стика, детекти́вы, приключе́ния, кла́ссика, деловы́е кни́ги и т. д. Разнообра́зные услу́ги предлага́ются студе́нтам: бога́тая колле́кция рефера́тов, образова́тельные са́йты.

А éсли вы хоти́те, что́бы ва́ши произведе́ния опубликова́ли, вам ну́жно про́сто обрати́ться к администра́тору.

И ещё одно́ ва́жное досто́инство on-line-библиоте́к. Что́бы воспо́льзоваться услу́гами тако́й библиоте́ки, вам не на́до выходи́ть из до́ма. Про́сто включи́те компью́тер и чита́йте, ско́лько вам уго́дно.

Каку́ю библиоте́ку предпоче́сть: привы́чную и́ли но́вую, on-line, — ка́ждый выбира́ет сам. Ведь у библиоте́к одна́ цель: сохрани́ть му́дрость челове́ческую.

КОММЕНТАРИИ

Нет, э́то не библиоте́ки, в кото́рых на по́мощь сотру́дникам и посети́телям прихо́дят компью́теры, э́то не библиоте́ки, кото́рые нахо́дятся в совреме́нных специализи́рованных зда́ниях. 不，这不是有电脑帮助工作人员和读者的图书馆，也不是在专业的现代化大楼里的图书馆。

НОВЫЕ СЛОВА И СЛОВОСОЧЕТАНИЯ

но́жницы, -ниц (复)剪刀

су́тки, -ток (复)昼夜

цех, -а; -и 车间

пионе́р, -а; -ы 少先队员

рабо́тница, -ы; -ы 女工作人员

киломе́тр, -а; -ы 公里

вы́лечить (完)-чу, -чишь; кого́-
что 治好
~ больно́го, ~ ка́шель
лечи́ть (未)

че́тверть, -и (阴)四分之一，一刻
钟

уезжа́ть (未) -а́ю, -а́ешь (乘车、
船等)离开,去
уе́хать (完)

ле́то, -а; -а 夏天

Ничего́ не поде́лаешь. 毫无办
法。

слу́чай, -я; -и 情况

бума́жка, -и 纸

шаг, -а; -и́ 步,脚步
сде́лать два ша́га

полови́на, -ы; -ы 一半

рома́н «Воскресе́ние» 小说《复
活》

первоку́рсник, -а; -и 一年级学
生

путеводи́тель, -я; -и (阳)旅行手
册

со́лнечный, -ая, -ое, -ые (有)阳
光的

выдава́ть(未)-даю́, -даёшь; что
发给,付给
~ зарпла́ту, ~ уче́бники
вы́дать (完)

хотя́ бы 哪怕是
Приведи́те приме́ры, хотя́
бы оди́н. 请举例子，哪怕一个
呢。

страни́ца, -ы; -ы 页

оторва́ться (完) -ву́сь,

-вёшься; -а́лся, -ала́сь, -али́сь,
от кого́-чего́ 中断,不再做
Я не могу́ ~ от э́того де́ла.
отрыва́ться (未)

ру́сско-кита́йский, -ая, -ое,
-ие 俄汉的

гора́ Хуаншáнь 黄山

записа́ться (完) -ишу́сь,
-и́шешься 报名,注册；挂号
~ в хор, ~ в библиоте́ку
~ к зубно́му врачу́
запи́сываться (未)

чита́тельский, -ая, -ое, -ие 读者
的

ежедне́вно 每天

литерату́ра, -ы 文学

жи́вопись, -и; -и (阴)绘画

обще́ственный, -ая, -ое, -ые 社
会的

ле́стница, -ы; -ы 楼梯

разуме́ется (插) 当然, 不言而喻

сдать (完) сдам, сдашь, сдаст, сдади́м, сдади́те, сдаду́т; сдал, сдала́, сдало, сда́ли; кого́ -что 交付, 交给; 通过考试
Сего́дня Ко́стя не сдал дома́шнюю рабо́ту.
сдава́ть (未)

позанима́ться (完) -а́юсь, -а́ешься 学习一会儿

чита́льный зал 阅览室

ую́тно 舒适

уголо́к, -лка; -лки 角落

сомнева́ться, (未) -а́юсь, -а́ешься; в ком-чём 怀疑
Я ~юсь в успе́хе э́того де́ла.

необходи́мость, -и (阴) 必要性, 需要

ме́нее 不那么
Этот вопро́с ~ ва́жный.

сотру́дник, -а; -и 工作人员, 职员

специализи́рованный, -ая, -ое, -ые 专业的, 专业化的

on-line-библиоте́ка, -и; -и 在线图书馆

поколе́ние, -ия; -ия 代, 辈; 一代人

досто́инство, -а; -а 优点

жела́ющий, -ие 愿意的人

по́льзоваться (未) -зуюсь, -зуешься; 使用, 利用
~ услу́гами 享受服务
воспо́льзоваться (完)

услу́га, -и; -и 服务, 效劳
предложи́ть свои́ услу́ги,
к ва́шим услу́гам

да́нный, -ая, -ое, -ые 这个, 该

предлага́ться (未) -а́ется, -а́ются 被提供, 供选择

фанта́стика, -и 幻想作品

детекти́в, -а; -ы 侦探小说、电影

приключе́ние, -ия; -ия 惊险故事

кла́ссика, -и; -и 古典作品; 经典作品

рефера́т, -а; -ы（书、文章的)摘要, 简介

образова́тельный, -ая, -ое, -ые 教育的

сайт, -а; -ы 网页

произведе́ние, -ия; -ия 作品

опубликова́ть (完) -ку́ю, -ку́ешь; что 发表, 刊登
публикова́ть (未)
~ нау́чную статью́ в журна́ле
~ объявле́ние в газе́те

администра́тор, -а; -ы 行政管理人员

уго́дно кому́-чему́（用作谓语) 乐意, 需要
Приходи́те ко мне, когда́ вам ~ .

предпоче́сть (完) -чту́, -чтёшь; -чёл, -чла́; что де́лать 更喜欢
~ жить на ю́ге
~ занима́ться в библиоте́ке
предпочита́ть (未) -а́ю, -а́ешь

привы́чный, -ая, -ое, -ые 习惯的

сохрани́ть (完) -ню́, -ни́шь; что 保存; 保留
~ фотогра́фии; ~ здоро́вье
сохраня́ть (未) -я́ю, -я́ешь

му́дрость, -и; -и (阴) 智慧

челове́ческий, -ая, -ое, -ие 人类的

ВНЕАУДИТОРНЫЕ УПРАЖНЕНИЯ И ЗАДАНИЯ
(课外练习与作业)

 1. 把один变成适当的形式填入括号中。

1) Я никого́ не ви́дел, кро́ме (　) мужчи́ны.

2) Я ничего́ не нашла́, кро́ме (　) пусто́й су́мки.

3) Ну пое́хали. Се́меро (　) не ждут.

4) Ди́ма в (　) руба́шке вы́шел на у́лицу.

5) Ми́ша съел (　) большо́й арбу́з.

6) Оле́г пошёл гуля́ть с (　) де́вушкой.

7) Са́ша подошёл к (　) челове́ку, что-то ему́ сказа́л и ушёл.

8) У меня́ нет ни (　) ли́шнего биле́та.

9) Пятна́дцать лет наза́д мы вме́сте рабо́тали на (   ) большо́м предприя́тии.

10) Бы́ло уже́ 12 часо́в но́чи, на у́лице не́ бы́ло ни (   ) челове́ка.

 2. 把два变成适当的形式填入括号中。

1) В (   ) слова́х не расска́жешь. Бу́дет вре́мя, я тебе́ подро́бно расскажу́.

2) За (   ) часа́ мы подняли́сь на верши́ну горы́.

3) — Не ска́жете, ско́лько вре́мени?

  — Без (   ) во́семь.

4) Суперма́ркет нахо́дится в (   ) шага́х от на́шего университе́та.

5) Вчера́ я позвони́ла (   ) друзья́м, что́бы они́ встре́тили меня́ в понеде́льник.

6) Мне ну́жно купи́ть (   ) ю́бки, одну́ сестре́, другу́ю ма́ме.

7) По доро́ге домо́й я встре́тил (   ) мои́х знако́мых.

8) По воскресе́ньям я ча́сто хожу́ к (   ) мои́м друзья́м в го́сти.

9) Мы позвони́ли (   ) но́вым студе́нтам, что́бы они́ пришли́ на собра́ние.

10) Я познако́мился с (   ) ру́сскими де́вушками, когда́ е́хал за грани́цу.

 3. 读句子,将括号里的数字和词、词组变成适当的形式。

1) Когда́ вы пойдёте в кни́жный магази́н, купи́те мне (2, ру́сско-кита́йский слова́рь).

2) Е́сли мо́жно, закажи́те мне (2, биле́т) на конце́рт.

3) Вчера́ мы уви́дели (3, иностра́нный гость) в аэропорту́.

4) На берегу́ мо́ря мы встре́тились с (4, знако́мый).

5) Э́тот о́стров нахо́дится в (27, киломе́тр) от на́шего го́рода.

6) Скажи́те дежу́рной по этажу́, что у нас в но́мере не хвата́ет (1, полоте́нце).

7) Мы с (3, де́вочка) ходи́ли в ботани́ческий сад.

8) Ребя́та, мы должны́ верну́ться в общежи́тие к (22, час).

9) Вчера́ в аэропорту́ мы встре́тили (21, япо́нский тури́ст).

10) Мы помогли́ (10, де́ти) подня́ться на верши́ну горы́.

 4. 用所学的数词回答问题。

1) Ско́лько студе́нтов у́чится на пе́рвом ку́рсе?

2) Мно́го произведе́ний Пу́шкина вы прочита́ли?

3) Все сда́ли дома́шнюю рабо́ту? (使用не хвата́ть)

4) Когда́ мы должны́ верну́ться домо́й? (使用前置词 к)

5) Ма́ша, ско́лько вре́мени? Мои́ часы́ стоя́т. (使用前置词 без)

6) Когда́ здесь со́лнце сади́тся? (使用前置词 о́коло)

7) Все собира́ются пойти́ в чита́льный зал? (使用не́сколько一词)

8) Мно́го ру́сских посло́виц вы запо́мнили за полго́да?

9) Мно́го ю́ношей в ва́шей гру́ппе?

10) Почему́ вы не купи́ли ру́сско-кита́йский слова́рь? (使用не хвата́ть)

5. 完成对话。

1) —В како́е вре́мя го́да здесь осо́бенно краси́во?

—Здесь кру́глый год краси́во, но ...

2) —Далеко́ нахо́дится вокза́л от на́шей гости́ницы?

—Нет, о́чень бли́зко, в ...

3) —Когда́ и где ты роди́лся?

— ...

4) —На ско́лько дней вы уе́дете в о́тпуск?

— ...

5) — За ско́лько вре́мени Са́ша прочита́л э́тот детекти́в?

— Наве́рное, ...

6) — Скажи́те, пожа́луйста, когда́ отправля́ется по́езд Пеки́н — Харби́н?

—Че́рез ...

7) — Зна́ешь, за ско́лько мину́т я добра́лся до верши́ны?

— За ско́лько? Неуже́ли за ...

8) — На како́е вре́мя вы пое́дете в Росси́ю?

— На ...

9) — За ско́лько неде́ль Анна прочита́ла рома́н «Воскресе́ние»?

— То́чно не зна́ю. Наве́рное, за ...

6. 用适当的前置词填空,并把句子译成汉语。

1) (   ) экску́рсии не забыва́йте свои́ ве́щи в авто́бусе.

2) (   ) нача́ла фи́льма оста́лось три́дцать мину́т, мы успе́ем сходи́ть в суперма́ркет.

3) (   ) три часа́ до на́шего отъе́зда мы получи́ли e-mail от бра́та. Он сказа́л, что уже́ всё пригото́-
вил для нас.

4) Че́рез пять мину́т (   ) на́шего прие́зда гид рассказа́л, что ну́жно взять с собо́й за́втра на
экску́рсию в го́ры.

5) Ра́зве мы смо́жем осмотре́ть все интере́сные места́ (   ) три дня?

6) (   ) оди́ннадцати часо́в у вас бу́дет свобо́дное вре́мя, вы мо́жете походи́ть по магази́нам.

7) Обы́чно у нас в го́роде осо́бенно мно́го тури́стов (   ) ию́ня (   ) октября́.

8) Э́то лека́рство ну́жно принима́ть три ра́за (   ) день.

9) Брат сказа́л, что он вам позвони́т (   ) не́сколько мину́т.

10) (   ) у́жина все пошли́ гуля́ть.

7. 说出下列各句的主要成份的表示方法。将句子译成汉语。

1) Куй желе́зо, пока́ горячо́.

2) Э́то це́лая исто́рия. В двух слова́х не расска́жешь.

3) Снача́ла поду́май, пото́м говори́.

4) Дру́га ищи́, а найдёшь — береги́.

5) Таку́ю большу́ю статью́ за сего́дня не переведёшь.

6) Ти́ше е́дешь, да́льше бу́дешь.

7) На тако́й тру́дный вопро́с не отве́тишь.

8) Не найдёшь тако́го хоро́шего това́рища.

9) Дру́жбу не ку́пишь.

10) Век живи́, век учи́сь.

 8. 续完下列句子。

1) Когда́ путеше́ствуешь по Росси́и, ...

2) Когда́ уви́дишь моего́ учи́теля ру́сского языка́, ...

3) Ничего́ не поде́лаешь, ...

4) Когда́ занима́ешься в библиоте́ке, ...

5) Когда́ нахо́дишься в но́вом го́роде, ...

6) Здоро́вье не ку́пишь, ...

7) В двух слова́х не расска́жешь ...

8) Когда́ гуля́ешь по пешехо́дной у́лице, ...

9) Лю́бишь ходи́ть на лы́жах, ...

10) Когда́ осма́триваешь достопримеча́тельности Пеки́на, ...

 9. 翻译词组。

一昼夜，一把剪刀，治好五个病人，向前走两步，发给我们几本旅行手册，挂号看牙医，通过考试，为游客提供服务，为您服务，在报纸上发表文章，送朋友去参加晚会，上楼梯

10. 翻译下列句子。

115

1) 现在我们的生活没有电脑是无法想象的。

2) 我们公司通常在月末给工作人员发工资。

3) 我把阅览证丢了，现在又急着借书，怎么办呢？

4) 在线图书馆的优点是可以为读者提供各种各样的书籍：幻想作品、侦探小说、惊险故事、古典作品等等。

5) 朋友昨天在电话里说，他的作品在杂志上发表了。

6) 你可以打开电脑，乐意看什么就看什么，想看多久就多久。

7) 这是我的手机号码，需要时就打电话，随时愿为您服务。

8) 遗憾的是，这个图书馆借书的期限只有一个月。

9) 令我感兴趣的是俄罗斯文学、艺术和绘画，所以我每天都在这里读书。

10) 我从来没去过黄山，但是，在电视里看到那里的景色特别的美。

 11. 回答下列问题, 然后讲一讲"Ваша любимая бибиотека".

1) Где нахо́дится городска́я библиоте́ка?

2) Когда́ открыва́ется библиоте́ка?

3) Когда́ закрыва́ется библиоте́ка?

4) На ско́лько вре́мени вы мо́жете взять кни́ги из библиоте́ки?

5) Что де́лать, е́сли вы потеря́ли чита́тельский биле́т?

6) Каки́е кни́ги и журна́лы есть в э́той библиоте́ке?

7) Какие произведения вы читаете?

8) Чьи произведения вы читали на русском языке?

9) Что вас интересует в библиотеке?

10) Почему вы любите заниматься в библиотеке?

 12. 记住下列词和词组。

Российская Государственная библиотека 俄罗斯国家图书馆

книжный фонд библиотеки 图书馆的藏书量

энциклопедия 百科全书

электронная база данных 电子数据库

докторская диссертация 博士论文

курсовая работа 学年论文

монография 专著

рукопись 手稿

дипломная работа 本科毕业论文

 常 用 熟 语

Любишь кататься, люби и саночки возить.

喜欢坐雪橇,就得喜欢拉雪橇;要想玩得舒服,就得出点儿力气。

Без труда не вынешь и рыбку из пруда.

不出力气,池塘里的小鱼也捞不上来;不劳不获。

УРОК 10

ГРАММАТИКА

☞ I. 名词、形容词、代词单数第五格

☞ II. 人称代词第五格

☞ III. 第五格的用法

ТЕКСТ *Больница*

ГРАММАТИКА

I. 名词、形容词、代词单数第五格

听录音请扫二维码

1. 名词单数第五格

格\性	第一格		第五格	
	кто что		кем чем	词尾
阳性、中性	тури́ст па́мятник письмо́		тури́стом па́мятником письмо́м	—ом

格\性	第一格		第五格	
	кто что		кем чем	词尾
阳性 中性	геро́й санато́рий води́тель дождь по́ле зда́ние		геро́ем санато́рием води́телем дождём по́лем зда́нием	-ем 带重音时为 -ём
阴性	газе́та де́вушка		газе́той де́вушкой	-ой
	ба́шня земля́ семья́		ба́шней землёй семьёй	-ей 带重音时为 -ёй
	крова́ть		крова́тью	-ю

 注意1：

词身以 -ж，-ш，-ч，-ц，-щ(不带-ь)结尾的名词，单数第五格词尾带重音时为 -ом(阳、中性)或-ой(阴性)；
单数第五格词尾不带重音时为 -ем(阳、中性)，-ей(阴性)，例如：

эта́ж — этажо́м	това́рищ — това́рищем
каранда́ш — карандашо́м	иностра́нец — иностра́нцем
врач — врачо́м	ме́сяц — ме́сяцем
оте́ц — отцо́м	у́лица — у́лицей
свеча́ — свечо́й	зада́ча — зада́чей

 注意2：

下列名词单数第五格形式是：

мать — ма́терью и́мя — и́менем вре́мя — вре́менем

2. 形容词和代词单数第五格

1) 形容词单数第五格

第一格	第五格			
	阳性、中性	词尾	阴性	词尾
но́вый, -ая, -ое молодо́й, -а́я, -о́е	но́вым молоды́м	-ым	но́вой молодо́й	-ой
вели́кий, -ая, -ое большо́й, -а́я, -о́е	вели́ким больши́м		вели́кой большо́й	
хоро́ший, -ая, -ее сего́дняшний, -яя, -ее	хоро́шим сего́дняшним	-им	хоро́шей сего́дняшней	-ей

2) 物主代词мой, твой, наш, ваш, 指示代词 этот, тот 和限定代词весь的单数第五格

第一格	第五格			
	阳性、中性	词尾	阴性	词尾
мой твой наш ваш	мои́м твои́м на́шим ва́шим	-им	мое́й твое́й на́шей ва́шей	-ей
э́тот тот весь	э́тим тем всем	-ем	э́той той всей	-ой -ей

Ⅱ. 人称代词第五格

第一格	я	ты	он оно́	она́	мы	вы	они́
第五格	мной	тобо́й	им	ей	на́ми	ва́ми	и́ми

注意1：

某些前置词与мной连用时加о, 例如：

со мной, пе́редо мной, надо мно́й

注意2：

им, ей, и́ми与某些前置词连用时, 加н, 例如：

с ним, с ней, с ни́ми, за ним, за ни́ми

Ⅲ. 第五格的用法

1. 句中行为的工具用名词第五格, 回答чем的问题, 例如：

① Иностра́нцы едя́т ви́лкой и ло́жкой.

外国人用叉子、勺子吃饭。

② Дыши́те но́сом, а не ртом.

要用鼻子呼吸, 不要用口呼吸。

③ Мы умыва́емся тёплой водо́й.

我们用温水洗脸。

2. 有些动词要求第五格补语, 例如：занима́ться(从事、学习), любова́ться(欣赏), интересова́ться(对……有兴趣)

① Все мы интересу́емся му́зыкой.

我们都对音乐感兴趣。

② Молодёжь лю́бит занима́ться спо́ртом.

青年喜欢从事体育活动。

③ Мы любу́емся красото́й приро́ды.

我们欣赏大自然美景。

3. 一些前置词要求第五格,例如:

с (кем-чем) 和……在一起,与……

за (кем-чем) 位于……后面;取、买、拿;请……,叫……

① Я провёл воскресе́нье со свои́м дру́гом.

我和朋友一起度过了星期天。

② Ива́н Ива́нович прие́хал с сы́ном.

伊万·伊万诺维奇带着儿子来了。

③ Ру́сские пьют чай с са́харом.

俄国人喝茶放糖。

④ Са́ша сиди́т за мной.

萨沙坐在我后面。

⑤ Зоопа́рк нахо́дится за го́родом.

动物园位于城郊。

⑥ Я иду́ за водо́й.

我去打水。

⑦ Иди́те за врачо́м, Ви́ктору пло́хо.

您去请医生来,维克多感觉不好。

 注意1:

前置词с与某些以辅音连缀开头的词连用时为со,例如:

со студе́нтом, со звонко́м.

со свои́м отцо́м, со ста́ростой

 注意2:

| мы с дру́гом | 指我(或我们)和朋友 | мы с тобо́й | 指我(或我们)和你 |
| они́ с сестро́й | 指他(他们)和妹妹一起 | вы с ги́дом | 指您(或你们)和导游一起 |

 注意3:

前置词с与某些名词的第五格连用,构成词组,表示"怀着……心情",在句中作状语,说明动词,例如:

с трудо́м   с увлече́нием

с удово́льствием   с интере́сом

① Мы с интере́сом слу́шаем его́ расска́з.

我们很感兴趣地在听他讲述。

② Они́ с трудо́м шли по у́лице.

他们吃力地在路上走着。

4. быть在表示"是"的意思时,与它(不定式、过去时和将来时形式)连用的名词,一般用第五格,例如:

① Ни́на Петро́вна была́ хоро́шей медсестро́й.

尼娜·彼得罗夫娜曾是一名好护士。

② Ра́ньше мой друг был перево́дчиком в э́той компа́нии.

从前我的朋友是这个公司的翻译。

③ По́сле институ́та сын бу́дет врачо́м.

大学毕业后儿子将成为一名医生。

④ Мой брат хо́чет быть лётчиком.

我弟弟想当飞行员。

 注意1:

与быть的过去时形式连用的名词也可用第一格,例如:

① Лу Синь был вели́кий писа́тель (вели́ким писа́телем).

鲁迅是伟大的作家。

② Профе́ссор Ван был для нас не то́лько хоро́ший учи́тель, но и бли́зкий друг (не то́лько хоро́шим учи́телем, но и бли́зким дру́гом).

对我们说来,王教授不只是好老师,而且是亲密的朋友。

 注意2:

与быть的过去时或将来时连用的形容词,在口语中也可用第一格,试比较:

① Экску́рсия была́ интере́сная.

Экску́рсия была́ интере́сной.

参观很有趣。

② Пого́да бу́дет хоро́шая.

Пого́да бу́дет хоро́шей.

天气会好的。

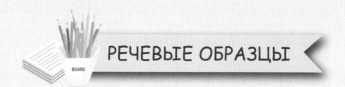

РЕЧЕВЫЕ ОБРАЗЦЫ

1. Чем обы́чно едя́т иностра́нцы?

Они́ обы́чно едя́т ло́жкой / ви́лкой.

2. Чем вы интересу́етесь?

Я интересу́юсь ру́сским языко́м / кита́йской литерату́рой.

(спорт, класси́ческая му́зыка, кита́йская культу́ра, мирова́я исто́рия)

121

3. С кем вы встре́тились вчера́ на вокза́ле?

Я встре́тился

с	ва́шим		
	твои́м	дру́гом	.
со	свои́м		
с	ва́шей		
	твое́й	сестро́й	
со	свое́й		

(ваш води́тель, твой оте́ц, наш гид, ва́ша мать, свой колле́га, своя́ подру́га)

4. С кем вы хоти́те поговори́ть об э́том?

Я хочу́ поговори́ть с

тобо́й
ва́ми
ним
учи́телем
това́рищем Ва́ном

.

(она́, они́; руководи́тель, перево́дчица, друг, врач, наш дире́ктор)

5. Куда́ вы идёте?

Я иду́ за

Ви́ктором
Ни́ной
портфе́лем
водо́й

.

(брат, сын; ви́за, па́спорт, кипято́к, лека́рство)

6. Кем бы́ли ва́ши роди́тели?

Оте́ц был

инжене́ром
учи́телем

.

Мать была́

продавщи́цей
медсестро́й

(де́тский врач, гид, води́тель, арти́стка, преподава́тельница)

7. Кем вы бу́дете по́сле институ́та?

Я бу́ду

перево́дчиком ру́сского языка́
журнали́стом

(фи́зик, гео́лог, хиру́рг, учи́тель, инжене́р, специали́ст по ру́сскому языку́, певе́ц, арти́ст)

8. Кем вы мечта́ли быть в де́тстве?

В де́тстве я мечта́л быть

космона́втом
писа́телем

.

(профе́ссор, лётчик, худо́жник, милиционе́р, учёный, зубно́й врач)

122

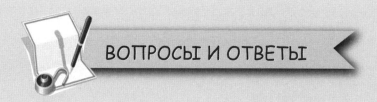

1. — Чем вы нас бу́дете фотографи́ровать, видеока́мерой?

   — Нет, фотоаппара́том.

2. — Как пи́шет ки́сточкой ва́ша до́чка?

   — Хорошо́. Учи́тель ча́сто её хва́лит.

3. — Чем едя́т ру́сские?

   — Они́ едя́т ло́жкой, ви́лкой.

4. — Како́й водо́й вы обы́чно умыва́етесь?

   — Ле́том я умыва́юсь холо́дной водо́й, а зимо́й — тёплой.

5. — Чем вы интересова́лись, когда́ учи́лись в шко́ле?

   — Тогда́ я интересова́лся кита́йской литерату́рой.

6. — Чем вы занима́лись на верши́не горы́?

   — Мы любова́лись красото́й приро́ды.

7. — С кем вы ходи́ли за минера́льной водо́й?

   — С на́шим перево́дчиком.

8. — С кем вы посове́товались по э́тому вопро́су?

   — С о́пытным окули́стом.

9. — Где сиди́т Бори́с?

   — Он сиди́т за мной.

10. — Заче́м пошёл Андре́й в апте́ку?

    — За лека́рством от анги́ны для Пе́ти.

11. — Где неда́вно постро́или но́вую больни́цу?

    — За го́родом.

12. — Вы мо́жете чита́ть медици́нскую литерату́ру на ру́сском языке́?

    — Могу́, но с больши́м трудо́м.

13. — Как слу́шают вас студе́нты на ле́кции?

    — Они́ слу́шают меня́ с больши́м интере́сом.

14. — Кем вы хоти́те быть, перево́дчиком и́ли терапе́втом?

    — Я хочу́ быть терапе́втом, что́бы лечи́ть больны́х.

ДИАЛОГИ

1. — Пожа́луйста, сади́тесь в кре́сло, откро́йте рот. Како́й зуб вас беспоко́ит?

— Вот э́тот.

— Так. Шесто́й ни́жний сле́ва. Давно́ он боли́т?

— Нет, он на́чал боле́ть вчера́ ве́чером.

— Ну, что же, посмо́трим, что с ним мо́жно сде́лать. Мо́жет быть, мо́жно ещё вы́лечить, а возмо́жно придётся удали́ть. Ды́рка больша́я.

— А нельзя́ поста́вить пло́мбу?

— Да, мо́жно. Сего́дня я его́ почи́щу и поста́влю вре́менную пло́мбу.

— А э́то бо́льно?

— Нет, я сде́лаю вам уко́л, и вы ничего́ не почу́вствуете. Ну вот и всё. На сего́дня дово́льно.

— Когда́ мне прийти́ в сле́дующий раз?

— Сейча́с посмо́трим. За́втра, во второ́й полови́не дня.

2. — Мари́на, ты пло́хо вы́глядишь. Что с тобо́й? Заболе́ла что ли?

— Должно́ быть, простуди́лась.

— Была́ у врача́?

— Нет, ду́маю, что ничего́ стра́шного, всё ско́ро пройдёт.

— Принима́ла лека́рство?

— Нет, лека́рства от просту́ды у меня́ ко́нчились. Сейча́с зайду́ в апте́ку.

— До апте́ки ещё далеко́. Дава́й я тебе́ помогу́. Ты иди́ домо́й и отдыха́й. Я сейча́с верну́сь.

— Спаси́бо, Ко́ля.

3. — Здра́вствуйте, до́ктор!

— До́брый день! На что мы жа́луемся?.

— У меня́ температу́ра. 38,5 (три́дцать во́семь и пять).

— Когда́ вы почу́вствовали себя́ пло́хо?

— Со вчера́шнего дня.

— Вы про́сто простуди́лись. Я вы́пишу вам реце́пт. Принима́йте лека́рства и отдыха́йте два дня.

— Спаси́бо, до́ктор.

— Поправля́йтесь.

ТЕКСТ

Больница

Ка́ждый из нас до́лжен бере́чь своё здоро́вье. К сожале́нию, мы не всегда́ чу́вствуем себя́ хорошо́. Иногда́ мы с сожале́нием говори́м, что заболе́ли… Куда́ и к кому́ обрати́ться за по́мощью?

Если вы почу́вствовали себя́ пло́хо, у вас высо́кая температу́ра и вам тру́дно ходи́ть, то вам необходи́мо пойти́ в поликли́нику и́ли вы́звать врача́ на́ дом. В поликли́нике вам мо́жет оказа́ть по́мощь врач любо́го про́филя: терапе́вт, хиру́рг, окули́ст, стомато́лог, невропато́лог.

Врач-терапе́вт осмо́трит вас, поста́вит диа́гноз, назна́чит лече́ние и вы́пишет лека́рство. Если вы рабо́таете и́ли у́читесь, врач обяза́тельно даст вам спра́вку и назна́чит вре́мя, когда́ вы должны́ сно́ва прийти́ к нему́ на приём.

В поликли́нике есть кабине́ты, там вы мо́жете сдать ана́лизы, сде́лать уко́лы, изме́рить кровяно́е давле́ние, пройти́ курс масса́жа.

Ве́чером и́ли но́чью, когда́ поликли́ники уже́ не рабо́тают, вы мо́жете позвони́ть в слу́жбу ско́рой медици́нской по́мощи и вы́звать врача́ на́ дом.

Если боле́знь серьёзная, врач вы́пишет вам направле́ние в больни́цу. Маши́на ско́рой по́мощи отвезёт вас туда́ неме́дленно.

Кро́ме того́, вы мо́жете обрати́ться за медици́нской по́мощью в пла́тные кли́ники и вам ока́жут любу́ю медици́нскую услу́гу.

НОВЫЕ СЛОВА И СЛОВОСОЧЕТАНИЯ

свеча́, -и́; све́чи 蜡烛

зада́ча, -и; -и 任务；习题

пе́ред（前）(五格)在……前面，在……之前

ви́лка, -и; -и 叉子

нос, -а; -ы 鼻子

рот, рта; рты 嘴，口

любова́ться (未) -бу́юсь, -бу́ешься; кем-чем 欣赏，观赏
~ луно́й
полюбова́ться (完)

интересова́ться (未) -су́юсь, -су́ешься; кем-чем 对……感兴趣

с трудо́м 困难地，吃力地

лётчик, -а; -и 飞行员

культу́ра, -ы 文化

мирово́й, -а́я, -о́е, -ы́е 世界的

встре́титься (完) -е́чусь, -е́тишься 遇见，碰见
встреча́ться (未)

портфе́ль, -я; -и (阳)皮包，书包

кипято́к, -тка́ 开水，沸水

фи́зик, -а; -и 物理学家，物理专业学生

гео́лог, -а; -и 地质学家，地质专业学生

хиру́рг, -а; -и 外科医生

специали́ст, -а; -и 专家，专业人才

космона́вт, -а; -ы 宇航员

зубно́й, -а́я, -о́е, -ы́е 牙齿的

ки́сточка, -и; -и 毛笔

верши́на, -ы; -ы 顶部，顶端

посове́товаться (完) -уюсь, -уешься; с кем 同……商量
сове́товаться (未)

окули́ст, -а; -ы 眼科医生

медици́нский, -ая, -ое, -ие 医学的，医疗的

терапе́вт, -а; -ы 内科医生

анги́на, -ы 咽喉炎

кре́сло, -а; -а 圈椅，沙发椅

беспоко́ить (未) -о́ю, -о́ишь; кого-что 使……不安，打扰

ни́жний, -яя, -ее; -ие 下面的
сле́ва 在左边，从左边

что де́лать с кем-чем 对……怎么办？

удали́ть (完) -лю́, -ли́шь; кого-что 拔去，除去；使……远离
~ зуб, ~ пя́тна
удаля́ть (未)

ды́рка, -и; -и 小洞

пло́мба, -ы; -ы (牙的)镶补物

почи́стить (完) -и́щу, -и́стишь; кого-что 使清洁，擦洗；去皮
чи́стить (未)

вре́менный, -ая, -ое; -ые 暂时的，临时的

уко́л, -а; -ы 打针，注射

должно́ быть (插)大概，可能
Он, должно́ быть, не придёт.

стра́шный, -ая, -ое; -ые 可怕的

просту́да, -ы 着凉，感冒

125

жа́ловаться (未) -луюсь,
-луешься; на кого́-что 抱怨，
埋怨，诉苦，发牢骚；诉说（病、痛
等）

пожа́ловаться (完)

вы́писать (完) -ишу, -ишешь;
что 开（票据等）

выпи́сывать (未)

поправля́ться (未) -я́юсь,
-я́ешься 康复

попра́виться (完)

про́филь, -я; -и （阳）侧面；专业
面

стомато́лог, -а; -и 口腔科医生

невропато́лог, -а; -и 神经科医生

диа́гноз, -а; -ы 诊断

поста́вить пра́вильный ~ 确
诊

назна́чить(完)-а́чу, -а́чишь;
что 约定，指定

~ ме́сто встре́чи, ~ день
сва́дьбы

назнача́ть (未)

спра́вка, -и; -и 证明

прие́м, -а 接待；接诊

кабине́т, -а; -ы 办公室；书房

ана́лиз, -а; -ы 分析；化验

изме́рить (完) -рю, -ришь; что
测量

~ рост, ~ температу́ру

измеря́ть (未)

кровяно́й, -а́я, -о́е, -ые 血的

давле́ние, -ия; -ия 压力；血压

курс, -а; -ы （治疗）疗程

пройти́ ~ лече́ния

масса́ж, -а 按摩

слу́жба, -ы; -ы （某种工作的）部
门，站

~ свя́зи, ~ пого́ды

направле́ние, -ия; -ия 方向；派
遣信，介绍信

отвезти́ (完) -езу́, -езёшь;
отвёз, -везла́, -везло́, -везли́;
кого́-что 运到；运走

отвози́ть (未) -ожу́, -о́зишь

неме́дленно 立刻

пла́тный, -ая, -ое, -ые 付费的

~ образова́ние

кли́ника, -и; -и 诊所

ВНЕАУДИТОРНЫЕ УПРАЖНЕНИЯ И ЗАДАНИЯ
(课外练习与作业)

1. 将下列句子中括号内的词变成应有的形式，并朗读句子。

1) Пиши́те дома́шние зада́ния (ру́чка и́ли каранда́ш).

2) На рабо́ту я е́ду (авто́бус и́ли метро́), а домо́й иду́ пешко́м.

3) Ру́сские едя́т (ви́лка, ло́жка).

4) Ле́том я умыва́юсь (холо́дная вода́), а зимо́й — (тёплая).

5) Ду́майте (своя́ голова́).

6) Вся на́ша семья́ сиди́т во дворе́ и любу́ется (краси́вая луна́).

7) Мой ру́сский друг интересу́ется (кита́йская культу́ра, му́зыка, жи́вопись).

8) По утра́м мой дя́дя занима́ется (спорт).

9) Здесь мы занима́емся не то́лько (ру́сский язы́к), но и (англи́йский).

10) Почти́ все студе́нты интересу́ются (ру́сская литерату́ра и иску́сство).

11) (Что) вы интересова́лись, когда́ учи́лись в шко́ле?

12) С (кто) вы сиди́те ря́дом?

13) Я хочу́ познако́миться с (ваш оте́ц и мать).

14) По доро́ге на рабо́ту я встре́тился с (твоя́ сестра́).

15) Ва́ся, иди́ за (хлеб и молоко́).

2. 将右面的词变成需要的形式填入句中。

1) Мой дéдушка был ...   óпытный лётчик
   Мой брат бýдет ...

2) Моя́ мать былá ...   знамени́тый фи́зик
   Натáша бýдет ...

3) Мой друг был ...   неплохóй писáтель
   Мой дя́дя бýдет ...

4) Сóня былá ...   хорóший гид
   Тáня бýдет ...

5) Моя́ подрýга былá ...   дéтский врач
   Кáтя бýдет ...

6) Бори́с был ...   извéстный геóлог
   Товáрищ Ивáнов бýдет ...

7) Этот мужчи́на был ...   óпытный терапéвт
   Этот мужчи́на бýдет ...

8) Эта жéнщина былá ...   стоматóлог
   Эта жéнщина бýдет ...

9) Я хочý быть ...   хорóший хирýрг
   Вы бýдете ...

10) Андрéй хóчет быть ...   извéстный учёный
    Оля бýдет ...

3. 将下列句中括号内的词译成俄语。

1) Мáльчик написáл э́ти словá (用毛笔).

2) Я давнó ужé привы́к есть (用叉子和勺子).

3) Посети́тели любýются (这幅图画).

4) Зимóй óчень полéзно умывáться (用凉水).

5) Я бýду помогáть вам во всём (全心全意).

6) Натáша заинтересовáлась (我的新作品).

7) Вы интересýетесь (这位作家的小说)?

8) (哪一种语言) вы занимáетесь с больши́м интерéсом?

9) Иностра́нцы интересýются (中国文学和京剧).

10) Мари́я, пойдём (打开水).

11) Ви́тя сиди́т (桌子旁) и пи́шет упражнéния.

12) Об э́том я хочý посовéтоваться (同自己的朋友).

13) (我和你) пошли́, не бýдем их ждать.

14) Анна Петрóвна пошлá в теáтр (和女儿、儿子一起).

15) Ни́на пошлá в аптéку (取药).

4. 仿照示例，变换句子主语形式。

Образец:

Брат и сестра́ пошли́ на ры́нок.
Брат с сестро́й пошёл на ры́нок.

1) **Са́ша и Воло́дя** ча́сто вме́сте игра́ют в футбо́л.

2) **Лю́ба и Юра** е́здили в Большо́й теа́тр.

3) **Мать и оте́ц** до́лго сове́товались по э́тому вопро́су.

4) **Ва́ся и Оля** рабо́тали на э́том предприя́тии.

5) **Ле́на и Ма́ша** вчера́ бы́ли на Вы́ставке карти́н молоды́х худо́жников.

6) **Я и друг** вме́сте е́здили в дере́вню к ба́бушке в го́сти.

7) **Я и На́дя** давно́ не встреча́лись.

8) **Я и они́** путеше́ствовали по Евро́пе в про́шлом ме́сяце.

9) **Я и Ви́ктор** познако́мились неда́вно в Санкт–Петербу́рге.

10) **Он и учи́тель** хорошо́ зна́ют друг дру́га.

11) **Ма́ша и Са́ша** пошли́ за кипятко́м.

12) **Я и друг** сиде́ли в саду́ и до́лго любова́лись луно́й.

 5. 回答下列问题。

1) Кем вы хоти́те быть че́рез 3 го́да?

2) Кем был ваш оте́ц ра́ньше?

3) Кем была́ ва́ша мать ра́ньше?

4) Кем бу́дет ваш брат по́сле университе́та?

5) Кем бу́дет ваш друг, когда́ он око́нчит учёбу?

6) Кем бу́дет Воло́дя, когда́ он око́нчит мединститу́т?

7) Кем бу́дет Ве́ра, когда́ она́ око́нчит пединститу́т?

8) Кем бу́дет Мари́я, когда́ она́ око́нчит факульте́т англи́йского языка́?

9) Вы зна́ете, кем был Пе́тя пять лет наза́д?

10) Кем был ваш де́душка два́дцать лет наза́д?

 6. 朗读并翻译下列句子。

1) — Серге́й, познако́мьтесь. Это Ви́ктор и Игорь.

— Очень прия́тно с ва́ми познако́миться.

2) — Алексе́й, с кем вы до́лго разгова́ривали по телефо́ну?

— С мои́м преподава́телем. Он неда́вно верну́лся из Росси́и.

3) — Кто э́тот молодо́й челове́к?

— Он лётчик. Хо́чешь с ним познако́миться?

4) — С кем вы вчера́ встре́тились в аэропорту́?

— С на́шим сосе́дом, изве́стным хиру́ргом.

5) — Вы познако́мились с но́вым руководи́телем?

— Да, мы с ним познако́мились в сре́ду.

6) — Каким иностранным языком вы интересовались в детстве?

— Русским языком и английским.

7) — Чем вы особенно интересовались, когда учились в школе?

— Тогда я особенно интересовалась музыкой и балетом.

8) Саша всё время делает самолёты, читает книги о самолётах. Он хочет быть лётчиком.

9) Наташа с детства интересуется физикой и много занимается ей. Она хочет быть физиком.

10) Ване нравится писать рассказы, он читает много произведений китайских и иностранных писателей. Он мечтает быть писателем.

7. 按照示例回答问题。

А. Образец: 1. — Я занимаюсь с удовольствием. А вы?

— А я занимаюсь без удовольствия.

2. — Я иду за газетой. А вы?

— А я иду за водой.

1) Я слушал его рассказ с удовольствием. А вы?

2) Я понимаю текст с трудом. А вы?

3) Я слушаю этого космонавта с интересом. А вы?

4) Я читаю роман «Война и мир» с большим вниманием. А вы?

5) Русские пьют чай с сахаром. А китайцы?

6) Я иду за кипятком. А вы?

7) Я всегда умываюсь холодной водой. А вы?

8) Я обычно ем вилкой. А вы?

9) Мы ели эти фрукты с аппетитом (津津有味地). А вы?

10) Дети с большой радостью пошли на прогулку. А вы?

11) Они с увлечением начали эту трудную работу. А Миша?

Б. Образец: Скажите, вы хотите стать инженером? — Да, хочу.

Вы хотите стать врачом? — Нет, не хочу.

Кем вы хотите стать? — Я хочу стать инженером.

1) Вы хотите стать лётчиком? — Вы хотите стать водителем?

— Кем вы хотите стать?

2) Вы хотите писать кисточкой? — Вы хотите писать карандашом? — Чем вы хотите писать?

3) Вы интересуетесь физикой? — Вы интересуетесь музыкой? — Чем вы интересуетесь?

4) Вы дышите носом? — Вы дышите ртом? — Чем вы дышите?

5) Ваня любуется луной? — Ваня любуется картиной? — Чем он любуется?

6) Вы пьёте чай с сахаром? — Вы пьёте чай с молоком? — С чем вы пьёте чай?

7) По этому вопросу вы советовались с матерью? — По этому вопросу вы советовались с отцом? — С кем вы советовались по этому вопросу?

8. 续句子。

1) У меня́ температу́ра. Наве́рное, я …

2) У меня́ всё боли́т. Мне на́до …

3) Час наза́д у меня́ была́ температу́ра 37, а сейча́с — уже́ 38. Мне …

4) Я вы́пил си́льное лека́рство. Ско́ро …

5) Сейча́с температу́ра норма́льная. Мне …

6) Сего́дня я хорошо́ себя́ чу́вствую. Всё …

7) В чём де́ло? Почему́ …

8) По слова́м врача́ …

9) Вы пло́хо вы́глядите. Наве́рное, …

10) Когда́ друг попра́вился, …

 9. 将下列句子译成俄语。

1) 在中学读书的时候,姐姐就对外语产生了极大的兴趣。

2) 外国朋友对中国文化感兴趣,他们参观了历史博物馆、民间艺术博物馆。

3) 不久前我去参观了画展,也认识了那位年轻的、有才华的画家。

4) 我叫瓦洛加,非常高兴和您认识。

5) 他们对中国的民族传统节日非常感兴趣,特别是春节。

6) 我要当翻译是想好好了解俄罗斯人的生活、工作、学习情况。

7) 五月我去台湾旅游了。我用相机拍下很多有意思的地方。有时间我给你看看。

8) 我是一个内科大夫,在儿童医院工作二十年了。

9) 儿子生病了,发高烧,妈妈让爸爸去找大夫了。

10) 医生给孩子进行了检查,量了体温,诊断为感冒,需要打针和吃药。

130

 10. 回答问题。

1) В како́м слу́чае вы идёте к врачу́ са́ми, а в како́м слу́чае врач прихо́дит к вам на́ дом?

2) Каки́е врачи́ рабо́тают в поликли́никах?

3) Где мо́жно сдать ана́лизы, изме́рить кровяно́е давле́ние, пройти́ курс масса́жа?

4) Куда́ на́до обрати́ться за медици́нской по́мощью ве́чером и́ли но́чью?

5) Каки́е услу́ги ока́зывают пла́тные кли́ники?

 11. 记住下列词和词组。

грипп 流感	воспале́ние лёгких 肺炎
туберкулёз 肺结核	гастри́т 胃炎
аппендици́т 阑尾炎	гепати́т (воспале́ние пе́чени) 肝炎
пищево́е отравле́ние 食物中毒	
повы́шенное (пони́женное) кровяно́е давле́ние 高(低)血压	
стомати́т 口腔炎	близору́кость 近视眼
дальнозо́ркость 远视眼	ожо́г 烧伤
сотрясе́ние мо́зга 脑震荡	воспале́ние ве́рхних дыха́тельных путе́й 上呼吸道发炎

12. 讲一讲你就医的经历 "Я был у врача"。

 13. 借助词典阅读短文。

Одна́жды я си́льно простуди́лся и заболе́л: подняла́сь температу́ра, нача́лся ка́шель, заболе́ла голова́ и го́рло. Пришёл врач и спроси́л меня́: «Есть жар? На́сморк? Чиха́ешь? Ка́шляешь? Го́рло боли́т?» Медсестра́ сде́лала мне уко́л — совсе́м не бо́льно, а до́ктор дал мне витами́ны и вы́писал два реце́пта на лека́рства. Ма́ма пошла́ в апте́ку, а я лежа́л в посте́ли и смотре́л телеви́зор. Там шёл хокке́й, а я его́ люблю́. Победи́ла моя́ люби́мая кома́нда «Спарта́к». Я так обра́довался, что у меня́ да́же голова́ переста́ла боле́ть и я забы́л про больно́е го́рло. Ма́ма верну́лась из апте́ки и ста́ла меня́ лечи́ть: дала́ мне табле́тки и полоска́ние для го́рла. И я опя́ть стал боле́ть.

常 用 熟 语

Красна́ пти́ца перо́м, а челове́к — умо́м.

鸟美在羽毛，人美在智慧。

В Ту́лу со свои́м самова́ром не е́здят.

去图拉莫带自家茶炊；勿多此一举。

ПОВТОРЕНИЕ II

Упражнения и задания

听录音请扫二维码

1. 将下列词组译成俄语。

给老人们让座,九十位外国游客,有问题找领导,走地下通道,冰灯和冰雕,海豚表演,问讯处,课程表,经贸洽谈会,乐观的性格,羡慕别人,习惯当地的风俗,坐过站,发给他驾驶证,拔牙,临时工作,走人行道,立刻把病人送到医院,顺路去药店,报名参加合唱团

2. 将下列句子中括号内的词变成应有的形式,需要时加上前置词。

1) _____ (Эта среда́) по телеви́зору бу́дут передава́ть конце́рт изве́стной певи́цы.

2) _____ (Выходны́е дни) же́нщины лю́бят ходи́ть по магази́нам.

3) Я давно́ мечта́ла пое́хать _____ (Шанха́й) и подня́ться на телеба́шню "Жемчу́жина Восто́ка".

4) Ла́дно, не бу́дем бо́льше спо́рить _____ (вчера́шний фильм).

5) Дыши́те но́сом, а не _____ (рот).

6) Я хочу́ быть перево́дчиком, что́бы бо́льше знать _____ (культу́ра и обы́чаи) Росси́и.

7) Этот молодо́й челове́к мечта́ет путеше́ствовать по стране́ _____ (велосипе́д).

8) В э́том году́ де́сять инжене́ров _____ (э́то предприя́тие) е́здили за грани́цу.

9) Дава́йте вы́пьем _____ (на́ша дру́жба).

10) Моя́ дочь интересу́ется _____ (кита́йская культу́ра).

11) _____ (мы) стои́т ва́жная зада́ча — подня́ться на́ гору _____ (ве́чер).

12) А́нна пошла́ _____ (суперма́ркет) _____ (хлеб и молоко́).

13) Мы познако́мились _____ (ваш оте́ц) два го́да наза́д _____ (Пеки́н).

14) Мы сиди́м в ко́мнате и _____ (интере́с) слу́шаем расска́з дя́ди.

15) Росси́йские го́сти прие́дут к нам _____ (перево́дчик) и́ли _____?

 3. 联词成句。

1) Ру́сские, пить, чай, с, са́хар.

2) Ната́ша, нет, в, ко́мната: она́, пойти́, за, кипято́к.

3) Мы, подня́ться, на, верши́на, гора́, и, нача́ть, любова́ться, краси́вый, пейза́ж.

4) Ра́ньше, мой, дя́дя, быть, лётчик, а, тепе́рь, рабо́тать, на, совреме́нный, предприя́тие.

5) На, тот, неде́ля, 60, ма́льчик, и, 35, де́вочка, е́здить, в, зоопа́рк.

6) В, э́тот, год, мы, смотре́ть, 22, зарубе́жный, фильм.

7) Мой, ро́дина, находи́ться, в, 25, кило́метр, от, го́род, Харби́н.

8) За, ско́лько, мину́та, ты, мочь, прое́хать, 10, кило́метр, на, велосипе́д?

9) Мой, сосе́д, поступи́ть, на, рабо́та, когда́, он, быть, 22, год.

10) Э́тот, де́вочка, ещё, ма́ленький. Она́, то́лько, пять, год.

11) Апте́ка, находи́ться, в, два, шаг, от, наш, общежи́тие.

12) Брат, хоте́ть, что́бы, я, купи́ть, роди́тели, нового́дний, пода́рки.

13) Мы, с, Ви́ктор, не, встреча́ться, уже́, год, 20. Но, я, вчера́, сра́зу, узна́ть, он.

14) Пожа́луйста, сообщи́ть, ребя́та, что, за́втра, заня́тия, нача́ться, по, но́вый, расписа́ние.

15) На, про́шлый, неде́ля, Ни́на Петро́вна, уже́, купи́ть, свой, де́ти, тёплый, пальто́.

4. 将下列句子译成俄语。

1) 我哥哥21岁大学毕业，就到这个公司工作了，现在他已工作32年了。

2) 这些外国留学生对中国的民间艺术特别感兴趣。

3) 我们来认识一下吧，我叫维克多，在俄罗斯国家图书馆工作。

4) 这个宾馆现在住着三十一名外国游客，其中有十位日本人。

5) 这么好的天气咱们别在房间里坐着，去游泳、晒太阳吧！

6) — 你为什么在走廊来回地走不进屋呢？
   — 进不去房间：我把钥匙丢了。

7) 请给我们弄一张火车时刻表，我们想打电话订几张火车票。

8) 现在是七点半。火车七点五十分开，可别迟到了。

9) 昨天午后三点半同学们和老师一起合影留念了。

10) — 现在已经半夜一点。既没有公共汽车，也没有出租车。怎么办？
    — 毫无办法。只好走着回去了。

11) 伊万·彼得罗维奇，生日快乐！祝您健康、幸福，万事如意，同时也祝愿您在我们这里度过愉快的时光。

12) 别妨碍他休息！他太累了，让他再睡一会儿吧！

13) 让主任派我去北京出差吧，我还从来没去过那里呢。

14) 我们在这里照张像留作纪念吧。

15) 为了让办公室里凉快，我们打开了空调。

5. 续句子。

1) Говори́те гро́мко, что́бы ...

2) Анна позвони́ла друзья́м, что́бы ...

3) Мы с ним давно́ не встреча́лись, поэ́тому ...

4) Когда́ мне бу́дет 30 лет, ...

5) Ничего́ не поде́лаешь, ...

6) Когда́ мы пришли́ к Алёше на день рожде́ния, ...

7) По телеви́зору передаю́т, что ...

8) Ма́ма предупреди́ла дете́й, что́бы ...

9) Здесь мно́го интере́сных мест, дава́йте ...

10) На у́лице хо́лодно. Пусть ...

11) Здоро́вье не ку́пишь, ...

12) Что с тобо́й? Почему́ ...

13) Мы всей душо́й жела́ем, что́бы ...

14) Дире́ктор сказа́л, что́бы ...

15) Га́ля пришла́ ко мне, что́бы ...

6. 将下列句子译成汉语。

1) Се́меро одного́ не ждут.

2) С кем поведёшься, от того́ и наберёшься.

3) Мы сиди́м на берегу́ мо́ря и любу́емся приро́дой.

4) Таку́ю тру́дную рабо́ту за две неде́ли не вы́полнишь.

5) Посмотри́те телесериа́л по пе́рвой програ́мме.

6) Сло́во, что воробе́й, вы́летит, не пойма́ешь.

7) Я гото́ва встре́титься с ва́ми в любо́е удо́бное для вас вре́мя.

8) В э́том авто́бусе мно́го наро́ду. Дава́й подождём сле́дующий.

9) Сего́дня о́чень хо́лодно. Одева́йтесь тепло́, а то заболе́ете.

10) Сего́дня на у́лице тепло́. Как прия́тно купа́ться в реке́ в таку́ю пого́ду!

7. 回答下列问题。

1) Ско́лько вре́мени вы гуля́ли по пешехо́дной у́лице?

2) Когда́ и где вы фотографи́ровались?

3) По каки́м дням у вас быва́ют заня́тия?

4) Что вы расска́жете о свое́й ма́ме?

5) Что интере́сного об исто́рии кино́ вы зна́ете?

6) Ско́лько вам бу́дет лет, когда́ вы око́нчите университе́т?

7) Я не могу́ откры́ть дверь своего́ но́мера. Что мне де́лать?

8) Кому́ вы хоти́те подари́ть э́ти сувени́ры? Почему́?

9) Чего́ вы хоти́те пожела́ть свои́м друзья́м и знако́мым?

10) Почему́ вы лю́бите путеше́ствовать?

11) Почему́ на́до занима́ться спо́ртом?

12) Чем вы интересу́етесь? А ваш друг?

13) Почему́ лю́дям нра́вится путеше́ствие?

14) Что вы узна́ли об университе́тской библиоте́ке?

15) В каки́х интере́сных места́х вы побыва́ли? Како́е у вас впечатле́ние о них?

 8. 完成下列对话。

1) — У меня́ стра́шно боли́т голова́. Не зна́ю, что де́лать.

— ...

2) — У меня́ высо́кая температу́ра.

— ...

3) — ...

— В поликли́нику.

4) — Когда́ и где вы договори́лись встре́титься?

— ...

5) — ...

— Вы пра́вы, в часы́ пик здесь ча́сто быва́ет про́бка.

9. 借助词典读短文，然后回答问题。

Занима́юсь в библиоте́ке

Я предпочита́ю де́лать дома́шние зада́ния в на́шей библиоте́ке, потому́ что в общежи́тии занима́ться невозмо́жно: шу́мно и постоя́нно кто-то отвлека́ет. А занима́ться в библиоте́ке я люблю́. Там ти́хо, споко́йно.

Я не могу́ сказа́ть, что на́ша университе́тская библиоте́ка — са́мая бога́тая и са́мая совреме́нная библиоте́ка. Здесь ма́ло компью́теров, поэ́тому иногда́ ну́жную кни́гу прихо́дится иска́ть о́чень до́лго. Большинство́ книг в на́шей библиоте́ке — э́то профессиона́льная литерату́ра, но есть и худо́жественные, истори́ческие кни́ги, потому́ что мы изуча́ем мно́го предме́тов, свя́занных с литерату́рой и исто́рией. В библиоте́ке есть о́чень ре́дкие кни́ги.

Структу́ра библиоте́ки проста́ и удо́бна. Обы́чно я зака́зываю ну́жную кни́гу и иду́ в чита́льный зал. Ча́сто я захожу́ в зал перио́дики, что́бы почита́ть све́жие журна́лы и газе́ты на ру́сском и иностра́нных языка́х.

Ещё в на́шей библиоте́ке рабо́тают о́чень хоро́шие сотру́дники. Они́ всегда́ ве́жливы, всегда́ гото́вы помо́чь найти́ ну́жную кни́гу, объясни́ть, как по́льзоваться фо́ндами и ориенти́роваться в библиоте́ке.

1) Почему́ а́втор те́кста предпочита́ет занима́ться в библиоте́ке?

2) Почему́ э́та библиоте́ка не са́мая совреме́нная?

3) Почему́ а́втор те́кста счита́ет, что в библиоте́ке рабо́тают хоро́шие сотру́дники?

4) Где вы предпочита́ете занима́ться, в общежи́тии и́ли в библиоте́ке? Почему́?

5) Что вам нра́вится и не нра́вится в ва́шей библиоте́ке?

6) Вы мо́жете сказа́ть, что в ва́шей библиоте́ке рабо́тают прия́тные и ве́жливые сотру́дники? Докажи́те э́то.

 10. 读短文，然后用自己的话讲讲大意。

Весёлая исто́рия

Оди́н молодо́й челове́к по́здно встава́л по утра́м и ча́сто опа́здывал на рабо́ту. Он обрати́лся к врачу́.

— На что жа́луетесь?

— Ве́чером не могу́ до́лго усну́ть, а у́тром сплю так кре́пко, что ча́сто опа́здываю на рабо́ту.

— Это не беда́, — сказа́л врач, — я дам вам лека́рство. Принима́йте его́ по одно́й табле́тке пе́ред сном.

Врач вы́писал реце́пт на лека́рство, и ю́ноша побежа́л в апте́ку. Ве́чером он при́нял табле́тку и лёг спать. Когда́ он просну́лся, он уви́дел, что ещё ра́но. Молодо́й челове́к пришёл на рабо́ту и сказа́л:

— Чуде́сное лека́рство! Я спал как уби́тый! И ви́дите, сего́дня я пришёл на рабо́ту во́время.

Поздравля́ем, — отве́тили ему́, — но где вы бы́ли вчера́?

 11. 选题目编短文。

1) Мой па́па

2) Моя́ люби́мая кинозвезда́

3) Библиоте́ка — мой люби́мый уголо́к

4) Экску́рсия за́ город

5) Хоро́ший врач

136

ГРАММАТИКА

☞ Ⅰ. 名词、形容词、代词复数第五格

☞ Ⅱ. 要求第五格的前置词

над, под, перед, между

☞ Ⅲ. быть的用法小结

ТЕКСТ *Спорт*

ГРАММАТИКА

听录音请扫二维码

Ⅰ. 名词、形容词、代词复数第五格

1. 名词复数第五格

137

性 \ 格	第一格	第五格	词尾
阳、中性	пассажи́ры биле́ты паспорта́ дела́	пассажи́рами биле́тами паспорта́ми дела́ми	-ами
阳、中性	учителя́ геро́и поля́ дере́вья	учителя́ми геро́ями поля́ми дере́вьями	-ями
阴性	де́вушки маши́ны	де́вушками маши́нами	-ами
	дере́вни тетра́ди	деревня́ми тетра́дями	-ями

注意:

少数名词第五格的形式特殊,例如:

лю́ди — людьми́ , де́ти — детьми́

ма́тери — матеря́ми, времена́ — времена́ми

2. 形容词复数第五格

第一格		第五格	
прекра́сные национа́льные	–ые	прекра́сными национа́льными	–ыми
олимпи́йские ле́тние	–ие	олимпи́йскими ле́тними	–ими

3. 代词复数第五格

第一格		第五格	
чьи мои́ ва́ши э́ти	–и	чьи́ми мои́ми ва́шими э́тими	–ими
те все	–е	те́ми все́ми	–еми

 注意:

代词 како́й 的变化同形容词,例如:каки́е — каки́ми。

 138

II. 要求第五格的前置词 над, под, перед, между

要求第五格的前置词除 с, за 外,还有 над, под, пе́ред, ме́жду, 它们的意义与用法如下:

над 在……上方、上空

① Над о́зером лета́ют пти́цы.

鸟儿在湖面上飞。

② Надо мной виси́т ла́мпа.

我的头上方吊着一盏灯。

под 在……下面

① Его́ боти́нки стоя́т под столо́м.

他的皮鞋在桌子下面。

② Нельзя́ стоя́ть под де́ревом в грозу́.

雷雨天不要站在树下。

пéред 在……前面 (空间),在……之前 (时间)

① На́ша маши́на уже́ сто́ит пе́ред гости́ницей.
我们的汽车已经停在宾馆前了。

② Пéредо мной бéгают дéти.
孩子们在我面前跑来跑去。

③ Я хочу́ пе́ред Но́вым го́дом верну́ться домо́й.
我想新年前回到家里。

④ Принима́йте э́то лека́рство пе́ред едо́й.
请在饭前服用这个药。

мéжду 在……之间

① Это то́лько мéжду на́ми.
这事只在我们之间说,别外传。

② Да здра́вствует дру́жба мéжду Кита́ем и Росси́ей!
中俄友谊万岁!

Ⅲ. быть的用法小结

быть 的变化形式如下:

过 去 时		将 来 时		命 令 式	
был	нé был	бу́ду	не бу́ду	будь	не будь
была́	не была́	бу́дешь	не бу́дешь	бу́дьте	не бу́дьте
бы́ло	нé было	бу́дет	не бу́дет		
бы́ли	нé были	бу́дем	не бу́дем		
		бу́дете	не бу́дете		
		бу́дут	не бу́дут		

 注意:

表示"有,没有"意义时,现在时分别用есть, нет表示。表示其他意义时,现在时形式есть通常不出现 (即使用零位形式),例如:Ма́ма до́ма. У меня́ вопро́с к ней.

быть 的几种意义和用法:

1. быть在人称句和无人称句中表示时间:

① Тогда́ он был ещё ма́леньким.
那时他还很小。

② За́втра бу́дет тепло́.
明天天气将暖和。

③ На вéчере бы́ло о́чень вéсело.
晚会上很热闹。

④ Тру́дно бу́дет отвéтить на э́тот вопро́с.
回答这个问题将是困难的。

2. быть作独立动词使用,表示"在"的意义,例如:

① Máша сейчáс в óтпуске.

玛莎现在在休假。

② Сáши сейчáс нет дóма.

萨沙现在不在家。

3. быть作独立动词使用,表示"去"的意义,例如:

① В прóшлом мéсяце Максим был за границей.

上个月马克西姆出过国。

② Я ещё нé был на óстрове Хайнáнь.

我还没有去过海南岛。

4. быть作独立动词使用,表示"出现"的意义,例如:

① Бýдет хорóшая погóда, мы поéдем зá город.

有好天的话,我们就去郊游。

② На вéчере её нé было.

她没有去参加晚会。 (晚会的时候她没有露面。)

5. быть作独立动词使用,表示"是"的意义。现在时形式通常不用 (或者用破折号),与过去时连用的名词、形容词可以用一格或五格,与将来时连用的名词、形容词用五格,例如:

① Москвá — столица Россúйской Федерáции.

莫斯科是俄罗斯联邦的首都。

② Егó дáдя был дирéктором компáнии.

他的叔叔当过公司经理。

③ Мы бýдем специалúстами по рýсскому языкý.

我们将成为俄语专家。

④ Онú бýдут хорóшими друзьáми.

他们将会成为好朋友。

6. быть作独立动词使用,表示 (某地、某时)"有"的意义,例如:

① Здесь рáньше был большóй стадиóн.

这里过去有个大的体育场。

② В этом годý бýдет хорóший урожáй арбýзов.

今年西瓜将大丰收。

当表示"某人拥有某物 (某人)" 时,应该使用 у когó есть (было, бýдет) кто-что句式。否定时使用 у когó нет (нé было, не бýдет) когó-чегó 句式,例如:

① У них бýдет возмóжность учúться в Москвé.

他们将有机会去莫斯科留学。

② У неё нé было врéмени занимáться спóртом.

过去她没有时间从事体育运动。

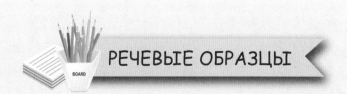

1. Кем э́ти студе́нты бу́дут по́сле университе́та?

Они́ бу́дут перево́дчиками / экскурсово́дами .

(врач, гид, инжене́р, диплома́т, бизнесме́н, учи́тель)

2. Кем ста́ли твои́ друзья́ по́сле шко́лы?

Одни́ ста́ли рабо́чими / крестья́нами ,

други́е — учителя́ми / охра́нниками .

(официа́нты, води́тели, монтёры, певцы́, арти́сты, спортсме́ны)

3. С кем вы встре́тились в аэропорту́?

Мы встре́тились с япо́нскими / коре́йскими гостя́ми.

(англи́йские, америка́нские, неме́цкие)

4. Чем сла́вится э́тот го́род?

Этот го́род сла́вится знамени́тыми гора́ми / музе́ями .

(дре́вние хра́мы, уника́льные па́годы, ледяны́е фонари́, па́мятники культу́ры)

5. Ря́дом с чем стои́т Софи́йский собо́р?

Софи́йский собо́р стои́т ря́дом с магази́нами / дома́ми .

(доро́га, суперма́ркет, ры́нок, гости́ницы, универма́г и по́чта)

6. С кем ты познако́мился во вре́мя о́тдыха на ю́ге?

Я познако́мился с молоды́ми друзья́ми / но́выми кинозвёздами .

(ру́сские тури́сты, америка́нские арти́сты, ме́стные рыбаки́)

7. Где вы нашли́ ключи́?

Я нашёл их под крова́тью / су́мкой / столо́м .

(портфе́ль, журна́лы, бума́ги)

8. Где на́ша маши́на?

Она́ стои́т пе́ред / ря́дом с э́тим зда́нием.

(за, ме́жду)

1. — Чем интересу́ются э́ти иностра́нцы?

   — Они́ интересу́ются кита́йскими обы́чаями и тради́циями.

2. — Где нахо́дится городска́я библиоте́ка?

   — Вот за э́тими высо́кими дома́ми.

3. — Кака́я ва́жная зада́ча стои́т пе́ред студе́нтами?

   — Пе́ред ни́ми стои́т зада́ча бы́стро овладе́ть ру́сским и англи́йским языка́ми.

4. — Как вы говори́те по-ру́сски?

   — Свобо́дно, но иногда́ с оши́бками.

5. — Как тепе́рь убира́ют урожа́й в дере́внях?

   — Во мно́гих места́х убира́ют урожа́й сельскохозя́йственными маши́нами, а в не́которых — вручну́ю.

6. — Каки́ми ви́дами спо́рта вы занима́етесь?

   — Ле́том я игра́ю в гольф, а зимо́й игра́ю в хокке́й и́ли ката́юсь на конька́х.

7. — Куда́ вы идёте?

   — Мы идём на ры́нок за фру́ктами и овоща́ми.

8. — Когда́ ну́жно принима́ть э́то лека́рство, пе́ред едо́й и́ли по́сле еды́?

   — Принима́йте его́ пе́ред сном.

9. — С кем вы гуля́ли по пля́жу у́тром?

   — Со свои́ми роди́телями и детьми́.

10. — Когда́ вы познако́мились с ним?

    — Мы познако́мились, когда́ он был ещё совсе́м молоды́м.

11. — Как вы ду́маете, тру́дно бу́дет отве́тить на э́тот вопро́с?

    — Да, на тако́й вопро́с тру́дно отве́тить.

12. — Кем был оте́ц Пе́ти?

    — Его́ па́па был изве́стным хиру́ргом.

13. — Кем они́ ста́ли по́сле университе́та?

    — Они́ ста́ли экскурсово́дами со зна́нием ру́сского языка́.

14. — Где нахо́дятся са́мые интере́сные достопримеча́тельности?

    — Они́ нахо́дятся за преде́лами го́рода.

ДИАЛОГИ

1. — Здра́вствуйте, А́нна Серге́евна.

— Здра́вствуйте, Ве́ра.

— А́нна Серге́евна, вы прекра́сно вы́глядите. Я вам зави́дую.

— Да, Ве́ра, я о́чень хорошо́ себя́ чу́вствую, потому́ что занима́юсь спо́ртом. Ка́ждый день игра́ю в бадминто́н, ле́том мы хо́дим в похо́ды, пла́ваем, зимо́й хо́дим на лы́жах.

— Спорт помога́ет челове́ку быть здоро́вым и си́льным. Неда́ром говоря́т: «В здоро́вом те́ле — здоро́вый дух».

2. — Куда́ вы идёте?

— На Москву́-ре́ку. Пойдём с на́ми.

— А что там интере́сного?

— Говоря́т, там сего́дня пла́вают.

— Как пла́вают? Снег идёт, температу́ра ми́нус 15 гра́дусов ...

— Да, да. Там пла́вают «моржи́», когда́ идёт снег и температу́ра ми́нус 15 гра́дусов. Там вы уви́дите на́шего сосе́да Алексе́я Фёдоровича из два́дцать пе́рвой кварти́ры.

— Алексе́я Фёдоровича?! Тогда́ я пойду́ с ва́ми смотре́ть.

3. — Включи́, пожа́луйста, телеви́зор, Тама́ра. Ка́жется, сего́дня передаю́т интере́сные спорти́вные состяза́ния.

— Что же мы посмо́трим, ма́ма, соревнова́ния по прыжка́м в во́ду и́ли фина́л по лёгкой атле́тике?

— Фина́л по лёгкой атле́тике, коне́чно. Ведь ско́лько тут чемпио́нов ми́ра и звёзд спо́рта.

— А мне бо́льше нра́вятся прыжки́. С тако́й высоты́ — и в во́ду. Пря́мо дух захва́тывает.

— Ну, хорошо́, прыжки́ так прыжки́.

4. — Я пропусти́л вчера́шний матч по гандбо́лу.

— Жаль. Э́то была́ лу́чшая встре́ча в э́том сезо́не.

— На́ши вы́играли встре́чу?

— Да, не уда́рили в грязь лицо́м. Вы́играли со счётом 18:13.

ТЕКСТ

Спорт

Я не могу́ сказа́ть, что люблю́ спорт и смотрю́ все спорти́вные соревнова́ния. Я мно́го раз ви́дел, как стра́стно боле́ют други́е, осо́бенно во вре́мя хокке́йных и́ли футбо́льных ма́тчей. Я не боле́льщик и тем бо́лее не фана́т. В де́тстве я серьёзно занима́лся пла́ванием. Моя́ ма́ма счита́ет, что пла́вание хорошо́ закаля́ет органи́зм. И поэ́тому в де́тстве я почти́ не боле́л.

Сейчас у меня появилась спортивная мечта. Я хочу научиться играть в теннис. Это один из самых модных и престижных видов спорта. Но я решил научиться играть в теннис не потому, что это модно, а потому, что моя любимая девушка Даша очень любит играть в теннис и играет отлично. Сначала она пробовала учить меня, но потом бросила: у неё не хватает терпения. Тогда я записался в нашу университетскую секцию и стал заниматься с тренером. Сначала было трудно, но я часто вспоминал слова мамы: «Начал — заканчивай!» — и твёрдо решил довести дело до конца. У меня была цель: я хотел выиграть у Даши хотя бы одну партию. Я много занимался и вскоре добился своей цели и выиграл у неё два раза. Но мне кажется, что Даша меня пожалела и проиграла мне. А, может быть, я ошибаюсь?

НОВЫЕ СЛОВА И СЛОВОСОЧЕТАНИЯ

прекрасный, -ая, -ое, -ые 非常好的

олимпийский, -ая, -ое, -ие 奥林匹克的

Российская Федерация 俄罗斯联邦

урожай, -я; -и (阳) 庄稼，收成

дипломат, -а; -ы 外交家，外交官

бизнесмен, -а; -ы 生意人

охранник, -а; -и 保安

монтёр, -а; -ы 安装工，电工

японский, -ая, -ое, -ие 日本的

корейский, -ая, -ое, -ие 朝鲜的

немецкий, -ая, -ое, -ие 德国的

уникальный, -ая, -ое, -ые 独一无二的

славиться (未) -влюсь, -вишься 闻名，驰名，以……著称
   Город Гуйлинь славится красивыми пейзажами.

пагода, -ы; -ы (佛教的)塔

рыбак, -а; -и 渔民

традиция, -ии; -ии 传统

овладеть (完) -ею, -еешь; кем-чем 掌握，控制
   ~ современной техникой,

~ собой

овладевать (未)

свободно 流利地；自由地

хоккей, -я 冰球

кататься (未) -аюсь, -аешься (乘车、船等)游玩
   ~ на коньках, ~ на лодке

сон, сна; сны 睡眠；梦
   видеть сон

знание, -ия; -ия 了解，掌握；(复) 知识

предел, -а; -ы 界限；范围
   в пределах чего
   за пределами чего

поход, -а; -ы 远足；旅行

недаром 难怪，不无原因

В здоровом теле — здоровый дух. 健康的精神寓于健康的体魄中。

минус (不变) 零下(指气温)

градус, -а; -ы 度，度数

морж, -а; -и 海象，冬泳者

спортивный, -ая, -ое, -ые 运动的，体育的

состязание, -я; -я 比赛，竞赛

прыжок, -жка; -жки 跳
   ~ в длину

финал, -а; -ы 决赛

атлетика, -и 竞技运动
   лёгкая ~, тяжёлая ~

чемпион, -а; -ы 冠军

высота, -ы 高度

дух, -а 精神

захватывать (未) -аю, -аешь; кого-что 吸引，控制住
   захватить (完) -ачу, -атишь

пропустить (完) -ущу, -устишь; кого-что 放过，漏掉
   пропускать (未)

матч, -а; -и 比赛

гандбол, -а 手球

сезон, -а; -ы 季，时期
   театральный ~, ~ дождей

выиграть (完) -аю, -аешь; что 赢，获胜
   выигрывать (未)

(не) ударить в грязь лицом (没有)丢脸

счёт, счёта 比分

страстно 充满热情地

болеть (未) -ею, -еешь; за кого -что 为……加油，助威

хоккейный, -ая, -ое, -ые 冰球的

футбо́льный, -ая, -ое, -ые 足球的

боле́льщик, -а; -и 助威者,(体育比赛)爱好者

тем бо́лее 尤其;况且,何况

Кли́мат здесь вре́дный, ~ для ребёнка.

Я всем ве́рю, и вам ~.

фана́т, -а; -ы 狂热者,热衷于……的人

пла́вание, -ия 游泳

органи́зм, -а; -ы 身体,机体

мечта́, -ы́; -ы́ 梦想,理想

те́ннис, -а 网球

мо́дный, -ая, -ое, -ые 时髦的

мо́дно 时髦地

бро́сить (完) бро́шу, бро́сишь; кого́-что 抛,扔;放弃,抛弃
броса́ть (未)

хвата́ть(未,无人称)-а́ет; -а́ло; кого́-чего́ 够,足够

У нас не хвата́ет вре́мени.

Мест хва́тит всем.
хвати́ть (完) хва́тит; хвати́ло

терпе́ние, -ия 耐心

се́кция, -ии; -ии 部,组

тре́нер, -а; -ы 教练

твёрдо 坚决地

довести́ (完) -веду́, -ведёшь; довёл, довела́, довело́, довели́; кого́-что до чего́ 领

到; 使达到,使做到

Язы́к до Ки́ева доведёт.

Доведи́ рабо́ту до конца́.
доводи́ть (未), -ожу́, -о́дишь

цель, -и; -и (阴) 目的,目标

па́ртия, -ии; -ии (牌类、棋类等的)一盘,一局

доби́ться (完) -бью́сь, -бьёшься; чего́ (经过努力)达到,获得

Таки́х результа́тов он доби́лся упо́рным трудо́м.
добива́ться (未)

проигра́ть (完) -а́ю, -а́ешь; что 输,失败
прои́грывать (未)

ВНЕАУДИТОРНЫЕ УПРАЖНЕНИЯ И ЗАДАНИЯ
(课外练习与作业)

1. 朗读下列词组,将括号内的词或词组变成第五格。

за (дома́, авто́бусы, зда́ния, преде́лы), за (мы, вы, они́, пассажи́ры), за (фру́кты, биле́ты, пода́рки, о́вощи, сувени́ры), пе́ред (тру́дности, роди́тели, друзья́), над (вопро́сы, леса́, поля́), под (но́ги, ве́щи, кни́ги, глаза́), ме́жду (лю́ди, друзья́, мы, вы, они́), с (со) (де́ти, студе́нты, де́вочки, де́ньги), пе́ред (знамени́тые скульпту́ры, го́сти), под (на́ши о́кна), над (высо́кие го́ры, широ́кие поля́). ме́жду (но́вые дома́, знако́мые), с (росси́йские го́сти, но́вые учителя́)

2. 读下列句子,将括号内的词和词组变成适当形式。

1) Подожди́те здесь, а я сейча́с пойду́ за (биле́ты).

2) Над (мы) лета́ют самолёты.

3) Я говорю́ по-ру́сски с (оши́бки), ведь я изуча́ю э́тот язы́к то́лько полго́да.

4) Я нашёл ключи́ под (кни́ги и журна́лы).

5) Почему́ пе́ред (э́ти дома́) стоя́т краси́вые маши́ны?

6) Я предлага́ю вам сфотографи́роваться пе́ред (ледяны́е фонари́).

7) Пе́ред (Но́вый год) я хочу́ отпра́вить друзья́м откры́тки.

8) До́ктор сказа́л, что э́то лека́рство на́до принима́ть пе́ред (сон).

9) Ты други́м не говори́, э́то то́лько ме́жду (мы).

10) Ме́жду (города́ и дере́вни) постро́или мно́го доро́г.

3. 将下列括号内的词译成俄语。

1) Эти иностра́нцы уже́ привы́кли по́льзоваться (筷子).

2) Я бу́ду помога́ть вам (全力).

3) Пове́рьте мне, всё э́то я уви́дел (亲眼).

4) Эти блю́да о́чень вку́сные, потому́ что ма́ма пригото́вила их (亲手).

5) Вы интересу́етесь (冰球) и́ли (网球)?

6) Вы зна́ете, за како́е вре́мя они́ овладе́ли (俄语)?

7) Об э́том ну́жно посове́товаться с (我的父母).

8) Ири́на с (母亲) пое́хала в Софи́йский собо́р.

9) Все мы уста́ли и шли с (艰难地).

10) Эти же́нщины прие́хали сюда́ с (孩子).

11) Эти уника́льные достопримеча́тельности нахо́дятся за (城外).

12) Наш го́род сла́вится (鲜花和水果) .

13) В аэропорту́ нам повезло́ встре́титься с (奥运冠军们).

14) Его́ оте́ц был (俄语专家).

15) Че́рез 5 лет не́которые из них ста́ли (外交官).

 4. 将句中的名词、代词和形容词单数变成复数形式。

1) Пять лет наза́д мой брат стал бизнесме́ном.

2) Моя́ сестра́ мечта́ла стать изве́стной арти́сткой.

3) По́сле университе́та э́тот студе́нт ста́нет специали́стом по ру́сскому языку́.

4) Мой знако́мый был тре́нером, когда́ я учи́лся в шко́ле.

5) Я спроси́л ма́льчика, почему́ он хо́чет стать охра́нником?

6) Молодо́й челове́к мечта́ет быть знамени́тым профе́ссором.

7) Че́рез 6 лет он стал изве́стным певцо́м.

8) По́сле мединститу́та мой друг стал окули́стом.

9) Ра́ньше наш сосе́д был о́пытным хиру́ргом.

10) Эта де́вушка хо́чет стать де́тским врачо́м.

 5. 用括号里的前置词回答下列问题。

1) Где нахо́дится поликли́ника? (ме́жду)

2) Где нахо́дится Харби́нский зоопа́рк? (за)

3) Где вы нашли́ биле́т на о́перу? (под)

4) Где лежи́т чемода́н? (под)

5) Где вы встре́тились с дека́ном? (пе́ред)

6) Когда́ вы ходи́ли на ры́нок за фру́ктами? (пе́ред)

7) За чем они́ пошли́ в суперма́ркет? (за)

8) С чем де́ти пое́хали за́ город? (с)

9) С кем вы ходи́ли в го́сти к преподава́телю? (с)

146

10) Где вы сиди́те? (ме́жду)

 6. 将括号内动词变成适当形式。

1) Ты спра́шиваешь, кто вчера́ (быть) у меня́? Это (быть) мои́ друзья́.

2) По телеви́зору передава́ли, что за́втра (быть) жа́рко.

3) Вчера́ на у́лице (быть) сли́шком хо́лодно, (быть) ми́нус 25 гра́дусов.

4) Нам тру́дно (быть) вы́полнить э́ту рабо́ту, е́сли вы нам не помо́жете.

5) На про́шлой неде́ле я (быть) в Наньки́не в командиро́вке.

6) Я ду́маю, что о́чень ско́ро они́ (быть) хоро́шими друзья́ми.

7) Ра́ньше здесь (быть) ма́ленькое прибре́жное село́.

8) По ра́дио сказа́ли, что к ве́черу (быть) дождь.

9) (Быть) свобо́дное вре́мя, приезжа́йте, пожа́луйста.

10) Тогда́ они́ жи́ли хорошо́, у роди́телей (быть) мно́го де́нег.

 7. 回答下列问题。

1) Кем вы хоти́те стать по́сле университе́та? Почему́?

2) Чем сла́вится ваш родно́й го́род?

3) Когда́ и где вы познако́мились с э́тими ру́сскими друзья́ми?

4) Чем вы интересу́етесь?

5) Кака́я ва́жная зада́ча стои́т пе́ред совреме́нными студе́нтами?

6) Почему́ вы говори́те по-ру́сски с оши́бками?

7) Каки́ми ви́дами спо́рта вы занима́етесь? А роди́тели?

8) Заче́м вчера́ вы ходи́ли за цвета́ми?

9) Почему́ мно́гие молоды́е лю́ди хотя́т стать экскурсово́дами?

10) За ско́лько вре́мени (за како́е вре́мя) мо́жно овладе́ть ру́сским языко́м?

11) Ско́лькими иностра́нными языка́ми владе́ет э́тот диплома́т?

12) Заче́м ну́жно овладе́ть иностра́нными языка́ми?

 8. 翻译并记住书中的积极词组。

па́мятники культу́ры, Софи́йский собо́р, игра́ть в хокке́й, принима́ть лека́рство пе́ред едо́й, экскурсово́д со зна́нием ру́сского языка́, соревнова́ния по прыжка́м в во́ду, фина́л по лёгкой атле́тике, чемпио́н ми́ра, звёзды спо́рта, пропусти́ть матч по гандбо́лу, закаля́ть органи́зм, мо́дный и прести́жный вид спо́рта, учи́ть меня́ игра́ть в те́ннис, довести́ де́ло до конца́

9. 用下列的词或结构造句。

неда́ром, не уда́рить в грязь лицо́м, тем бо́лее, довести́ (что) до конца́, доби́ться, со счётом, хотя́ бы, пе́ред едо́й, боле́ть за ...

10. 用下列动词的适当形式填空。

завидовать	появиться	пожалеть	выиграть	пропустить	научиться
хватать	заниматься	научить	бросить		

1) Пять ме́сяцев наза́д мой друг ... игра́ть в хокке́й.

2) Я большо́й фана́т футбо́ла, не ... ни одного́ футбо́льного ма́тча.

3) Ещё в де́тстве у моего́ бра́та ... большо́й интере́с к пла́ванию.

4) Мы ... э́тим моржа́м, что они́ да́же в си́льный моро́з пла́вают в реке́.

5) У меня́ не ... терпе́ния, и я переста́ла де́лать заря́дку по утра́м.

6) Врач сове́тует больно́му ... кури́ть.

7) Тре́нер сказа́л, что он за не́сколько мину́т ... меня́ игра́ть в гольф.

8) Подру́га проигра́ла мне па́ртию по те́ннису, потому́ что она́ меня́ ....

9) Мой знако́мый давно́ на́чал ... бе́гом и стал олимпи́йским чемпио́ном.

10) В соревнова́ниях по волейбо́лу кита́йские де́вушки ... со счётом 3: 0.

 11. 翻译下列句子。

1) 瓦洛佳告诉我,他来中国是因为他对中国的习俗和传统非常感兴趣。

2) 爷爷曾是个渔民,他向我们讲述了许多海上有趣的事情。

3) 有空的时候,我们喜欢在公园里散散步,在湖上划划船。

4) 我们全家喜欢远足,上个星期我们徒步去了一趟郊外。

5) 明天天气很冷,气温是零下30度,我们大家只好呆在家里了。

6) 星期五我和阿列克赛在一起打了网球,可是,我没有赢他一局。

7) 这个姑娘七岁就开始从事跳水运动。她觉得,这项运动不但锻炼人的体质,而且振奋精神。

8) 我的理想就是成为一个健康、乐观、幸福的人。

9) 老师说,我们通过顽强的劳动一定能够达到自己的目的。

10) 你已经开始做这件事情了,就应该把它进行到底,不要放弃。

 12. 按课文内容回答问题。

1) Каки́ми ви́дами спо́рта занима́лся а́втор в де́тстве?

2) Как ма́ма смо́трит на пла́вание?

3) Почему́ а́втор почти́ не боле́л в де́тстве?

4) Кака́я мечта́ появи́лась у а́втора?

5) Почему́ а́втор реши́л научи́ться игра́ть в те́ннис?

6) Почему́ Да́ша бро́сила учи́ть а́втора игра́ть в те́ннис?

8) Кто научи́л а́втора игра́ть в те́ннис? Где?

9) Что помогло́ а́втору довести́ де́ло до конца́?

10) Как а́втор доби́лся свое́й це́ли?

13. 讲一讲你喜爱或经常从事的体育项目。

常 用 熟 语

Ка́пля (и) ка́мень долби́т (то́чит). 水滴石穿；功到自然成。

Конь (и) о четырёх нога́х, да (и тот) спотыка́ется. 四条腿的马还有绊跌的时候。喻：人人都可能犯错误。

ГРАММАТИКА
☞ I. 第二格的用法

ТЕКСТ *В магазине «Книги»*

ГРАММАТИКА

听录音请扫二维码

I. 第二格的用法

1. 某些完成体及物动词与物质名词连用,表示行为涉及整体的一部分或一定的数量时,名词用第二格,例如:

1) Да́йте мне ча́я (ча́ю).
   给我来点儿茶。

2) За́втра я дам вам де́нег на доро́гу.
   明天我给您点儿路费。

3) Да́йте мне са́хара (са́хару).
   给我点儿糖。

 注意:

在表示行为涉及事物的一部分或一定的数量时,某些阳性名词常用特殊的第二格词尾-у (-ю),例如:
вы́пить ча́ю (喝点儿茶), купи́ть са́хару (买点儿糖)

2. 表示事物的性质、特征(人的年龄、外表, 物的度量、颜色等)名词用第二格, 例如:

1) В ко́мнату вошёл ма́льчик лет пяти́-шести́.

房间里进来了一个五、六岁的小男孩。

2) К вам приходи́ла де́вушка высо́кого ро́ста.

一位高个子的姑娘来找过您。

3) Мне нра́вится пла́тье бе́лого цве́та.

我喜欢白色的连衣裙。

4) Покажи́те, пожа́луйста, боти́нки большо́го разме́ра.

给我看看那双大号的皮鞋。

 注意：

名词在数词之前时, 表示大约的数目, 例如:

часа́ в два 大约在两点钟

па́рень лет двадцати́ 二十来岁的小伙子

дней пять 五天左右

(1) Он пое́дет в Шанха́й дня на четы́ре.

他到上海去四天左右。

(2) Ме́сяцев за шесть она́ переведёт э́ту кни́гу.

她用六个月左右的时间能翻译完这本书。

3. 及物动词被否定时, 表示行为客体的名词、代词通常用第二格, 试比较:

1) Я поняла́ э́тот вопро́с. 这个问题我懂了。

Я не поняла́ э́того вопро́са. 这个问题我没懂。

2) Вы чита́ли э́тот рома́н? 您读过这本小说吗?

Вы не чита́ли э́того рома́на? 您没读过这本小说吗?

 注意：

在日常口语中, 及物动词被否定时, 其补语也可以用第四格, 例如:

1) Я не чита́л сего́дняшнюю газе́ту. 我没读过今天的报纸。

2) Она́ не взяла́ ва́шу кни́гу. 她没拿您的书。

3) Они́ не вы́полнили план. 他们没完成计划。

151

4. 某些不及物动词要求名词的第二格作补语, 这样的动词有боя́ться, жела́ть, добива́ться, стесня́ться等。例如:

1) Де́ти не боя́тся хо́лода.

孩子们不怕冷。

2) Жела́ем вам кре́пкого здоро́вья.

祝您身体健康!

3) На́ша страна́ доби́лась больши́х успе́хов во всём.

我们国家在各方面都取得了巨大的成就。

4) Ребёнок стесня́ется госте́й.
　　小孩见到客人感到拘束。

5. 某些动词, 如: хоте́ть, ждать, проси́ть等, 既可以要求第四格补语, 也可以要求第二格补语。通常第四格表示具体的人和事物, 第二格则有抽象、不确定的意思。试比较:

1) Я ищу́ ру́чку. 我在找钢笔。
　　Я ищу́ подде́ржки. 我在寻找支持。

2) Она́ ждёт свою́ ма́му. 她在等妈妈。
　　Она́ ждёт ва́шего отве́та. 她在等待您的答复。

3) Что она́ хо́чет? 她要什么?
　　Она́ хо́чет свобо́ды. 她想要自由。

РЕЧЕВЫЕ ОБРАЗЦЫ

1. Да́йте мне, пожа́луйста, 　　хле́ба
　　　　　　　　　　　　　　молока́ .

(са́хар, пи́во, вино́, ко́ка-ко́ла, соль, минера́льная вода́, ка́ша, лапша́, во́дка, квас)

2. Како́го ро́ста ваш колле́га?

　Он 　высо́кого 　ро́ста.
　　　 сре́днего

(мой рост, ваш рост, большо́й рост, ма́ленький рост)

3. Вам костю́м како́го цве́та?

Покажи́те, пожа́луйста, костю́м 　чёрного 　цве́та.
　　　　　　　　　　　　　　　　 зелёного

(бе́лый, си́ний, се́рый, кори́чневый, све́тлый, тёмный, све́тло-си́ний, тёмно-си́ний)

4. Вам джи́нсы како́го разме́ра?

　　　　　　　　　　　　　большо́го
Да́йте, пожа́луйста, 　сре́днего 　разме́ра.
　　　　　　　　　　ма́ленького

(мой разме́р, ваш разме́р, сороково́й разме́р)

5. Кто приходи́л ко мне?

　　　　　　　　　　　　с кни́гой в руке́
К вам приходи́л челове́к 　в очка́х 　　　　　.
　　　　　　　　　　　　в си́нем костю́ме

(в краси́вой руба́шке, с больши́ми глаза́ми, в се́ром костю́ме, с дли́нными волоса́ми)

6. Жела́ю вам 　больши́х успе́хов в рабо́те
　　　　　　　огро́много сча́стья в жи́зни 　.

(кре́пкое здоро́вье, ве́чная мо́лодость, красота́, уда́ча во всём, долголе́тие)

1. — Что вы хоти́те, ко́фе и́ли чай?

   — Да́йте мне, пожа́луйста, ча́ю.

2. — Кто из э́тих де́вочек хорошо́ танцу́ет?

   — Де́вочка в бе́лом пла́тье, с коси́чками.

3. — Кто меня́ спра́шивал?

   — Молодо́й челове́к твоего́ ро́ста, в джи́нсах.

4. — Ско́лько лет ва́шему отцу́?

   — Он ва́шего во́зраста.

5. — Како́й плато́к вы хоти́те купи́ть?

   — Мне нра́вится плато́к голубо́го цве́та.

6. — Кому́ вы купи́ли кроссо́вки большо́го разме́ра?

   — Моему́ сы́ну.

7. — Куда́ вы ходи́ли вчера́?

   — Мы е́здили к Са́ше на день рожде́ния. Мы поздра́вили его́ с днём рожде́ния, пожела́ли ему́ здоро́вья и уда́чи во всём.

8. — Благодаря́ чему́ вы доби́лись больши́х успе́хов?

   — Благодаря́ по́мощи преподава́телей.

9. — Все пошли́ на като́к. Почему́ ты оста́лся в общежи́тии?

   — Я южа́нин и бою́сь моро́за.

10. — Кто ещё жела́ет вы́сказаться?

    — Я ещё хочу́ сказа́ть не́сколько слов.

11. — Чего́ вы хоти́те от меня́?

    — Я хочу́, что́бы вы мне ча́ще помога́ли в учёбе.

153

ДИАЛОГИ

1. — Покажи́те, пожа́луйста, ку́ртку.

   — Вам како́й разме́р?

   — Со́рок шесто́й и́ли со́рок восьмо́й.

   — Како́й цвет?

   — Тёмный.

   — Тёмный? Вот тёмно-си́ний. А вот тёмно-кори́чневый. Приме́рьте, пожа́луйста. Вот приме́рочная.

— Эта ку́ртка мне нра́вится. Как вы ду́маете, она́ мне идёт?

— Да, идёт. Это но́вый фасо́н, сейча́с как раз в мо́де.

— Хорошо́, я возьму́ её.

— Я вы́пишу чек. Плати́те в ка́ссу.

2. — Де́вушка, покажи́те, пожа́луйста, да́мские часы́.

— Пожа́луйста.

— Как иду́т?

— То́чно. Это изве́стная ма́рка. Не сомнева́йтесь.

— Гара́нтия на́ год?

— Да, как обы́чно.

— Покажи́те гаранти́йный тало́н, пожа́луйста.

— Пожа́луйста.

— Вы́пишите чек.

— Мину́точку.

3. — Чем я могу́ вам помо́чь?

— Я хочу́ купи́ть духи́ в пода́рок сестре́. Посове́туйте, пожа́луйста, каки́е лу́чше купи́ть для молодо́й де́вушки.

— Вас интересу́ют францу́зские?

— Нет, лу́чше оте́чественные.

— Возьми́те «Ру́сский сувени́р». Духи́ на ро́зовом ма́сле. Очень сто́йкие, и за́пах прия́тный.

— Хорошо́. Возьму́.

ТЕКСТ

В магазине «Книги»

Анто́н и Сами́р — студе́нты. Сами́р прие́хал из Си́рии. Он уже́ три ме́сяца живёт в Росси́и и немно́го говори́т, чита́ет и пи́шет по-ру́сски. Сами́р уже́ непло́хо понима́ет, что говоря́т его́ ру́сские друзья́. Сего́дня Сами́р собира́ется пойти́ в магази́н, он хо́чет купи́ть кни́ги, журна́лы, тетра́ди, но он пло́хо зна́ет го́род. Он про́сит Анто́на помо́чь ему́ купи́ть ну́жные предме́ты. Они́ иду́т в центр, на проспе́кт Ми́ра. Здесь нахо́дится кру́пный магази́н «Кни́ги». В магази́не есть отде́лы «Худо́жественная литерату́ра», «Уче́бники и уче́бные посо́бия», «Отде́л нау́чной литерату́ры», «Ка́рты, откры́тки, путеводи́тели», «Канцеля́рские това́ры». Анто́н объясни́л, что в отде́ле «Уче́бники и уче́бные посо́бия» мо́жно купи́ть уче́бники.

Сами́р купи́л уче́бник «Ру́сский язы́к для всех» и ка́рту Росси́и. Пото́м купи́л откры́тки «Москва́».

В отде́ле «Канцеля́рские това́ры» мо́жно купи́ть ру́чки, лине́йки, тетра́ди, карандаши́.

Пото́м Анто́н сказа́л: "Пойдём в отде́л «Худо́жественная литерату́ра»".

— А что там мо́жно купи́ть? — спроси́л Сами́р.

— Смотри́, чита́й. Ты уже́ зна́ешь ру́сский язы́к.

В отде́ле Сами́р чита́л знако́мые фами́лии: Пу́шкин, Ле́рмонтов, Толсто́й, Че́хов, Купри́н... Сами́р о́чень лю́бит ру́сскую литерату́ру. Он купи́л стихи́ Пу́шкина и Ле́рмонтова, рома́н Толсто́го «Война́ и мир», расска́зы Че́хова и Куприна́.

НОВЫЕ СЛОВА И СЛОВОСОЧЕТАНИЯ

разме́р, -а; -ы 大小,尺寸,尺码
    Я ношу́ ту́фли три́дцать
    шесто́го ~а.
па́рень, -рня; -рни (阳) 小伙子
стесня́ться, (未) -я́юсь,
    -я́ешься; кого́-чего́, инф. 感
    到拘束,难为情
    Не ~йтесь, ку́шайте на
    здоро́вье.
    Де́вочка ~ется незнако́мых.
иска́ть, (未) ищу́, и́щешь;
    кого́-что 寻找
подде́ржка, -и; -и 支持
свобо́да, -ы 自由
ко́ка-ко́ла, -ы 可口可乐
соль, -и (阴) 盐
квас, -а 格瓦斯
кори́чневый, -ая, -ое, -ые 褐色
    的,深棕色的
све́тло-си́ний, -яя, -ее, -ие 浅蓝
    色的
тёмно-си́ний, -яя, -ее, -ие 深蓝
    色的
джи́нсы, -сов 牛仔裤
ве́чный, -ая, -ое, -ые 永恒的
мо́лодость, -и (阴) 青春
коси́чка, -и, -и 小辫儿
плато́к, -тка́; -тки́ 头巾,手帕
голубо́й, -а́я, -о́е, -ы́е 淡蓝色的,

天蓝色的
кроссо́вки, -вок (复) 旅游鞋
благодаря́ (前)(三格) 由于,多亏
    Андре́й у́чится хорошо́
    ~ свои́м спосо́бностям.
като́к, -тка́; -тки́ 溜冰场
вы́сказаться, (完) -кажусь,
    -кажешься 发表意见,说出自
    己的看法
    На собра́нии он ~лся по
    э́тому вопро́су.
    выска́зываться (未)
ку́ртка, -и; -и 夹克,短上衣
тёмно-кори́чневый, -ая,
    -ое, -ые 深褐色的
приме́рить, (完) -рю, -ришь;
    что 试(衣、鞋)
    примеря́ть (未)
приме́рочная 试衣间
фасо́н, -а; -ы 样式
мо́да, -ы 时髦,时兴
    быть в ~е, войти́ в ~у
    Э́тот фасо́н уже́ вы́шел из
    ~ы.
чек, -а; -и 支票;发票,交款取货单
интересова́ть, (未) -су́ю,
    -су́ешь; кого́-что 引起兴趣,
    使感兴趣

да́мский, -ая, -ое, -ие 女士的,
    妇女的
ма́рка, -и; -и 商标,牌子
    автомоби́ль ~и «Кра́сное
    зна́мя»
гара́нтия, -ии; -ии 保证,担保
гаранти́йный, -ая, -ое, -ые 保
    证的,保障的
    ~ срок
тало́н, -а; -ы 票,券,单据
ро́зовый, -ая, -ое, -ые 玫瑰的;
    粉红的
ма́сло, -а 油;奶油,黄油
сто́йкий, -ая, -ое, -ие 耐久的,坚
    固的
за́пах, -а; -и 气味
Си́рия 叙利亚
предме́т, -а; -ы 物品,东西
посо́бие, -ия; -ия 教科书,参考
    书
канцеля́рский, -ая, -ое, -ие 办
    公的
лине́йка, -и; -и 直尺
стихи́, -о́в (复) 诗,诗篇
рома́н «Война́ и мир» 小说《战
    争与和平》
расска́з, -а; -ы 短篇小说,故事;
    讲述

155

ВНЕАУДИТОРНЫЕ УПРАЖНЕНИЯ И ЗАДАНИЯ
(课外练习与作业)

1. 读下列句子,解释第二格和四格的区别。

1) В э́том магази́не я купи́л ко́ка-ко́лу.
   Нале́йте мне ещё ко́ка-ко́лы.

2) Молодо́й челове́к вы́пил всю во́ду из стака́на.
   Да́йте мне, пожа́луйста, воды́.

3) Ма́ма дала́ до́чери де́ньги на плато́к.
   Я посла́л роди́телям де́нег на доро́гу.

4) Де́вушка, принеси́те мне со́ли.
   Я забы́л купи́ть соль.

5) Сестра́ купи́ла мя́со, ры́бу и квас.
   Нале́йте мне, пожа́луйста, ква́са.

6) Смотри́те, я уже́ купи́л минера́льную во́ду.
   Бу́дьте добры́, минера́льной воды́, пожа́луйста.

7) На за́втрак мы обы́чно берём хлеб, молоко́ и колбасу́.
   Дава́йте попро́буем вина́, оно́ не тако́е кре́пкое.

8) Вчера́ я купи́ла са́хар, торт и фру́кты.
   Да́йте мне, пожа́луйста, са́хара (са́хару).

9) Ви́дно, де́вочка поняла́ э́тот вопро́с.
   Они́, ка́жется, не по́няли э́того вопро́са.

10) Позавчера́ я получи́л де́нежный перево́д из до́ма.
    В чём де́ло? Почему́ до сих пор я не получи́л де́нежного перево́да из до́ма?

2. 将括号里的词和词组变成适当的形式(需要时可加前置词)填空。

1) К вам приходи́л па́рень ...
   (ваш рост, тёмные очки́, кори́чневые брю́ки, краси́вая руба́шка, цветы́ в руке́, но́вые крос-со́вки, ма́ленькие глаза́)

2) Вас спра́шивала де́вушка ...
   (сре́дний рост, голубо́й плато́к, ку́кла в руке́, ку́ртка и джи́нсы, больши́е глаза́, краси́вое пла́-тье, дли́нные во́лосы)

3) Ма́ма, купи́, пожа́луйста, молока́, ...
   (чай, соль, ма́сло, пе́пси-ко́ла, пи́во, мя́со, во́дка, хлеб, йо́гурт, фру́кты, о́вощи, ко́фе)

4) От всей души́ жела́ю вам ...
   (кре́пкое здоро́вье, ве́чная мо́лодость и красота́, свобо́да и сча́стье, счастли́вая жизнь, больши́е успе́хи в учёбе, уда́ча в жи́зни, долголе́тие)

5) Де́ти не боя́тся ...
   (оте́ц, мать, учи́тель, хо́лод, соба́ка, незнако́мые лю́ди, пра́вда, экза́мен, моро́з)

3. 读下列句子，指出一致定语和非一致定语。

1) Где вы бы́ли? К вам приходи́ла де́вушка с дли́нными волоса́ми, в бе́лом пла́тье.

2) Пе́тя, ты зна́ешь, кто вон та де́вушка с больши́ми глаза́ми?

3) Об э́том я спроси́л у той пожило́й же́нщины.

4) На день рожде́ния я подари́ла сестре́ плато́к голубо́го цве́та.

5) Сейча́с джи́нсы тако́го фасо́на и цве́та как раз в мо́де. Бери́те, не пожале́ете.

6) Студе́нты пе́рвой гру́ппы второ́го ку́рса замеча́тельно выступа́ли на ве́чере.

7) Ей о́чень понра́вилась э́та све́тло-си́няя ку́ртка.

8) Мы живём в большо́й, но о́чень дру́жной семье́.

9) Ма́ма купи́ла сы́ну кроссо́вки бе́лого цве́та, сороково́го разме́ра.

10) Пе́ред на́ми стои́т ва́жная и тру́дная зада́ча — овладе́ть ру́сским языко́м за 4 го́да.

 4. 读下列句子，并对黑体词组提问。

1) Когда́ вас не́ было, приходи́л па́рень **высо́кого ро́ста, в очка́х**.

2) Он роди́лся и вы́рос на мо́ре, поэ́тому хорошо́ зна́ет о жи́зни **рыбако́в**.

3) На соревнова́ниях **по волейбо́лу** на́ша кома́нда вы́играла со счётом 3:1.

4) В про́шлом году́ па́па купи́л автомоби́ль **ма́рки «Кра́сное зна́мя»**.

5) Преподава́тель ра́дуется, что все ребя́та сда́ли экза́мен **по ру́сскому языку́**.

6) Жаль, что я не взял костю́м **тёмно-си́него цве́та**: не хвати́ло де́нег.

7) **Де́вушка с дли́нными волоса́ми** показа́ла мне доро́гу к вам.

8) В свобо́дное вре́мя друзья́ ча́сто собира́ются и вспомина́ют **об учёбе и жи́зни в ву́зе**.

9) На ве́чере **на ру́сском языке́** бы́ли не то́лько студе́нты, но и преподава́тели.

10) Этот па́рень сейча́с про́бует перевести́ рома́н **«Война́ и мир»** на кита́йский язы́к.

 5. 利用所给的单词描述人的外貌和衣着，进行对话。

рост, высо́кий, лицо́, во́лосы, коси́чка (коса́), глаза́, очки́, оде́жда, костю́м, пла́тье, цвет, брю́ки, плато́к, боти́нки, разме́р, кори́чневый, джи́нсы, ку́ртка, тёмно-си́ний

 6. 翻译下列句子。

1) 妈妈，生日快乐！祝您健康长寿！

2) 由于朋友们的帮助和支持，我在各方面都取得了很大的成绩。

3) 父母要我经常给他们打电话。

4) 这件新款的西装您穿着非常合适，而且它还不贵。

5) 你试试这双旅游鞋吧。如果你喜欢，我就给你买。

6) 这块女表款式新，质量好，很值得买。

7) 有空的时候，我喜欢读读普希金的诗。现在我打算再读读托尔斯泰的一些作品。

8) 谁想就这个问题发表意见？

9) 别感到拘束，尽情地吃，在我这儿就应该像在家一样。

157

7. 用下列词各造一个疑问句，并请同学回答。

искáть, благодаря́, примéрить, мóда, интересовáть, сомневáться, гарáнтия, вы́сказаться, боя́ться, хотéть

 8. 按课文内容回答问题。

1) Кто такóй Сами́р?

2) Откýда он приéхал?

3) Как дóлго он живёт в Росси́и?

4) Как он владéет рýсским языкóм?

5) Что собирáется дéлать Сами́р сегóдня?

6) Какáя у негó к Антóну прóсьба? Почемý?

7) Где нахóдится большóй магази́н «Кни́ги»?

8) Каки́е отдéлы есть в э́том магази́не?

9) Что продаётся в отдéле «Учéбники и учéбные посóбия»?

10) Что Сами́р купи́л в отдéле «Учéбники и учéбные посóбия»?

11) Что мóжно купи́ть в отдéле «Канцеля́рские товáры»?

12) Что купи́л Сами́р в отдéле «Худóжественная литератýра»?

 9. 利用学过的词汇，讲讲你的一次购物经过。

В воскресéнье я ходи́л за покýпками.

 10. 记住下列词语。

торгóвый центр 商业中心，изделия декорати́вно-прикладнóго искýсства 工艺美术品，фототовáры 照相器材，постéльные принадлéжности 床上用品，óбувь и головны́е убóры 鞋帽，кéпка 鸭舌帽，шля́па 礼帽，плащ 风衣，гáлстук 领带，мéбель 家具，спорти́вный костю́м 运动服，кóжаная кýртка 皮夹克，купáльник 游泳衣，стирáльный порошóк 洗衣粉，мóющие срéдства 洗涤剂，космéтика 化妆品，губнáя помáда 口红，зажигáлка 打火机，ювели́рные издéлия 首饰、珠宝，кольцó 戒指，ожерéлье 项链，сéрьги 耳环，игрýшка 玩具

 11. 利用词典读小短文并记住相关的问答句。

На Нéвском проспéкте есть большóй гастронóм. Он нахóдится недалекó от Садóвой ýлицы. Это хорóший магази́н. Мы ужé нéсколько раз ходи́ли тудá. Я покупáл там я́блоки, грýши, апельси́ны и другúе фрýкты.

Вчерá я с мои́м дрýгом Сергéем был там опя́ть. В э́том гастронóме хорóший конди́терский отдéл. Мы купи́ли торт, печéнье и конфéты. В другóм отдéле мы купи́ли колбасý, ветчинý и соси́ски. В ры́бном отдéле мы купи́ли копчёную ры́бу.

1) — Что вы купи́ли в конди́терском отдéле?

— Кекс, конфéты и сáхар.

2) — Что вы купи́ли в мяснóм отдéле?

— Пельмéни, говя́дину, фарш и пéчень.

3) — Что вы купи́ли в моло́чном отде́ле?

   — Кефи́р, смена́ну, йо́гурт, деся́ток яи́ц и маргари́н.

4) — Что вы купи́ли в ви́но-во́дочном отде́ле?

   — Буты́лку шампа́нского, две буты́лки пи́ва, ко́ка-ко́лу и па́чку сигаре́т.

常用熟语

Для ми́лого дружка́ и серёжка (серёжку) из ушка́. 为了好朋友，舍得摘下耳环相赠；为了好友，什么都舍得。

Гость на поро́г — сча́стье в дом. （迎客用语）客人进家，喜事临门。

УРОК 13

ГРАММАТИКА

☞ I. 数词101—1000及其变格
☞ II. 年、月、日的表示法

ТЕКСТ *Гостиница «Ерофей»*

ГРАММАТИКА

I. 数词101—1000及其变格

1. 数词101–1000

数量数词 101-1000		顺序数词 101-1000	
101	сто {один / одно́ / одна́	сто {пе́рвый / пе́рвое / пе́рвая	
102	сто {два / две	сто {второ́й / второ́е / втора́я	
190	сто девяно́сто	сто девяно́стый	
200	две́сти	двухсо́тый	
300	три́ста	трёхсо́тый	
400	четы́реста	четырёхсо́тый	
500	пятьсо́т	пятисо́тый	
600	шестьсо́т	шестисо́тый	

700	семьсо́т	семисо́тый
800	восемьсо́т	восьмисо́тый
900	девятьсо́т	девятисо́тый
1000	ты́сяча	ты́сячный

 注意:

1) 三位数及以上的合成数词中,中间的零不必表示,例如: 101 – сто оди́н, 1001 – ты́сяча оди́н

2) 三位数及以上的合成顺序数词同两位数的一样,只有最后一个数用顺序数词形式,例如;

101 – сто пе́рвый, 1001 – ты́сяча пе́рвый

3) 复合数词构成顺序数词时,前一部分变成第二格,例如: двухсо́тый, шестисо́тый

2. 数词 200 – 1000 的变格

第一格	第二格	第三格
две́сти	двухсо́т	двумста́м
три́ста	трёхсо́т	трёмста́м
четы́реста	четырёхсо́т	четырёмста́м
пятьсо́т	пятисо́т	пятиста́м
ты́сяча	ты́сячи	ты́сяче

第四格	第五格	第六格
две́сти	двумяста́ми	о двухста́х
три́ста	тремяста́ми	о трёхста́х
четы́реста	четырьмяста́ми	о четырёхста́х
пятьсо́т	пятьюста́ми	о пятиста́х
ты́сячу	ты́сячей (–ью)	о ты́сяче

 注意:

1) 所有以 -сот 结尾的数词 (包括 две́сти, три́ста, четы́реста),同以 -десят 结尾的数词一样,两个组成部分都变格,例如:

① Вчера́ о́коло девятисо́т челове́к бы́ло на вы́ставке.

昨天有近 900 人参观了展览会。

② Среди́ двухсо́т тури́стов со́рок япо́нцев.

200 个游客中有 40 个日本人。

2) 三位数及三位数以上的合成数词的变格方法及用法与两位数的合成数词的变格方法及用法相同。

① В на́шей гости́нице сто оди́н но́мер.

我们宾馆共有 101 间客房。

② Этот о́стров нахо́дится в ста десяти́ киломе́трах от на́шего го́рода.

这座岛屿位于我们城市 110 公里处。

③ Запиши́те телефо́н гости́ницы: 82-60-70-20.

记一下宾馆的电话(号码):82-60-70-20。

161

※ 俄语中电话号码的标准读法,8位数读法,例如:

82-60-70-20,应读为:Во́семьдесят два - шестьдеся́т - се́мьдесят - два́дцать.

3) 与ты́сяча连用的名词用复数第二格。但第五格时,当ты́сяча作数词时,与之搭配的名词用复数第五格形式,例如:с ты́сячью юа́нями, ты́сяча作名词时,名词用复数第二格。

II. 年、月、日的表示法

1. 某年、某月、某日的表示方法

какой год	ты́сяча девятьсо́т во́семьдесят тре́тий год
какой ме́сяц	апре́ль (октя́брь, февра́ль, янва́рь)
какое число́	два́дцать пя́тое (пятна́дцатое)

1) Сейча́с две ты́сячи четы́рнадцатый год.

现在是 2014 年。

2) Сейча́с февра́ль.

现在是二月。

3) — Какое сего́дня число́?

— Сего́дня восьмо́е.

— 今天几号?

— 今天是8号。

2. 在某年、在某月、在某日的表示方法

В како́м году́? Когда́?	В ты́сяча девятьсо́т во́семьдесят тре́тьем году́.
В како́м ме́сяце? Когда́?	В апре́ле (октябре́, феврале́, январе́).
Како́го числа́? Когда́?	Два́дцать пя́того.

 注意:

1) 陈述句中число́一词通常省略不用。

2) 表示年份、日期时书面上用阿拉伯数字,年份、日期的格靠上下文或与其连用的名词的变化来确定,例如:

① 6 февраля́ — кану́н Весе́ннего пра́здника 2008 го́да.

2月6号是2008年春节的除夕。

② 6-ого февраля́, накану́не Весе́ннего пра́здника 2008 го́да, мы бы́ли в гостя́х у тёти.

2月6号,2008年春节的除夕夜,我们到姑姑家做客去了。

3) 年、月、日连用时,年、月用第二格,日用第一格或第二格,顺序是:日、月、年,数词后面可注明格的词尾,例如:

① Сего́дня 21 ма́я 2005 го́да (два́дцать пе́рвое ма́я две ты́сячи пя́того го́да).

今天是2005年5月21号。

② Я роди́лся 2-о́го ноября́ 1984-о́го го́да (второ́го ноября́ ты́сяча девятьсо́т во́семьдесят четвёртого го́да).

我生于1984年11月2号。

4) 表示在某日(某号)时, 用不带前置词的第二格形式, 例如:

— Когда́ вы пое́дете в Читу́?

— Шестна́дцатого ию́ня.

— 你们什么时候去赤塔?

—6月16号。

5) 表示年代时, 通常用复数, 例如:

90-е го́ды (девяно́стые го́ды), в 90-х года́х (девяно́стых года́х)

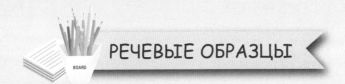

РЕЧЕВЫЕ ОБРАЗЦЫ

1. До́рого сто́ит одноме́стный но́мер?

Около
| двухсо́т юа́ней |
| ста пяти́десяти юа́ней |
.

(двухме́стный но́мер, факс, са́уна; три́ста, четы́реста, со́рок)

2. Мы хоти́м попла́вать в бассе́йне. Ско́лько мы должны́ заплати́ть?

С ка́ждого
| две́сти пятьдеся́т юа́ней |
| три́ста шестьдеся́т юа́ней |
.

(пойти́ в са́уну, отда́ть костю́м в чи́стку; сто во́семьдесят юа́ней, сто де́сять юа́ней)

3. Вы не ска́жете, в како́м году́ постро́или э́ту гости́ницу?

В
| ты́сяча девятьсо́т пя́том году́ |
| ты́сяча восемьсо́т девяно́сто девя́том году́ |
.

(торго́вый центр, рестора́н европе́йской ку́хни; 1998, 1967)

4. Како́е сего́дня число́?

Сего́дня
| деся́тое |
| два́дцать пе́рвое |
.

(5, 15, 20, 25, 30, 31)

5. Когда́ (Како́го числа́) вы пое́дете в Ю́жную Коре́ю?

Мы пое́дем
| пе́рвого ноября́ |
| оди́ннадцатого декабря́ |
.

(Фра́нция, Евро́па, Аме́рика; 3 января́, 18 февраля́, 1 апре́ля)

6. Когда́ вы роди́лись?

Я роди́лся
| седьмо́го ма́я ты́сяча девятьсо́т пятидеся́того го́да |
| пе́рвого ма́рта ты́сяча девятьсо́т девяно́сто девя́того го́да |
.

(1956,10,4;1962,6,25;1972,4,28; 1987,8,1;)

1. — Ско́лько киломе́тров от Москвы́ до Са́нкт-Петербу́рга?

   — 650 киломе́тров.

2. — До́рого сто́ит биле́т на конце́рт э́того певца́?

   — Да, от пятисо́т до ты́сячи юа́ней.

3. — Когда́ вы поступи́ли в университе́т?

   — В 1994-ом году́.

4. — Когда́ вы око́нчили университе́т?

   — Ле́том 2005-ого го́да.

5. — Когда́ была́ Олимпиа́да в Пеки́не?

   — Восьмо́го а́вгуста 2008-ого го́да.

6. — В како́м ме́сяце отмеча́ли пра́здник Весны́ в Кита́е в про́шлом году́?

   — Его́ отмеча́ли шесто́го февраля́ по лу́нному календарю́.

7. — Ско́лько сто́ит э́тот фотоаппара́т?

   — Три́ста пятьдеся́т до́лларов.

8. — Не ска́жете но́мер ва́шего студе́нческого биле́та?

   — 20074321.

9. — Скажи́те, пожа́луйста, кака́я высота́ э́той горы́?

   — Её высота́ — 1943 ме́тра.

10. — Когда́ вы путеше́ствовали по Фра́нции?

    — Я е́здила туда́ весно́й 2003-его го́да.

11. — К кому́ нам мо́жно обрати́ться, е́сли у нас бу́дут вопро́сы? (К ко́му мы мо́жем обрати́ться с вопро́сами?)

    — По всем вопро́сам обраща́йтесь по телефо́ну: 66-25-19-43.

12. — Когда́ и где вы роди́лись?

    — Девятна́дцатого декабря́ 1968-ого го́да в Нанки́не.

13. — Ско́лько студе́нтов у́чится на факульте́те ру́сского языка́?

    — Семьсо́т шестьдеся́т пять студе́нтов.

14. — Ско́лько страни́ц рома́на вы прочита́ли вчера́?

    — Три́ста со́рок две страни́цы.

**ДИАЛОГИ**

1. — Алло́, здра́вствуйте! Это гости́ница «Заря́»?

   — Да. Здра́вствуйте!

   — Могу́ я заброни́ровать одноме́стный но́мер на пять дней — с оди́ннадцатого по шестна́дцатое ма́рта?

   — Одну́ мину́точку, сейча́с посмотрю́. К сожале́нию, одноме́стных номеро́в на э́то вре́мя уже́ нет.

   — А ско́лько сто́ит двухме́стный но́мер?

   — Две ты́сячи пятьсо́т рубле́й в су́тки.

   — Хорошо́. Заброни́руйте мне но́мер. Моя́ фами́лия Ивано́в. Ивано́в Серге́й Петро́вич.

2. — Здра́вствуйте! Я зака́зывал двухме́стный но́мер на пять дней.

   — Здра́вствуйте! Сейча́с посмотрю́ в компью́тере. Ва́ша фами́лия? Ивано́в Серге́й Петро́вич? Да, есть така́я бронь. Пожа́луйста, запо́лните бланк.

   — Пожа́луйста, вот бланк и па́спорт.

   — Спаси́бо. Господи́н Ивано́в, как до́лго вы пробу́дете у нас?

   — Я зака́зывал но́мер на пять дней. Я уезжа́ю шестна́дцатого ма́рта.

   — Ита́к, пять су́ток. Ва́ше прожива́ние сто́ит семь ты́сяч пятьсо́т рубле́й.

   — Пожа́луйста, вот де́ньги.

   — Ваш но́мер на тре́тьем этаже́. 319. Вот ключ и ка́рточка го́стя.

   — Спаси́бо.

3. — Я хочу́ узна́ть, каки́ми услу́гами мы мо́жем воспо́льзоваться в э́той гости́нице?

   — Ка́ждому беспла́тный за́втрак ежедне́вно, беспла́тное по́льзование бассе́йном.

   — А из но́мера мо́жно посла́ть e-mail?

   — Нет, но вы мо́жете посла́ть электро́нное письмо́ из торго́вого це́нтра. Он нахо́дится на пе́рвом этаже́ гости́ницы.

   — Ещё хочу́ спроси́ть, в гости́нице мо́жно обменя́ть валю́ту?

   — Нет, вам ну́жно сходи́ть в Банк Кита́я.

   — Спаси́бо. У меня́ ещё оди́н вопро́с. Гости́ница организу́ет экску́рсии по го́роду?

   — Да. Обрати́тесь, пожа́луйста, в экскурсио́нное бюро́. Оно́ на пе́рвом этаже́, у ли́фта.

   — Спаси́бо ещё раз.

Гостиница «Ерофей»

Мы лю́бим путеше́ствовать, ведь путеше́ствие — э́то но́вые лю́ди, но́вые города́, но́вые впечатле́ния. Когда́ мы гуля́ем по у́лицам но́вого го́рода, мы скуча́ем по до́му. Поэ́тому ва́жно найти́ гости́ницу, где мо́жно отдохну́ть как до́ма. Вот почему́ в гости́нице «Ерофе́й» ре́дко быва́ют свобо́дные номера́.

Гости́ница «Ерофе́й» нахо́дится в са́мом це́нтре го́рода на ти́хой зелёной у́лице. Она́ занима́ет четырёхэта́жное зда́ние. К услу́гам посети́телей ую́тные номера́ со все́ми удо́бствами. В гости́нице 21 но́мер эконо́м-кла́сса, 12 номеро́в полулю́кс (по 3 но́мера на ка́ждом этаже́) и 4 но́мера люкс. Ую́тные номера́ соде́ржат всё необходи́мое: ме́бель, телефо́н, душевы́е каби́нки. В номера́х интерье́ры в индивидуа́льном сти́ле. На пе́рвом этаже́ нахо́дится рестора́н. Утром с 8 до 11 там мо́жно поза́втракать. Шве́дский стол предлага́ет большо́й вы́бор моло́чных проду́ктов, бу́лочек, бутербро́дов, горя́чих блюд, со́ков и други́х напи́тков.

На второ́м этаже́ есть буфе́т, там то́же мо́жно поза́втракать и поу́жинать. Обслу́живающий персона́л — администра́тор, го́рничные, рабо́тники рестора́на и буфе́та — о́чень ве́жливые и доброжела́тельные. Они́ ока́зывают гостя́м са́мые ра́зные услу́ги. Е́сли вам ну́жно вы́звать такси́, погла́дить и́ли вы́стирать оде́жду, почи́стить о́бувь, заказа́ть биле́ты на по́езд и́ли самолёт, вам сле́дует обрати́ться к администра́тору и́ли к го́рничной.

НОВЫЕ СЛОВА И СЛОВОСОЧЕТАНИЯ

две́сти 二百

три́ста 三百

четы́реста 四百

семьсо́т 七百

восемьсо́т 八百

девятьсо́т 九百

двухсо́тый, -ая, -ое, -ые 第二百

шестисо́тый, -ая, -ое, -ые 第六百

о́стров, -а; -á 岛，岛屿

число́, -á; чи́сла 数；数量

кану́н, -а 前一天，前夜

Весе́нний пра́здник 春节

одноме́стный, -ая, -ое, -ые 单人的，单座的

факс, -а 传真

са́уна, -ы 桑拿浴

отда́ть (完) отда́м, отда́шь, отда́ст, отдади́м, отдади́те, отдаду́т; о́тдал (отда́л), отдала́, о́тдало (отда́ло), о́тдали (отда́ли); кого́-что 归还；交给，送交；献给

~ часы́ в почи́нку

отдава́ть (未)

чи́стка, -и 清洗

торго́вый, -ая, -ое, -ые 商业的，贸易的

европе́йский, -ая, -ое, -ие 欧洲的

Ю́жная Коре́я 韩国

Фра́нция, -ии 法国

Олимпиа́да, -ы; -ы 奥林匹克运动会

студе́нческий, -ая, -ое, -ие 大学生的

метр, -а; -ы 米

Нанькѝн 南京

брони́ровать (未) -рую, -руешь; что 专为某人保留，预留（票、座位等）

заброни́ровать (完)

бронь, -и (阴)（专为某人）保留

пробы́ть (完) -бу́ду, -бу́дешь; -был, -была́, -бы́ло, -бы́ли

166

住,逗留(若干时间)

Он пробы́л в дере́вне всё ле́то.

прожива́ние, -ия 居住(若干时间)

по́льзование, -ия 使用

e-mail 电子邮件

электро́нный, -ая, -ое, -ые 电子的

обменя́ть (完) -я́ю, -я́ешь; кого-что 换,交换

~ рубли́ на юа́ни

обме́нивать (未)

валю́та, -ы; -ы 外币,外汇

организова́ть(完,未)-у́ю, -у́ешь; что 组织;建立;安排

~ ве́чер, ~ экску́рсию

экскурсио́нный, -ая, -ое, -ые 参观的,游览的

бюро́ (不变)局,处,所

лифт, -а; -ы 电梯

четырёхэта́жный, -ая, -ое, -ые

四层的

удо́бство, -а; -а 方便,舒适;(复)设备

эконо́м-класс 标准间(经济间)

полулю́кс (旅馆中的)高级房间

люкс (旅馆、船舱、车厢等的)豪华间,特等间

содержа́ть (未) -е́ржит, -е́ржат; что 有,含有

Этот слова́рь ~ит 50 ты́сяч слов.

необходи́мый, -ая, -ое, -ые 必要的,必须的

ме́бель, -и (阴)家具

душево́й, -а́я, -о́е, -ы́е 淋浴的

каби́нка, -и; -и 小屋,室

интерье́р, -а; -ы 内部装修

индивидуа́льный, -ая, -ое, -ые 个人的,个性的

шве́дский, -ая, -ое, -ие 瑞典的

~ стол 自助餐

моло́чный, -ая, -ое, -ые 乳制的

проду́кт, -а; -ы 产品;(复)食品

бутербро́д, -а; -ы 三明治

обслу́живающий, -ая, -ее, -ие 服务的

персона́л, -а 全体人员

го́рничная, -ые 宾馆客房的女服务员

погла́дить (完) -а́жу, -а́дишь; что 熨平

~ брю́ки

гла́дить (未)

вы́стирать (完) -аю, -аешь; что 洗(衣服)

~ бельё

стира́ть (未)

о́бувь, -и (阴)鞋

сле́дует (未) кому́-чему́ (无人称)应该

Нам ~ зако́нчить рабо́ту сего́дня.

ВНЕАУДИТОРНЫЕ УПРАЖНЕНИЯ И ЗАДАНИЯ
(课外练习与作业)

 1. 用俄语准确读出下列电话号码。

82345678, 23456789, 86608272, 4567890, 55667788, 84689301, 53428475, 86785493, 7043985, 84657389, 13901254367, 13851623574, 13063578499, 13346897504

 2. 用俄语准确读出下列数字。

201, 310, 125, 430, 240, 150, 465, 179, 184, 202, 213, 226, 231, 245, 257, 268, 279, 258, 491, 209, 593, 403, 458, 559, 598, 604, 675, 799, 890, 909, 919, 1000, 1001, 1125, 2007

167

3. 翻译词组。

1) 207 房间,999 朵玫瑰,1001 夜,269 公里,1900 美元,零下 35 度,365 天,102 岁,1345 米,1859 年,476 人

2) 借大约 890 卢布,派出 300 名学生,有 336 条河流,居住了 240 天,高达 376 米,1200 座著名的高山,接待 1000 个病人

3) 2008 年奥运会,生于 1981 年,建于 2002 年,在 101 层,5 月 24 日的火车票,1 月 14 号的飞机票

4. 翻译下列句子中的顺序数词。

1) Сейча́с мой друг у́чится на 2 ку́рсе в 6 гру́ппе.

2) Мы живём на 9 этаже́ в 902 но́мере.

3) Пойдём в 460 аудито́рию на ле́кцию по ру́сской литерату́ре.

4) Реба́та, откро́йте уче́бник на страни́це 278, бу́дем чита́ть текст.

5) В 1103 ко́мнату привезли́ но́вую ме́бель.

6) 8 а́вгуста 2008 го́да в Пеки́не на Олимпиа́де бы́ло мно́го спортсме́нов из ра́зных стран.

7) На 336 авто́бусе мо́жно дое́хать до Харби́нского вокза́ла без переса́дки.

8) Эти го́сти останови́лись в гости́нице «Мир» на 10 этаже́ в 1008 но́мере.

9) Де́вушка, с э́тим вопро́сом обрати́тесь, пожа́луйста, в 9 око́шко.

10) Вели́кий ру́сский учёный М.В.Ломоно́сов роди́лся в 1711 году́ в небольшо́й дере́вне на берегу́ Бе́лого мо́ря.

5. 将括号中的词或词组译成俄语。

1) Я ду́маю, что 150 юа́ней хва́тит (洗桑那浴).

2) Эту телеба́шню постро́или (1998 年的秋天).

3) Если у тебя́ нет вре́мени, тогда́ (把衣服送去干洗吧).

4) (1 月 15 号至 2 月 29 号) у нас бу́дут зи́мние кани́кулы.

5) Этот ма́ленький го́род стал изве́стным (在上个世纪 90 年代).

6) Мы е́здили на Тайва́нь (去年年底) с туристи́ческой гру́ппой.

7) Подождём немно́го. Сейча́с час пик, везде́ (塞车).

8) У меня́ де́ньги ко́нчились, так что мне пришло́сь (支付外汇).

9) Нельзя́ есть э́ти проду́кты. Посмотри́те, (保质期) ко́нчился.

10) Пра́здник Луны́ отмеча́ется (农历八月十五).

6. 用括号内指定的数字回答问题。

1) Ско́лько студе́нтов у́чится в институ́те иностра́нных языко́в? (1862)

2) Ско́лько челове́к при́няли в институ́т ру́сского языка́? (180)

3) Ско́лько торго́вых це́нтров постро́или в Кита́е в про́шлом году́? (103)

4) Ско́лько номеро́в вы заброни́ровали для тури́стов с юга? (30)

5) Ско́лько го́рничных и охра́нников рабо́тает в э́той пятизвёздной гости́нице? (22; 15)

6) Ско́лько одноме́стных номеро́в в э́той гости́нице? (102)

7) Сколько обы́чно сто́ит полулю́кс? (580)

8) Сколько дней вы про́были на э́том о́строве? (242)

9) Сколько госте́й останови́лось в э́том оте́ле? (108)

10) Сколько юа́ней вы обменя́ли на до́ллары? (1000)

7. 读下列句子,将括号内的词变成适当的形式(需要时加前置词)

1) Мой брат поступи́л в университе́т (2, октя́брь).

2) Мы с Воло́дей познако́мились (нача́ло, 1977 год).

3) (Июль, э́тот год) э́ти студе́нты око́нчат институ́т.

4) Моего́ дру́га призва́ли в а́рмию (апре́ль, 1999 год).

5) Моя́ сестра́ учи́лась в Москве́ (коне́ц, 1981 год).

6) Мои́ роди́тели рабо́тали на э́том предприя́тии (90 го́ды, 20 век).

7) Обы́чно в шко́лах уро́ки начина́ются (1, сентя́брь).

8) (Весна́, 1988 год) я прие́хал сюда́, сейча́с уже́ привы́к ко всему́.

9) Не зна́ю, почему́ (май, про́шлый год) здесь бы́ло так мно́го дожде́й.

10) Са́ша роди́лся в небольшо́м городке́ на берегу́ Чёрного мо́ря (4, ию́нь, 1962 год).

8. 将下列句子译成汉语。

1) В э́той кни́ге мно́го интере́сного, почита́йте, и для вас мно́гое ста́нет поня́тным.

2) По кита́йской тради́ции Весе́нний пра́здник отмеча́ют в кругу́ родны́х и друзе́й.

3) В двух слова́х не расска́жешь о пое́здке во Фра́нцию, бу́дет вре́мя, я тебе́ подро́бно расскажу́.

4) Часы́ останови́лись. Их пришло́сь отда́ть в почи́нку.

5) Нам сле́дует организо́вывать вечера́ ру́сского языка́ раз в год.

6) Вы мо́жете посла́ть e-mail из торго́вого це́нтра. Он нахо́дится на пе́рвом этаже́.

7) В чём де́ло, почему́ до сих пор он не перевёл факс?

8) Я хочу́ поблагодари́ть вас за то, что вы оказа́ли мне по́мощь.

9) Если вам ну́жно вы́звать такси́, погла́дить оде́жду и́ли почи́стить о́бувь, вам сле́дует позвони́ть по телефо́ну 1350.

10) Если вы хоти́те обменя́ть валю́ту, вам ну́жно сходи́ть в Банк Кита́я.

9. 翻译并记住下列词组。

双人间,把手表送去修理,自助餐,学生证,韩国旅游,房间钥匙,免费早餐,发电子邮件,换外汇,中国银行,组织市内旅游,旅游处,设备齐全的房间,浴房,乳制品,为客人提供服务,熨烫衣服,擦鞋

10. 根据以下语境进行场景对话。

1) Вы администра́тор гости́ницы. Скажи́те прие́хавшему, каки́е номера́ в гости́нице свобо́дны. Предложи́те ему́ вы́брать но́мер, запо́лните на него́ анке́ту прожива́ющего, гостеву́ю ка́рту, да́йте ему́ ключи́.

2) Вы посели́лись в гости́нице и подняли́сь к себе́. Дежу́рная по этажу́ пока́зывает вам но́мер. Узна́йте, каки́е ви́ды услу́г мо́жно получи́ть в гости́нице, что и где нахо́дится. (где мо́жно

169

поесть, где аптéка и т.п.)

11. 记住下列词语。

буфéт 小卖部, одея́ло 被子, простыня́ 床单, покрыва́ло 床罩, поду́шка 枕头, на́волочка 枕套, матра́ц 床垫, срéдство от комаро́в 蚊香, зéркало 镜子, унита́з 抽水马桶, туалéтная бума́га 手纸, отоплéние 暖气, пéпельница 烟灰缸, насто́льная ла́мпа 台灯, розéтка 插座, штéпсельная ви́лка 插头, электри́ческий утю́г 电熨斗, вéшалка 衣架

12. 你作为游客来到了《远东》宾馆, 请填写一下住宿表格。 (Заполните бланк гостиницы «Дальний Восток»)

Имя _____

Отчество _____

Фами́лия _____

Да́та и мéсто рождéния _____

Национа́льность_____

Гражда́нство _____

Áдрес постоя́нного прожива́ния _____

№ па́спорта _____

Цель приéзда _____

Да́та приéзда _____

Да́та отъéзда _____

常 用 熟 语

Гора́ с горо́й не схо́дится, а человéк с человéком (всегда́) сойдётся.

山无相见日, 人有相逢时; 人生何处不相逢。

Не красна́ изба́ угла́ми, а красна́ пирога́ми.

房子美不在布置华丽, 房子美在于烤饼香; 让客人坐好, 不如让客人吃饱。

170

ГРАММАТИКА

☞ I. 带который的限定从属句

☞ II. 动词过去时体的用法

ТЕКСТ **Музей**

ГРАММАТИКА

听录音请扫二维码

I. 带который的限定从属句

限定从属句用来说明主句中的名词或用作名词的其它词类，指出名词所表示的事物或现象的特征，回答 какой 的问题。限定从属句通常由关联词与主句连接。

который 是限定从属句最常见的关联词，有性、数、格的变化。其性、数应与主句中被从属句说明的名词一致，例如：

	журна́л, кото́рый		
Да́йте мне	ка́рту, кото́рая	лежи́т	на столе́.
	письмо́, кото́рое		
	сувени́ры, кото́рые	лежа́т	

请把放在桌上的 杂志 / 地图 / 信 / 纪念品 给我。

关联词的格取决于它在从属句中的作用，可能是各种格的形式，例如：

171

① Ско́ро придёт гид,
который неда́вно прие́хал из Пеки́на
кото́рого вы хорошо́ зна́ете .
с кото́рым вы ходи́ли в парк

不久前从北京来的
您非常熟悉的 那位导游很快就到。
和您去过公园的

② Они́ принесли́ сувени́ры,
кото́рые купи́ли вчера́
о кото́рых вы мечта́ли .

他们昨天买的
你们渴望得到的 纪念礼品带来了。

II. 动词过去时体的用法

未完成体动词过去时可以用来概括地指出非预料的行为曾经发生过；行为可能已经达到了结果，但是行为结果在说话时刻已不存在。例如：

1) Ма́ша, ты сего́дня ходи́ла в суперма́ркет?

玛莎，你今天去过超市吗？

2) Ви́дите, окно́ кто-то открыва́л.

你们看，窗户有人打开过。

完成体动词过去时可以用来具体地指出预料的行为已经发生；行为结果在说话时刻仍然存在。例如：

1) Ма́ша, ты сходи́ла в суперма́ркет?

玛莎，你去超市了吗？

2) — Ты окно́ откры́ла, Ма́ша?

— Да, откры́ла.

— 玛莎，你把窗户打开了吗？

— 打开了。

РЕЧЕВЫЕ ОБРАЗЦЫ

1. В го́сти пришёл друг,
который выступа́л вчера́ на ве́чере
от кото́рого мы получи́ли кни́гу
к кото́рому мы ча́сто хо́дим в го́сти
кото́рого вы зна́ете .
с кото́рым бесе́довали на́ши студе́нты
о кото́ром спроси́ли э́ти ребя́та

(написа́ть мно́го книг, рабо́тать за грани́цей, встре́титься на вокза́ле)

2. Молодые люди познакомились
с известной певицей,

    которая играла главную роль в этом фильме
    у которой большой опыт в преподавании вокала
    которую знают во всей стране .
    с которой работал мой сосед
    о которой не раз писали в газетах

(обратиться, поздравить, посетить, ездить на гастроли)

3. Они ездили к родственникам,

    которые живут за городом
    которым построили новый дом
    у которых мы бываем каждое воскресенье .
    с которыми давно не виделись

(брать, звонить, встречаться, вернуться)

4. По телевизору выступает с речью профессор,

    имя которого знает весь Китай
    с сыном которого мы вместе работаем .

(жена, успехи, жизнь, лекции)

5. Мы пригласили на вечер учителей,

    которые добились успехов в работе
    которым часто звонят родители
    к которым часто ходят за советом .
    с которыми мы познакомились летом
    о которых мы очень заботимся

(желать, поговорить об учёбе, благодарить, помнить)

ВОПРОСЫ И ОТВЕТЫ

1. — Вы прочитали книгу, которую я дала вам на прошлой неделе?
   — Нет ещё, но завтра непременно прочитаю.
2. — Что это за журнал, который нам показали?
   — Кажется, «Вокруг света».
3. — Ты купила «Путеводитель», который мы видели в магазине «Весна»?
   — Нет, не удалось. Когда я туда пришла, их уже не было.
4. — Как называется та улица, на которой вчера открыли новый ресторан?
   —Улица Гоголя.
5. — Кто преподаёт вам русский язык?
   — Молодой доцент, который недавно вернулся из-за границы.
6. — Когда вы будете учить со мной песню, которую пели на вечере?
   — Когда будет время.

173

7. — Вы по́мните назва́ние ру́сского фи́льма, кото́рый получи́л Оскара?

— «Москва́ слеза́м не ве́рит».

8. — Как зову́т профе́ссора, дочь кото́рого рабо́тает у нас на ка́федре?

— Юрий Дени́сович.

9. — Зна́ешь, кто тот стари́к, лицо́ кото́рого нам показа́лось знако́мым?

— А ты что, не по́мнишь? Это дя́дя Ва́ни. Мы с ним познако́мились неда́вно.

10. — Где рабо́тают роди́тели ва́шего дру́га?

— В шко́ле, кото́рую я око́нчил пять лет наза́д.

11. — Каки́е фру́кты продаю́тся на ры́нке?

— Кото́рые выра́щиваются то́лько на ю́ге.

12. — Вам понра́вились блю́да, кото́рые пригото́вила хозя́йка?

— Да, они́ о́чень вку́сные. Мы с аппети́том съе́ли всё.

 ДИАЛОГИ

1. — Вы уже́ бы́ли в Эрмита́же?

— Да, был. А вы?

— За́втра пойду́. Вы не ска́жете, где нахо́дится Эрмита́ж?

— На Дворцо́вой пло́щади.

— В Зи́мнем дворце́?

— Не то́лько. Эрмита́ж занима́ет пять зда́ний.

— Так мно́го?

— Да. Он сла́вится бога́тым собра́нием произведе́ний иску́сства. В нём храня́тся карти́ны вели́ких худо́жников, скульпту́ры, колле́кции фарфо́ра, изде́лий из серебра́ и зо́лота, стари́нных моне́т.

— Я давно́ об э́том слы́шал, сейча́с хочу́ уви́деть свои́ми глаза́ми.

2. — Дава́й схо́дим в музе́й.

— Пойдём. А в како́й?

— В Музе́й изобрази́тельных иску́сств и́мени А.С.Пу́шкина.

— У меня́ на сего́дня то́же тако́й план. Что э́то за музе́й? Я ещё там не была́.

— Это оди́н из са́мых кру́пных худо́жественных музе́ев Росси́и, второ́й по́сле Эрмита́жа по це́нности колле́кций па́мятников иску́сства Дре́внего Восто́ка, анти́чного ми́ра и За́падной Евро́пы.

— Там мно́го посети́телей?

— Да. Ка́ждый день прихо́дят ты́сячи посети́телей. Они́ с восхище́нием осма́тривают удиви́тельные колле́кции.

3. — Вы не ска́жете, каки́е музе́и есть в ва́шем го́роде?

— У нас есть Истори́ческий музе́й, Вое́нный музе́й, Музе́й прикладно́го иску́сства, карти́нная галере́я. Како́й музе́й вы хоти́те посети́ть?

— Я интересу́юсь кита́йским наро́дным иску́сством.

— Тогда́ сходи́те в Музе́й прикладно́го иску́сства. Там сейча́с как раз прохо́дит вы́ставка произведе́ний наро́дных мастеро́в.

— Спаси́бо. В свобо́дное вре́мя обяза́тельно схожу́ на э́ту вы́ставку.

ТЕКСТ

Музей

В ка́ждом го́роде есть музе́и. Музе́и быва́ют ра́зные: краеве́дческие, худо́жественные, истори́ческие, вое́нные и так да́лее. Но мои́ друзья́ не лю́бят ходи́ть в музе́и, они́ утвержда́ют, что ходи́ть в музе́й — то́лько вре́мя теря́ть. Ведь мо́жно посмотре́ть телеви́зор, в кра́йнем слу́чае прочита́ть кни́гу и́ли посмотре́ть фотоальбо́м, что́бы узна́ть об исто́рии страны́, иску́сстве, войне́. Я не так ду́маю. Кни́га и телеви́зор не мо́гут переда́ть той атмосфе́ры, в кото́рую попада́ешь, когда́ переступа́ешь поро́г музе́я. Вы, наве́рное, заме́тили, что в музе́е о́чень ти́хо. И э́то не случа́йно. В музе́е осо́бенная атмосфе́ра, по́лная како́й-то та́йной. Мне иногда́ ка́жется, что в музе́е останови́лось вре́мя. И пусть за окно́м уже́ 21 век, а в за́лах музе́я мы как бу́дто перемеща́емся во вре́мени. Предме́ты, кото́рые храня́тся в музе́е, помога́ют нам оказа́ться в 18 и́ли 19 ве́ке, узна́ть интере́сные страни́цы жи́зни первобы́тных люде́й, заставля́ют затаи́ть дыха́ние, когда́ мы захо́дим в за́лы, кото́рые расска́зывают о траги́ческих собы́тиях в жи́зни предыду́щих поколе́ний. Ра́зве почу́вствуешь всё э́то, когда́ чита́ешь кни́гу и́ли смо́тришь телевизио́нную переда́чу? Вот почему́ мне совсе́м не хо́чется гро́мко разгова́ривать в за́лах музе́я. Приходи́те в музе́й, попро́буйте разгада́ть его́ та́йну, почу́вствуйте вре́мя.

НОВЫЕ СЛОВА И СЛОВОСОЧЕТАНИЯ

бесе́довать (未) -дую, -дуешь; с кем-чем, о чём 谈话, 交谈; 座谈

роль, -и; -и (阴) 角色; 作用

о́пыт, -а 经验

преподава́ние, -ия 教学, 授课

привезти́ (完) -зу́, -зёшь; -вёз, -везла́, -везло́, -везли́; кого-что 运来, 送来
привози́ть (未) -ожу́, -о́зишь

вока́л, -а 声乐, 歌唱艺术

гастро́ли, -ей (复) 巡回演出
вы́ехать на ~
пригласи́ть (кого) на ~

ро́дственник, -а; -и 亲戚

ви́деться (未) -жусь, -дишься; с кем 见面
уви́деться (完)

речь, -и; -и (阴) 言语; 讲话

непреме́нно 一定, 必然地

журна́л «Вокру́г све́та» 《环球》

杂志

уда́ться (完) -а́стся, -аду́тся; -а́лся, -ла́сь, -ло́сь, -ли́сь 成功; (无人称) 得以, 办到

Опера́ция ~ла́сь.

Мне не ~ло́сь уви́деться с ним.

удава́ться (未) -ётся, -ю́тся

преподава́ть (未) -даю́, -даёшь; что кому́-чему 教授, 任教

доце́нт, -а; -ы 副教授

175

показа́ться (完) -ажу́сь,
-а́жешься; кем-чем, каки́м
显出……的样子,觉得好像……
Этот ма́льчик мне ~лся
у́мным.
каза́ться (未)

продава́ться (未) -даётся,
-даю́ться (被)卖,出售
прода́ться (完)

выра́щиваться (未) -ается,
-аются 生长
вы́раститься (完)

Эрмита́ж 艾尔米塔什

Дворцо́вая пло́щадь 宫廷广场

Зи́мний дворе́ц 冬宫

занима́ть (未) -а́ю, -а́ешь; что
占,占用
заня́ть (完) займу́, -мёшь; за́-
нял, заняла́, за́няло, за́няли

фарфо́р, -а 瓷;瓷器

моне́та, -ы; -ы 硬币

це́нность, -и; -и (阴)价值;(复)
珍品

анти́чный, -ая, -ое, -ые 古希腊
罗马的

восхище́ние, -ия 赞赏

вое́нный, -ая, -ое, -ые 军事的

прикладно́й, -а́я, -о́е, -ы́е 实用
的;应用的
~ое иску́сство 实用艺术

карти́нная галере́я 画廊

краеве́дческий, -ая, -ое, -ие 地
方志的

и так да́лее 等等

утвержда́ть (未) -а́ю, -а́ешь;
кого́-что 确认,使相信
утверди́ть (完)

в кра́йнем слу́чае 万不得已时

фотоальбо́м, -а; -ы 相册

война́, -ы́; во́йны 战争

переда́ть (完) -а́м, -а́шь,
-а́ст, -ади́м, -ади́те, -аду́т;
пе́редал (переда́л), -ла́,
пе́редало (переда́ло),
пе́редали (переда́ли); что 转
交;转达,转述;表现
передава́ть (未) -аю́, -аёшь

атмосфе́ра, -ы 气氛

попада́ть (未) -а́ю, -а́ешь 走到,
来到;陷入
попа́сть (完) -аду́, -адёшь

переступа́ть (未) -а́ю, -а́ешь;
что (че́рез что) 迈过,跨过
переступи́ть (完) -уплю́,
-у́пишь

поро́г, -а; -и 门槛

заме́тить (完) -е́чу, -е́тишь;
кого́-что 发现
замеча́ть (未)

осо́бенный, -ая, -ое, -ые 特别
的

та́йна, -ы; -ы 秘密,奥秘

как бу́дто 似乎,好像

перемеща́ться (未) -а́юсь,
-а́ешься 迁移
перемести́ться (完) -ещу́сь,
-ести́шься

первобы́тный, -ая, -ое, -ые 原
始的

затаи́ть дыха́ние 屏住呼吸

траги́ческий, -ая, -ое, -ие 悲剧
的;悲惨的

предыду́щий, -ая, -ее, -ие 以前
的,上次的
~ но́мер журна́ла

почу́вствовать (完) -вую,
-вуешь; что 觉得,感到
~ уста́лость, ~ сча́стье
чу́вствовать (未)

переда́ча, -и; -и 广播、电视节目

разгада́ть (完) -а́ю, -а́ешь; что
猜中;看出
разга́дывать (未)

ВНЕАУДИТОРНЫЕ УПРАЖНЕНИЯ И ЗАДАНИЯ
(课外练习与作业)

 1. 把括号里的联系用语кото́рый变成适当的形式,需要时请加前置词。

1) Переда́йте мне уче́бное посо́бие, (кото́рый) лежи́т на столе́.

2) Подари́те, пожа́луйста, де́вушке фотоальбо́м, (кото́рый) ей о́чень понра́вился.

3) На́ша семья́ живёт в селе́, (кото́рый) нахо́дится на берегу́ мо́ря.

4) Ду́маю, что они́ не успе́ют на по́езд, (кото́рый) отхо́дит в пять часо́в утра́.

5) Ни́ночка, тебе́ понра́вилась ку́кла, (кото́рый) па́па привёз из Росси́и?

6) Недалеко́ от на́шего до́ма откры́лась карти́нная галере́я, (кото́рый) постро́или совсе́м неда́вно.

7) Карти́ны, (кото́рый) я ви́дел на вы́ставке, произвели́ на меня́ огро́мное впечатле́ние.

8) Мы до́лго гуля́ли по Дворцо́вой пло́щади, (кото́рый) нахо́дится Эрмита́ж.

9) Роди́тели ра́дуются успе́хам, (кото́рый) сын доби́лся в э́том году́.

10) В магази́не, (кото́рый) рабо́тает наш сосе́д, продаётся но́вая ме́бель.

 2. 用联系用语кото́рый的适当形式填空。

1) В авто́бус се́ли худо́жники, ... прие́хали из ра́зных уголко́в страны́.

2) Доце́нт, ... уже́ привы́кли студе́нты, уе́хал за грани́цу

3) Ря́дом с на́шим до́мом нахо́дится истори́ческий музе́й, ... храни́тся мно́го це́нных экспона́тов.

4) В э́том ву́зе мой дя́дя преподаёт ру́сский язы́к, ... студе́нты должны́ овладе́ть за 4 го́да.

5) В э́том магази́не продаётся фарфо́р, ... давно́ мечта́ет моя́ жена́.

6) В наш го́род прие́хали на гастро́ли певцы́, ... не раз писа́ли в газе́тах.

7) Река́, ... пла́вают моржи́ зимо́й, называ́ется Сунхуацзя́н. Ру́сские называ́ют её Су́нгари.

8) В ко́мнате, ... вошла́ же́нщина, не хвата́ет пяти́ сту́льев.

9) Преподава́тель, ... студе́нты ча́сто обраща́лись с ра́зными вопро́сами, уе́хал за грани́цу.

10) Кни́га и телеви́зор не мо́гут переда́ть той атмосфе́ры, ... попада́ешь, когда́ переступа́ешь поро́г музе́я.

 3. 用联系用语кото́рый把两个简单句连成一个复合句。

1) Всем гостя́м понра́вился вку́сный обе́д. Его́ пригото́вила ма́ма.

2) За́втра я пойду́ в го́сти к дру́гу. С ним я давно́ не ви́делся.

3) Мы провели́ ле́тние кани́кулы в селе́. Здесь роди́лся и вы́рос э́тот изве́стный поэ́т.

4) В сре́ду бу́дут экза́мены. К ним мы серьёзно и до́лго гото́вились.

5) Вчера́ мы посети́ли заво́д. Там рабо́тает мой бли́зкий друг.

6) Это моя́ подру́га. С ней я ча́сто разгова́риваю по телефо́ну.

7) Городо́к нахо́дится на берегу́ мо́ря. Отту́да прилете́ли мои́ знако́мые.

8) Мы до́лго бесе́довали с профе́ссором. Об э́том профе́ссоре мы мно́го слы́шали.

9) Мы познако́мились с изве́стным режиссёром. Он снял мно́го интере́сных фи́льмов.

10) На о́строве Хайна́нь выра́щиваются фру́кты. Их мы никогда́ не про́бовали.

 4. 回答问题。

1) Кто тот па́рень, кото́рый пе́редал вам биле́ты на пеки́нскую о́перу?

2) Кто та де́вушка, кото́рая выступа́ет с ре́чью?

3) Кто те лю́ди, кото́рые заставля́ют вас купи́ть тако́й слова́рь?

4) Кто тот молодо́й челове́к, с кото́рым вы бесе́довали по́сле обе́да?

5) Кто тот стари́к, кото́рому вы ча́сто ока́зываете по́мощь?

6) Где нахо́дится Эрмита́ж, в кото́ром храня́тся карти́ны вели́ких худо́жников, скульпту́ры?

7) Как прошёл ве́чер, за организа́цию кото́рого отвеча́л институ́т иностра́нных языко́в?

8) Тебе́ понра́вилась о́бувь, кото́рую тебе́ подари́ла ма́ма на Но́вый год?

9) Куда́ пое́дут отдыха́ть студе́нты, кото́рым удало́сь успе́шно сдать экза́мен?

10) Как называ́ется кни́га, кото́рую вы взя́ли в библиоте́ке вчера́?

177

5. 用联系用语который的各种形式续完下列句子。

1) Про́шлым ле́том я е́здил к ро́дственнику, ...

2) Ко мне приходи́ли друзья́, ...

3) Покажи́те мне, пожа́луйста, карти́ны, ...

4) Нам преподаёт ру́сский язы́к де́вушка, ...

5) Почита́йте стихи́, ...

6) Неда́вно мы познако́мились с диплома́том, ...

7) Я о́чень ре́дко звоню́ дру́гу, ...

8) Я заняла́ де́ньги у колле́ги, ...

9) Вчера́ де́ти осма́тривали карти́нную галере́ю, ...

10) За полчаса́ го́сти дое́хали до вокза́ла, ...

 6. 用下列词或词组造句。

показа́ться, с восхище́нием, и так да́лее, в кра́йнем слу́чае, как бу́дто, затаи́ть дыха́ние, заставля́ть, заме́тить

 7. 想出与下列名词搭配的形容词，并用这些名词填空。

музе́й, экску́рсия, экскурсово́д, экспона́т, колле́кция, ле́кция

Я не о́чень люблю́ ходи́ть в .... Но вчера́ вме́сте с друзья́ми пошёл на ... в худо́жественный музе́й посмотре́ть бога́тую ... произведе́ний иску́сств, кото́рые со́здали изве́стные мастера́ ра́зных стран и эпо́х. Интере́сная ... экскурсово́да, чуде́сные карти́ны не да́ли мне заскуча́ть. Очень хочу́ ещё раз сходи́ть в ...

 8. 用下列动词的适当形式填空。

уда́ться, заня́ть, утвержда́ть, переда́ть, попа́сть, заме́тить, заста́вить, приглаша́ть, переступи́ть, показа́ться

1) В про́шлом ме́сяце э́тих арти́стов ... в наш го́род на гастро́ли.

2) Мне так и не ... купи́ть карти́ну Левита́на.

3) Кто тако́й э́тот стари́к? Почему́ его́ лицо́ мне ... знако́мым?

4) Ребя́та, ... места́, пора́ начина́ть собра́ние.

5) Са́ша ..., что он ничего́ не зна́ет об э́том.

6) ... роди́телям, что у меня́ здесь всё хорошо́. Пусть они́ не беспоко́ятся обо мне.

7) Вчера́ я потеря́л ключи́ и два часа́ не мог ... в кварти́ру.

8) Де́вочка с больши́м трудо́м ... не́сколько шаго́в и упа́ла.

9) Воло́дя прошёл ми́мо меня́, но я не ... его́.

10) Извини́те, что ... вас до́лго ждать.

178

9. 翻译下列句子。

1) 我按时还了在图书馆借的《环球》杂志。

2) 尼娜，把你在晚会上唱的那首歌教给我们吧。

3) 值班护士给发高烧的小孩打了一针。

4) 有丰富工作经验的人一定能完成这项任务。

5) 现在电影院里正在上映获得奥斯卡奖的美国故事片。

6) 儿子和你在一起读书的王教授正在电视里发言。

7) 大家确信，害怕困难的人将一事无成。

8) 博物馆里保存的物品会帮助参观者了解很多新鲜、有趣的东西。

9) 你会发现，在画展上无论大人，还是孩子，都屏住呼吸，赞赏地看着每一幅油画作品。

10) 没有导游的讲述，你不会猜中这些地方中所含的秘密。

 10. 按课文内容回答问题。

1) Какие бывают музеи?

2) Почему ваши друзья не любят ходить в музеи?

3) Как, по мнению друзей автора, можно узнать об истории и искусстве, кроме музея?

4) Вы согласны с их мнением? Почему?

5) Какая атмосфера в музее?

6) Почему иногда кажется, что в музее время как будто остановилось?

7) Какую роль играют предметы, которые хранятся в музее?

8) Почему совсем не хочется громко разговаривать в залах музея?

9) Зачем люди приходят в музей?

 11. 读下列一则公告，然后自编一个公告。

Приглашаем студентов и школьников посетить Дальневосточный художественный музей. Наш музей — самая восточная сокровищница изобразительного искусства. Нам есть чем гордиться. Наше собрание связано с коллекциями самых крупных музеев страны — Эрмитажа, Русского музея, Третьяковской галереи. Нам есть что показать. Для школьников и студентов мы предлагаем экскурсии:

Традиционное искусство коренных народов Дальнего Востока;

Русское искусство 19 века;

Западноевропейское искусство;

Современное искусство.

Вы узнаете много интересной и полезной информации из области искусства и культуры, когда прослушаете лекции наших экскурсоводов. Ждём вас ежедневно, кроме понедельника, с 10 до 17 часов по адресу г. Хабаровск, ул. Шевченко 7.

12. 记住下列词语。

краеве́дческий музе́й 地方志博物馆，худо́жественный музе́й 美术馆，истори́ческий музе́й 历史博物馆，вое́нный музе́й 军事博物馆，литерату́рный музе́й 文学博物馆，вы́ставочный павильо́н (зал) 展厅，экспона́т 展品，па́мятники культу́ры 文物，скульпту́ра 雕塑艺术，雕像，колле́кция 收藏品，изде́лия из серебра́ и зо́лота 金银制品，стари́нная моне́та 古币，посети́тель 参观者，ико́на 圣像

 13. 利用词典阅读短文，然后按课文内容回答问题。

  Ю́лия останови́лась пе́ред небольши́м пейза́жем и смотре́ла на него́ равноду́шно. На пере́днем пла́не ре́чка, че́рез неё бреве́нчатый мо́стик, на берегу́ тропи́нка, кото́рая исчеза́ет в тёмной траве́, по́ле, пото́м спра́ва кусо́чек ле́са, о́коло него́ костёр. А вдали́ догора́ет вече́рняя заря́.

  Ю́лия вообрази́ла, как она́ сама́ идёт по мо́стику, пото́м тропи́нкой, всё да́льше и да́льше, а круго́м ти́хо, крича́т со́нные дергачи́, вдали́ мига́ет ого́нь. И почему́-то вдруг ей ста́ло каза́ться, что э́ти са́мые облачка́, кото́рые протяну́лись по кра́сной ча́сти не́ба, и лес, и по́ле она́ ви́дела уже́ давно́ и мно́го раз, она́ почу́вствовала себя́ одино́кой, и ей захоте́лось идти́ и идти́ по тропи́нке; и там, где была́ вече́рняя заря́, поко́илось отраже́ние чего́-то неземно́го ве́чного.

  — Как э́то хорошо́ напи́сано! — проговори́ла она́, удивля́ясь, что карти́на ста́ла ей вдруг поня́тна. — Посмотри́, Алёша! Замеча́ешь, как тут ти́хо?

  Она́ смотре́ла на пейза́ж с гру́стной улы́бкой. Пото́м она́ начала́ сно́ва ходи́ть по за́лам и осма́тривать карти́ны, хоте́ла поня́ть их.

Из расска́за А. П. Че́хова «Три го́да»

1) В како́й музе́й пришла́ Ю́ля?
2) Что она́ де́лала в музе́е?
3) Что ей осо́бенно понра́вилось? Почему́?

常 用 熟 语

До́ма (и) сте́ны помога́ют.
在家四壁也帮忙；在家千日好，出门一时难。
Там (Везде́) хорошо́, где нас нет.
我们不在的地方都好；那山总比这山好。

Упражнения и задания

 1. 说出下列名词的第五格形式。

лю́ди, де́ти, профессора́, рыбаки́, моржи́, боле́льщики, цветы́, бизнесме́ны, учителя́, ма́тери, бра́тья, друзья́, сёстры, доктора́, города́, знако́мые, врачи́, россия́не, часы́, охра́нники, диплома́ты, чемпио́ны, джи́нсы, проду́кты, доце́нты

 2. 翻译下列词组。

划船,(没有)丢脸,戒烟,汇款单,怀疑自己的力量,九百名大学生,新款式的女鞋,365个日日夜夜,迈进博物馆的门槛,充满了神秘色彩的氛围,原始人类的生活,悲惨事件,猜出秘密,冰球赛,雨季,掌握现代科学技术,带墨镜的小伙子,40号的旅游鞋,一千个座位,上个世纪50年代,喝一点儿可口可乐

 3. 完成对话。

1) —Дава́йте подни́мем бока́лы, вы́пьем за на́шу дру́жбу!

— ...

2) — Мо́жно обменя́ть валю́ту в гости́нице?

— ...

181

3) — Каки́ми ви́дами спо́рта вы занима́етесь?

    — ...

4) — Ско́лько сто́ит двухме́стный но́мер?

    — ...

5) — Ско́лько дней мы мо́жем здесь находи́ться?

    — ...

6) — Когда́ бу́дет выступа́ть с ре́чью Са́ша?

    — ...

7) — Когда́ вы собира́етесь отда́ть э́ти кни́ги?

    — ...

    — Дава́йте пойдём вме́сте.

    — ...

8) — Я хочу́ спроси́ть, куда́ мы пое́дем за поку́пками?

    — ...

    — Ты зна́ешь, я там уже́ была́.

    — ...

9) — Каки́е у вас пла́ны на сего́дня?

    — ...

    — С кем вы реши́ли пое́хать?

    — ...

10) — Вы не ска́жете, когда́ бу́дет футбо́льный матч по телеви́зору?

    — ...

    — Кто с кем бу́дет игра́ть?

    — ...

    — Как вы ду́маете, кака́я кома́нда вы́играет?

    — ...

 4. 将括号里的词语译成俄语。

1) Пе́рвый универма́г рабо́тает (从早9点到晚8点).

2) Я не была́ на ве́чере, потому́ что (我身体不舒服).

3) В 1999 году́ откры́лся (这个网球场).

4) Утром шёл дождь, и самолёт (延误了3个小时).

5) Этот кинотеа́тр (将于今年年底建成).

6) Из э́тих молоды́х люде́й я зна́ю то́лько (高个儿、带眼镜的小伙子).

7) Мо́жет быть, у вас (有事找我)?

8) Бу́дьте любе́зны, скажи́те, (现在几点了)?

9) Тебя́ спра́шивал руководи́тель. Он хо́чет (和你商量明天的计划).

10) Почему́ Со́ня не пришла́? (忘了是怎么的)?

5. 回答下列问题。

1) У меня́ зу́бы боля́т. Что мне де́лать?

2) Мы идём в магази́н. Что нам купи́ть?

3) У него́ о́чень плохо́е здоро́вье? Что вы мо́жете ему́ посове́товать?

4) Тебе́ не хо́чется попро́бовать э́ту минера́льную во́ду?

5) Где вы бы́ли в воскресе́нье?

6) Ма́ша, смотри́, кто э́то к нам идёт?

7) Мо́жно позвони́ть вам на рабо́ту?

8) Здесь мест не хвата́ет. Что де́лать?

9) Приве́т, ребя́та! Что но́вого?

10) Как называ́ется у́лица, на кото́рой нахо́дится апте́ка?

 6. 把下列句子翻译成汉语。

1) Вы же го́сти на́шего го́рода. Я всегда́ к ва́шим услу́гам.

2) Сейча́с наш самолёт лети́т над реко́й Хуанпуцзя́н.

3) Пе́ред Но́вым го́дом я хочу́ отпра́вить друзья́м откры́тки.

4) Скажи́те го́рничной, что у нас в но́мере не хвата́ет 2 полоте́нец.

5) За у́жином де́вочка познако́мила нас со свои́ми роди́телями.

6) Она́ пока́зывает нам су́мку, кото́рую купи́ла на про́шлой неде́ле.

7) Вы зна́ете люде́й, кото́рых пригласи́ли на бесе́ду?

8) Музе́и помога́ют нам узна́ть про́шлое ро́дины и культу́ру друго́й страны́.

9) Эрмита́ж нахо́дится в Санкт-Петербу́рге. Это оди́н из са́мых кру́пных в ми́ре худо́жественных музе́ев.

10) Ую́тные номера́ соде́ржат всё необходи́мое. Интерье́ры номеро́в вы́полнены в индивидуа́льном сти́ле.

 7. 将下列句子译成俄语(要求用联系用语который)。

1) 这位年轻作家写的小说我很喜欢。

2) 将于今年五月建成的这个百货商店离我家不远。

3) 我已经认识了那些来上海巡回演出的歌手们。

4) 外国客人们登上了中国人民很早以前修建的万里长城。

5) 我打算去父母曾旅游过的地方看一看。

8. 翻译下列句子。

1) 在宾馆的房间里就可以打电话,不过要先拨"9"。

2) 每年六月举办哈尔滨经济贸易洽谈会,这里常汇聚来自各国的宾朋。

3) 童年时,我就对体育感兴趣,常常踢足球、打网球,所以身体一直很好。

4) 我们坐下来,吃了一点儿水果就又上路了。

5) 1978年5月1日我来到了这个小城,现在早已习惯了这儿的人们和生活。

6) 可以试试那件天蓝色的、小码的连衣裙吗?

183

7) 由于朋友们的支持和帮助还有自己的能力,哥哥在各方面都取得了好成绩。

8) 一个七、八岁的小女孩告诉我,哈尔滨的冰灯非常漂亮。

9) 服务员,劳驾,可以给我们拿一些盐和糖吗?

10) 我们昨天去了书店,可是没有买到俄文版的《战争与和平》这本小说。

 9. 续句子。

1) ... музей знакомит нас с ...

2) В ... музее можно познакомиться с ...

3) Мне очень понравилась картина ...

4) На посетителей особое впечатление произвёл ...

5) Книги учат нас, ...

 10. 用下列词语造短文。

оказать, платная клиника, медицинская услуга, если, серьёзная болезнь, послать (кого) в больницу, вечернее время, вызвать врача на дом

 11. 回答扩展性问题,然后把问题的答案串成小短文。

1) Какие виды спорта вы можете назвать?

2) Какой вид спорта вам нравится?

3) Почему вы очень редко болеете?

4) Почему говорят, что «Лучшее лекарство — спорт»?

1) Когда у мамы будет день рождения?

2) Какой подарок вы собираетесь ей купить?

3) Как вы думаете, понравится ли ей ваш подарок? Почему?

4) Чего вы пожелаете маме?

1) Куда ездил ваш преподаватель недавно?

2) Вы знаете, в какой гостинице он останавливался?

3) Почему он выбрал именно эту гостиницу?

4) Он вам сказал, как там обслуживают?

1) Какие музеи есть в вашем родном городе?

2) Вы часто ездите в музей?

3) Какую роль играет музей в нашей жизни?

12. 借助词典阅读短文，选择合适的动词，并将其变成适当形式填空。

| зайти́ | пое́хать | ходи́ть | осма́тривать | сообщи́ть | прие́хать |
| ко́нчиться | оста́вить | забы́ть | посла́ть | | |

Оди́н челове́к впервы́е _____ в Пари́ж. Он взял такси́ и _____ в гости́ницу.

Там он снял но́мер, _____ ве́щи и пошёл _____ го́род. По доро́ге он _____ на по́чту и дал жене́ телегра́мму, что́бы сообщи́ть ей свой пари́жский а́дрес. В э́тот день он мно́го _____ по у́лицам, был в музе́ях, заходи́л в магази́ны, а ве́чером пошёл в теа́тр. Когда́ спекта́кль _____, он реши́л е́хать в гости́ницу. Но он _____ её а́дрес. Тогда́ он пошёл на по́чту и _____ жене́ ещё одну́ телегра́мму: " Неме́дленно _____ мне мой пари́жский а́дрес".

185

生词表

«Война́ и мир»	(12)	боеви́к	(8)	включа́ть	(6)	выпи́сывать	(10)
«Вокру́г све́та»	(14)	бока́л	(2)	включи́ть	(6)	вы́полнить	(3)
«Воскресе́ние»	(9)	боле́льщик	(11)	во́время	(5)	выполня́ть	(3)
«Москва́ слеза́м не		боле́ть	(11)	води́ть	(6)	вы́расти	(2)
ве́рит»	(8)	больно́й	(5)	вое́нный	(14)	выра́щиваться	(14)
DVD-диск	(8)	бо́льше	(8)	возврати́ться	(5)	вы́сказаться	(12)
e-mail	(13)	боро́ться	(4)	возвраща́ться	(2)	выска́зываться	(12)
on-line-библиоте́ка	(9)	боя́ться	(3)	возмо́жно	(7)	высоко́	(4)
VIP зал	(4)	брони́ровать	(13)	возмо́жность	(5)	высота́	(11)
		бронь	(13)	во́зраст	(8)	вы́стирать	(13)
А		броса́ть	(11)	война́	(14)	выступле́ние	(4)
		бро́сить	(11)	войти́	(4)	выходи́ть	(7)
автогра́ф	(8)	буди́ть	(6)	вока́л	(14)	выходно́й	(7)
администра́тор	(9)	бульо́н	(4)	Волгогра́д	(4)		
актёр	(4)	бума́га	(9)	во́ля	(3)	**Г**	
аккура́тный	(7)	бутербро́д	(13)	восемна́дцатый	(1)		
алло́	(5)	быва́ть	(3)	во́семьдесят	(7)	гандбо́л	(11)
Аме́рика	(5)	бы́вший	(5)	восемьсо́т	(13)	гаранти́йный	(12)
америка́нский	(7)	бюро́	(13)	воспо́льзоваться	(9)	гара́нтия	(12)
ана́лиз	(10)			восто́к	(1)	гастро́ли	(14)
анги́на	(10)	**В**		восхище́ние	(14)	гео́лог	(10)
англи́йский	(5)			восьмидеся́тый	(7)	гла́дить	(13)
анти́чный	(14)	ваго́н	(4)	восьмо́й	(1)	глаз	(1)
аплоди́ровать	(6)	валю́та	(13)	вре́менный	(10)	говори́ть	(2)
а́рмия	(7)	веду́щий	(3)	вско́ре	(8)	говоря́щий	(5)
архитекту́ра	(3)	ведь	(8)	встава́ть	(2)	го́лос	(5)
архитекту́рный	(1)	везти́	(8)	встать	(2)	голубо́й	(12)
атле́тика	(11)	век	(1)	встре́титься	(10)	гора́ Хуаньша́нь	(9)
атмосфе́ра	(14)	ве́рить	(6)	встреча́ться	(10)	гора́здо	(7)
		ве́рно	(2)	вуз	(1)	го́рничная	(13)
Б		верну́ться	(2)	входи́ть	(4)	городско́й	(5)
		верши́на	(10)	выбира́ть	(2)	горя́чий	(4)
бага́жник	(6)	весели́ться	(3)	вы́брать	(2)	гото́вить	(2)
бадминто́н	(1)	ве́село	(2)	вы́глядеть	(5)	гото́виться	(4)
баскетболи́ст	(6)	весь	(1)	выдава́ть	(9)	гра́дус	(11)
беда́	(7)	ветчина́	(4)	вы́дать	(9)	гра́мота	(6)
бесе́довать	(14)	вече́рний	(8)	выдаю́щийся	(1)	гриб	(2)
беспла́тный	(1)	ве́чный	(12)	вы́звать	(5)	гроза́	(6)
беспоко́ить	(10)	взро́слый	(7)	вызыва́ть	(5)	грусти́ть	(8)
беспоко́йство	(5)	взять	(3)	вы́играть	(11)	гру́стно	(7)
библиоте́ка	(1)	вид	(1)	выи́грывать	(11)	гуля́нье	(1)
бизнесме́н	(11)	ви́деться	(14)	вы́йти	(7)		
благодари́ть	(2)	ви́за	(4)	выключа́ть	(6)	**Д**	
благодаря́	(12)	ви́лка	(10)	вы́ключить	(6)		
бланк	(4)	винегре́т	(4)	вы́лечить	(9)	давле́ние	(10)
бли́зкий	(5)	висо́к	(7)	вы́писать	(10)	да́вний	(5)

дамский (12)
данный (9)
дарить (2)
двадцатый (1)
двенадцатый (1)
двести (13)
двор (8)
двухсотый (13)
девочка (1)
девяносто (7)
девяностый (7)
девятнадцатый (1)
девятый (1)
девятьсот (13)
действительно (5)
деловой (5)
дельфин (6)
демонстрация (1)
деревянный (4)
десерт (4)
десятый (1)
детектив (9)
детский (6)
дёшево (6)
джинсы (12)
диагноз (10)
дипломат (11)
диск (6)
добиваться (11)
добиться (11)
довести (11)
доводить (11)
дозвониться (5)
дойти (6)
документальный (8)
долгожитель (1)
долголетие (2)
доллар (1)
домашний (5)
дорого (6)
достоинство (9)
доходить (6)
доцент (14)
дружба (8)
дурной (5)
дух (11)
духи (2)

душа (4)
душевой (13)
дырка (10)

Е

Европа (2)
европеец (7)
европейский (13)
ежедневно (9)
ездить (4)

Ж

жалеть (8)
жаловаться (10)
желать (2)
желающий (9)
жемчужина (1)
жена (7)
живой (7)
живопись (9)
жизнерадостный (7)
житель (1)

З

забронировать (13)
завидовать (7)
зависеть (5)
завиток (7)
завтрак (1)
заглядывать (8)
заглянуть (8)
задание (6)
задача (10)
заказать (4)
заказывать (4)
закалить (3)
закалять (3)
заканчиваться (3)
закончиться (3)
закончить (3)
закрывать (6)
закрыть (6)
зал (3)
заметить (14)
замечать (14)

замечательно (8)
занимать (14)
занять (14)
запах (12)
записать (4)
записывать (4)
записаться (9)
записываться (9)
заполнить (4)
заполнять (4)
запоминать (4)
запомнить (4)
зарубежный (1)
заснуть (5)
засыпать (5)
заставить (8)
заставлять (8)
захватить (11)
захватывать (11)
звать (4)
здешний (6)
знакомый (5)
знание (11)
золото (2)
золотой (7)
зритель (8)
зубной (10)

И

игра (3)
идея (3)
известно (5)
извиниться (5)
извиняться (5)
изделие (6)
измерить (10)
измерять (10)
изобретение (8)
изучать (2)
изучить (2)
икра (4)
иллюзион (8)
иметь (5)
иметься (4)
индивидуальный (13)
инициатор (5)
интерес (8)

интересовать (12)
интересоваться (10)
интерьер (13)
искать (12)
искупаться (3)
исполнить (4)
исполнять (4)
использовать (5)

К

кабинет (10)
кабинка (13)
каникулы (3)
канун (13)
канцелярский (12)
картина (1)
карточка (1)
касса (1)
кататься (11)
каток (12)
каша (1)
квас (12)
километр (9)
кинематограф (8)
кинозвезда (8)
киносеанс (8)
кинотеатр (1)
кинофестиваль (8)
кинофильм (8)
кипяток (10)
кисточка (10)
китаец (6)
классика (9)
класть (6)
климат (2)
клиника (10)
кого-либо (5)
кока-кола (12)
коллега (5)
коллекция (1)
композитор (2)
комфортный (4)
кондиционер (6)
конец (1)
консультация (5)
концертный (4)
кончать (2)

187

生 词 表

188

189

привлека́ть	(1)	произво́дство	(8)	расстра́ивать	(5)	семе́стр	(3)
привози́ть	(14)	промы́шленный	(1)	расстра́иваться	(3)	семидеся́тый	(7)
привыка́ть	(6)	пропуска́ть	(11)	расстро́ить	(5)	семна́дцатый	(1)
привы́кнуть	(6)	пропусти́ть	(11)	расстро́иться	(3)	семьсо́т	(13)
привы́чный	(9)	прореаги́ровать	(5)	расти́	(2)	серебро́	(2)
пригласи́ть	(2)	проспе́кт	(6)	реаги́ровать	(5)	середи́на	(8)
пригото́вить	(2)	просту́да	(10)	ребёнок	(7)	сериа́л	(8)
приём	(10)	простуди́ться	(4)	ре́дкий	(5)	се́рия	(8)
призва́ть	(7)	простужа́ться	(4)	режиссёр	(8)	сесть	(4)
призыва́ть	(7)	про́сьба	(5)	рекла́ма	(8)	сиде́ться	(5)
прийти́	(2)	про́филь	(10)	рефера́т	(9)	си́ла	(3)
прийти́сь	(6)	прочита́ть	(2)	речь	(14)	си́льно	(6)
прикладно́й	(14)	про́шлое	(3)	родно́й	(1)	Си́рия	(12)
приключе́ние	(9)	проща́нье	(5)	ро́дственник	(14)	сказа́ть	(2)
приле́жный	(8)	проща́ние	(6)	рожде́ние	(2)	скла́дываться	(1)
приме́рить	(12)	прыжо́к	(11)	ро́зовый	(12)	скро́мно	(7)
приме́рочная	(12)	прямо́й	(7)	роль	(14)	сла́бый	(3)
примеря́ть		публикова́ть	(9)	рост	(7)	сла́виться	(11)
принести́	(4)	пульт	(6)	рот	(10)	сле́ва	(10)
приноси́ть	(4)	пусть	(8)	рубль	(1)	сле́дует	(13)
прису́тствующий	(5)	путеводи́тель	(9)	руководи́тель	(6)	слу́жба	(10)
приходи́ть	(2)	путеше́ствие	(3)	ру́сско-кита́йский	(9)	слу́чай	(9)
приходи́ться	(6)	путь	(3)	рыба́к	(11)	смешно́й	(7)
прия́тно	(2)	пятидеся́тый	(7)	ряд	(8)	смея́ться	(7)
про́бка	(6)	пятизвёздный	(1)			снима́ть	(8)
пробле́ма	(6)	пятна́дцатый	(1)			снять	(8)
про́бовать	(2)	пятьдеся́т	(7)			собира́ться	(3)
пробыва́ть	(13)					собра́ться	(3)
пробы́ть	(13)			**С**		собы́тие	(1)
прове́рить	(6)	**Р**				соверше́нно	(2)
проверя́ть	(6)			сайт	(9)	сове́т	(2)
провести́	(2)	рабо́таться	(5)	Са́нта-Ба́рбара	(8)	сове́товать	(1)
прове́тривать	(6)	рабо́тница	(9)	са́уна	(13)	сове́товаться	(10)
прове́трить	(6)	ра́дио	(1)	све́рху	(1)	совсе́м	(4)
проводи́ть	(2)	ра́доваться	(8)	светло-си́ний	(12)	содержа́ть	(13)
проголода́ться	(4)	разбуди́ть	(6)	свеча́	(10)	солёный	(2)
програ́мма	(3)	разгада́ть	(14)	свобо́да	(12)	соле́нье	(1)
прогу́лка	(6)	разга́дывать	(14)	свобо́дно	(11)	со́лнечный	(9)
продава́ться	(14)	разгово́р	(5)	свой	(5)	соль	(9)
прода́ться	(14)	разме́р	(12)	связь	(5)	сомнева́ться	(9)
продолжи́тельный	(5)	разреша́ть	(4)	сдава́ть	(9)	сон	(11)
проду́кт	(13)	разреши́ть	(4)	сдать	(9)	сообща́ть	(2)
прожива́ние	(13)	разуме́ется	(9)	сдержа́ть	(5)	сообще́ние	(6)
проигра́ть	(11)	расписа́ние	(6)	сде́рживать	(5)	сообщи́ть	(2)
прои́грывать	(11)	распространённый	(5)	сеа́нс	(8)	сооруже́ние	(1)
произведе́ние	(1)	рассве́т	(8)	се́верный	(6)	сопровожда́ть	(7)
произвести́	(8)	расска́з	(12)	северя́нин	(3)	сопроводи́ть	(7)
производи́ть	(8)	расслы́шать	(6)	седьмо́й	(1)	сороково́й	(7)
		расстоя́ние	(6)	сезо́н	(11)		
				се́кция	(11)		

соседка	(5)			удобство	(13)	фотоаппарат	(4)
соседний	(5)			уезжать	(9)	Франция	(13)
состояться	(8)	**Т**		уехать	(9)	французский	(2)
состязание	(11)	тайна	(14)	ужинать	(3)	футбольный	(11)
сотый	(7)	такой	(7)	узнавать	(2)		
сохранить	(9)	талон	(12)	узнать	(2)	**Х**	
сохранять	(9)	твёрдо	(11)	уйти	(5)		
сочетание	(4)	телевизионный	(8)	укол	(10)	Хайнань	(2)
Сочи	(8)	телефонный	(5)	украшение	(2)	характер	(7)
спаться	(5)	тёмно-коричневый	(12)	укрепление	(5)	хвалить	(2)
спеть	(8)	тёмно-синий	(12)	улетать	(6)	хватать	(11)
специалист	(10)	тёмный	(7)	улететь	(6)	хватить	(11)
специфика	(5)	теннис	(11)	улочка	(6)	хирург	(10)
спортивный	(11)	тёплый	(6)	улыбка	(7)	ходьба	(6)
спортсмен	(4)	терапевт	(10)	уникальный	(11)	хозяин	(6)
способ	(5)	терпение	(11)	упасть	(4)	хоккей	(11)
способствовать	(5)	территория	(1)	урожай	(11)	хоккейный	(11)
справка	(10)	терять	(4)	условие	(3)	холод	(3)
спрашивать	(2)	тётя	(5)	услуга	(9)	хотя бы	(9)
спросить	(2)	Тибет	(6)	услышанное	(5)	храниться	(9)
средний	(1)	тишина	(3)	успехи	(2)	художественный	(8)
ставить	(4)	томат	(2)	уставать	(2)	художник	(1)
стайка	(7)	торгово-экономический		устать	(2)		
становиться	(6)		(7)	утвердить	(14)	**Ц**	
старик	(6)	торговый	(13)	утверждать	(14)		
старинный	(5)	трагический	(14)	утка	(2)	царь	(4)
стать	(6)	традиция	(11)	уха	(4)	цвет	(4)
стесняться	(12)	тренер	(11)	уходить	(5)	цель	(11)
стиль	(1)	третий	(1)	учебный	(1)	ценность	(14)
стирать	(13)	тридцатый	(7)	учесть	(8)	цех	(9)
стихи	(12)	тринадцатый	(1)	учитывать	(8)		
стойкий	(12)	триста	(13)	учить	(11)	**Ч**	
стоматолог	(10)	туристический	(6)	учиться	(4)		
сторона	(6)	тщательно	(6)	учреждение	(5)	чашка	(4)
страница	(9)			уютно	(9)	чаще	(4)
страстно	(11)	**У**				чек	(12)
страшный	(10)			**Ф**		человеческий	(9)
стройный	(7)	увидеть	(3)			чемпион	(11)
студенческий	(13)	увидеться	(14)	факс	(13)	через	(3)
субтропический	(2)	угадать	(7)	фанат	(11)	четверть	(9)
суп	(4)	угадывать	(7)	фантастика	(9)	четыреста	(13)
сутки	(9)	угодно	(9)	фарфор	(14)	четырёхэтажный	(13)
сфотографироваться	(3)	уголок	(9)	фасон	(12)	четырнадцатый	(1)
сходить	(4)	удаваться	(14)	физик	(10)	число	(13)
счёт	(11)	удалить	(10)	финал	(11)	чистить	(10)
съездить	(5)	удалять	(10)	форма	(5)	чистка	(13)
		удаться	(14)	формула	(5)	чисто	(5)
		удача	(2)	фотоальбом	(14)	читательский	(9)
		удивительный	(4)			читать	(2)

生词表

чу́вствовать (14)

Ш

шаг (9)
шве́дский (13)
шёлк (6)
шестидеся́тый (7)
шестисо́тый (13)
шестна́дцатый (1)
шесто́й (1)
шестьдеся́т (7)
широкоэкра́нный (8)
шко́льник (6)
шум (9)
шуме́ть (4)

Э

экзо́тика (4)
эконо́м-класс (13)
экскурсио́нный (13)
электро́нный (13)
энерги́чный (7)
Эрмита́ж (14)
этике́т (5)

Ю

юбиле́й (6)
юго-восто́к (2)
ю́жный (2)
Юрий Долгору́кий (1)

Я

япо́нский (11)
я́рмарка (7)

СЛОВОСОЧЕТАНИЯ

Б

Большо́й Ка́менный
мост (1)
ботани́ческий сад (1)

В

в кра́йнем слу́чае (14)
в основно́м (3)
в пе́рвую о́чередь (1)
в тече́ние (1)
в честь (1)
Весе́нний пра́здник (13)
вести́ себя́ (7)
во-вторы́х (3)
во-пе́рвых (3)
води́тельские права́ (6)
вы́сшее уче́бное
заведе́ние (вуз) (7)
выходно́й день (3)

Г

Госуда́рственный
институ́т ру́сского
языка́ и́мени А.С.
Пу́шкина (1)

Д

Дворцо́вая пло́щадь (14)
должно́ быть (10)

З

за грани́цу (4)
занима́ться спо́ртом (3)
затаи́ть дыха́ние (14)
Зи́мний дворе́ц (14)

И

и так да́лее (14)
игра́ть в ка́рты (8)
из-за грани́цы (8)

К

как бу́дто (14)
как на ладо́ни (1)
как раз (7)

карти́нная галере́я (14)
кро́ме того́ (3)

Л

ледяны́е фонари́ и
скульпту́ры (1)
лу́чше всего́ (6)

М

Мавзоле́й В.И.Ле́нина (1)
ме́жду людьми́ (5)
мо́жет быть (3)
музе́й изобрази́тельных
иску́сств (1)
музыка́льная шкату́лка (2)
мы́льная о́пера (8)

Н

на вся́кий слу́чай (5)
на носу́ (8)
на протяже́нии (8)
на ско́рую ру́ку (4)
не уда́рить в грязь
лицо́м (11)
ни ра́зу не (12)
ночно́й клуб (4)

П

па́мятник А.С.Пу́шкину (1)
поката́ться на ло́дке (3)
походи́ть на лы́жах (3)

Р

Росси́йская Федера́ция (11)

С

с трудо́м (10)

Ско́рая по́мощь (6)
смотрова́я площа́дка (1)
спра́вочное бюро́ (6)

Т

тем бо́лее (11)
те́ннисный корт (3)
терма́льный исто́чник (3)

Ч

часы́ «пик» (6)
чита́льный зал (9)

Ш

шве́дский стол (13)

Ю

Южная Коре́я (13)

ПРЕДЛОЖЕНИЯ

В

В здоро́вом те́ле — здоро́-
вый дух. (11)

Д

Да здра́вствует! (8)
До ве́чера. (2)

Н

Наско́лько мне изве́-
стно. (1)
Не беда́. (7)
Ничего́ не поде́лаешь. (9)

П

Попы́тка не пы́тка. (8)

192

俄语2(第2版)